和福尔摩斯一起学思考

He Fu'ermosi Yiqi Xue Sikao **Zhentan Youxi**

# 侦探游戏

（修订版）

主编 / 于　雷

吉林科学技术出版社

**图书在版编目（CIP）数据**

侦探游戏 / 于雷主编. -- 长春 : 吉林科学技术出版社，2024.3

（和福尔摩斯一起学思考）

ISBN 978-7-5578-0207-3

Ⅰ. ①侦… Ⅱ. ①于… Ⅲ. ①智力游戏－青少年读物 Ⅳ. ①G898.2

中国版本图书馆CIP数据核字（2016）第007289号

和福尔摩斯一起学思考

# 侦探游戏（修订版）

ZHENTAN YOUXI


主　　编　于　雷
出 版 人　宛　霞
责任编辑　吕东伦
助理编辑　樊莹莹
封面设计　长春美印图文设计有限公司
制　　版　长春美印图文设计有限公司
幅面尺寸　170 mm × 240 mm
开　　本　16
字　　数　400千字
印　　张　14
版　　次　2024年3月第1版
印　　次　2024年3月第1次印刷

出　　版　吉林科学技术出版社
发　　行　吉林科学技术出版社
地　　址　长春市福祉大路5788号
邮　　编　130118
发行部电话/传真　0431-81629529　81629530　81629531
81629532　81629533　81629534
储运部电话　0431-86059116
编辑部电话　0431-81629518
印　　刷　吉林省创美堂印刷有限公司

书　　号　ISBN 978-7-5578-0207-3
定　　价　35.00元

# 目　录

# 001 离奇的毒杀案

晚饭后，史密斯先生和太太像往常一样吃水果。今天的餐后水果是苹果，女佣去厨房拿来一把刀，当着两人的面将苹果从中间切开。史密斯夫妇一人一半吃起了苹果。没吃几口，史密斯太太就开始口吐白沫，没过一会儿就死掉了，而史密斯先生却没事。报警后，经法医鉴定，史密斯太太死于氰化物中毒，并在史密斯太太胃里的苹果残渣中发现了氰化物残留。

可是史密斯夫妇同时吃同一个苹果，为什么史密斯太太中毒，而史密斯先生却没事呢？警察检查了剩下的苹果，并没有发现问题。在警长困惑的时候，同行的福尔摩斯笑着对警察说："你们忘记检查工具了吧。"

请问，凶手到底是怎么做到的呢？

**【侦查笔记】**

| 主诉 | 福尔摩斯 | 证据及线索 | ①同一个苹果<br>②只有史密斯太太中毒 |
|---|---|---|---|
| 时间 | 晚饭后 | | |
| 地点 | 餐厅 | 关键点 | 水果刀 |
| 事件 | 史密斯太太中毒 | 嫌疑人 | 女佣 |
| 人物及关系 | 福尔摩斯帮警察破案 | 侦查方向 | 怎样使同一个苹果变得一半有毒一半没毒 |

# 002 破案秘诀

两名男子因为涉嫌偷窃而被逮捕，并在不同的房间里接受审讯。两人都知道这个国家的法律是犯罪嫌疑人只要招供就能减轻刑罚，但是无论刑警如何讯问，两人都一直保持沉默。不过，当福尔摩斯对两人说了一件事之后，两人突然开始招供，事件真相终于大白。福尔摩斯到底说了什么呢？

【侦查笔记】

| 主诉 | 福尔摩斯 | 证据及线索 | 招供就能减轻刑罚 |
|---|---|---|---|
| 时间 | | | |
| 地点 | 不同的房间 | 关键点 | 犯罪嫌疑人态度的突然转变 |
| 事件 | 审案 | 嫌疑人 | 两名男子 |
| 人物及关系 | 福尔摩斯用计让犯罪嫌疑人主动招供 | 侦查方向 | 福尔摩斯采取了什么心理攻势 |

# 003 魔术师的表演

凯特总经理在华尔酒店举办了一场酒会，邀请了许多社会名流来庆祝他的酒店成立十周年，并将自己收藏多年的邮票、明信片拿出来供来宾观赏。

大家正在沟通交流，一个人趁其他人不注意，随手拿起一张明信片装到了自己的口袋里，但他不知道的是，他的举动已经被凯特发现。如果当场揭穿，实在让大家扫兴；如果不理会，自己的宝贝眼看就要属于别人了，凯特又不甘心。参加酒会的福尔摩斯也发现了这一情况，于是他悄悄地对凯特先生说了几句话。凯特先生请来一位魔术师朋友，他把自己的情况给魔术师讲了一遍，请魔术师帮助他取回明信片，魔术师满口答应。

于是，凯特对来宾说："各位朋友，为了给今天的酒会助兴，我特地请来著名的魔术师为大家表演精彩的节目。"魔术师上台表演了两个小节目，便成功地将明信片取了回来。

请问，福尔摩斯用了什么妙计，既让魔术师取回了明信片又不会让那人难堪?

【侦查笔记】

| 主诉 | 凯特总经理 | 证据及线索 | ①助兴魔术<br>②成功取回 |
|---|---|---|---|
| 时间 | | | |
| 地点 | 酒会上 | 关键点 | 魔术师设计的魔术 |
| 事件 | 找回失物 | 嫌疑人 | 偷明信片的人 |
| 人物及关系 | 福尔摩斯帮助凯特总经理顺利拿回明信片 | 侦查方向 | 明信片和魔术结合在一起 |

# 004 悬崖伏尸

冬天，在一个陡峭的悬崖下，有人发现了一具男性尸体。被发现的时候，男尸身穿大衣，满身伤痕，穿着一只鞋，鼻子上架着太阳镜。警长和福尔摩斯前来调查，搜索一番后，在悬崖上发现了一只属于死者的男式皮鞋。警长认为是自杀案件，决定收队。在搬运尸体时，福尔摩斯站在一旁，突然大叫道："慢着！这并非自杀案，而是谋杀案，尸体是被人搬到此处，伪装成自杀的。"

你知道福尔摩斯是怎么发现的吗？

**【侦查笔记】**

| 主诉 | 福尔摩斯 | 证据及线索 | ①满身伤痕<br>②鼻子上的太阳镜 |
|---|---|---|---|
| 时间 | 冬天 | | |
| 地点 | 陡峭的悬崖下 | 关键点 | 太阳镜 |
| 事件 | 自杀事件 | 嫌疑人 | |
| 人物及关系 | 福尔摩斯推翻警长的结论 | 侦查方向 | 从死者坠崖不合理的现场来推理此案 |

# 005 失误在哪儿

冬季的一天，气温达到-20℃，福尔摩斯在两千米外的一个乡村旅店的大厅中休息。突然一个浑身湿漉漉的人跑过来，大喊救命。福尔摩斯忙问怎么了。来人说："我和朋友一起在结了冰的湖面滑冰，突然冰裂开了，我的朋友掉下去了。我想马上去救他，但已经见不到人了，于是马上跑回来找人帮忙。"福尔摩斯马上和一群人一起来到出事地点，看到冰上果真有一个大洞。

福尔摩斯看了看那个人说："我看，你的朋友是被你故意杀害的吧！"

你知道他的破绽在哪儿吗？

【侦查笔记】

| 主诉 | 福尔摩斯 | 证据及线索 | 气温-20℃ |
|---|---|---|---|
| 时间 | 冬季 | | |
| 地点 | 湖面上 | 关键点 | 求助者浑身湿漉漉的 |
| 事件 | 有人掉入湖里 | 嫌疑人 | 求助者 |
| 人物及关系 | 福尔摩斯看出求助者的破绽 | 侦查方向 | 水在0℃以下的变化 |

# 006 救生筏上的疑团

游览用的小型飞机载着一名乘客在海上飞行时，遇到了强烈的气流，还没来得及发出求救信号就坠落海里。幸好靠机翼的浮力，飞机没有马上沉没，所以飞行员和乘客才有机会转移到了救生橡皮筏上面。海面上风平浪静，橡皮筏是供四人使用的，所以两人用绰绰有余。筏上有五罐紧急用的食品，其中两罐是果汁，以此来代替饮用水。

“如果这样漂上两三天，大概会有搜索飞机来救援的，无须担心。”飞行员劝乘客放心。可是半个月后，一艘国际货轮发现这个救生筏时，飞行员和乘客都已经死了。飞行员是被匕首刺死的，而不知为什么，乘客用左手的一根手指堵住被割破的充气管俯在救生筏上饿死了。船上还有一把带血的匕首和四个空罐头盒，另一个罐头没动过，装在安全把手上的口袋中。“这两个人是为抢夺最后一罐罐头而用匕首互相残杀的吧？”“可如果是这样，活着的凶手为什么不吃罐头而活活饿死呢？”货轮上的船员们感到不可思议。福尔摩斯看到这则报道后经过分析还原出了事情的经过。那么，漂泊的救生筏上到底有可能发生了什么事?

【侦查笔记】

| 主诉 | 船员们 | 证据及线索 | ①飞行员被刺死<br>②堵住空气管饿死 |
|---|---|---|---|
| 时间 | 遇救援前 | | |
| 地点 | 救生筏上 | 关键点 | 空气管漏气了 |

| 事件 | 互相残杀 | 嫌疑人 | 乘客 |
|---|---|---|---|
| 人物及关系 | 乘客杀害飞行员 | 侦查方向 | 乘客犯的大失误 |

# 007 舞女之死

在英国的一家廉价旅馆内，一名舞女被人杀害。她是被人用铜制的烛台打晕在床上，然后用枕头蒙住脸窒息而死的。嫌疑人有四人：中年银行家，有人看见他和舞女一起进入旅馆；旅馆的一个年轻杂役，他曾到舞女的房中修电视；和舞女感情不错的花花公子，他是第一个发现尸体的人；旅馆里一个开电梯的小姐，她和杂役要好，并且和舞女不和。经过调查发现：舞女被害时，没有涂口红；发现舞女尸体时，电视正在播她并不爱看的古典音乐节目。福尔摩斯结合所有的线索推理出了凶手是谁。

你知道凶手是谁吗?

**【侦查笔记】**

| 主诉 | 福尔摩斯 | 证据及线索 | ①没涂口红<br>②古典音乐 |
|---|---|---|---|
| 时间 | | | |
| 地点 | 旅馆房间里 | 关键点 | 舞女被害时的样子和现场 |
| 事件 | 舞女被杀 | 嫌疑人 | 其中之一 |
| 人物及关系 | 福尔摩斯辨认四名嫌疑人 | 侦查方向 | 从各人的身份和舞女的特点推理此案 |

# 008 谁是匪首

从前有个小村寨，交通非常不方便，寨里的村民生活很艰苦，最让人不安的是山对面有一群土匪经常来村里抢劫，吃饱喝足后，还要带走鸡鸭鹅，谁敢反抗，就会遭到毒打甚至被杀害。等到警察局接到报警，警察要走很长的山路才能赶来，这时候土匪已经逃走了。

为了把土匪一网打尽，福尔摩斯带领警员，忍着寒冷埋伏在附近的山洞里。整整半个月过去了，土匪都没有动静。有的警员说：“也许土匪知道我们在这里埋伏，不会来了吧？”福尔摩斯说：“马上要到圣诞节了，土匪一定会来抢东西，好回去过节！”

果然，就在圣诞节早上，土匪又来了。警员们迅速出击，消灭了几个土匪，其余的都乖乖举手投降了。福尔摩斯早就听说，这群土匪的头目心狠手辣，杀害了不少人，得先把他揪出来。福尔摩斯来到被捕的土匪面前，看到土匪们都穿着一样的衣服，可谁是土匪头目呢？

福尔摩斯问：“谁是带队的？”土匪们都低着脑袋，一声不吭。福尔摩斯知道，土匪头目一定混在当中，所以土匪们都怕他，不敢说话。福尔摩斯想了一想，突然大声问了一句话，话音刚落，他就知道谁是土匪头目了。

聪明的福尔摩斯问了一句什么话呢？

**【侦查笔记】**

| 主诉 | 福尔摩斯 | 证据及线索 | ①土匪都不敢说话<br>②问了一句话 |
|---|---|---|---|
| 时间 | 圣诞节早上 | | |
| 地点 | 村寨 | 关键点 | 让土匪们不打自招 |
| 事件 | 抓土匪 | 嫌疑人 | 土匪头目 |
| 人物及关系 | 福尔摩斯擒获土匪头目 | 侦查方向 | 用突如其来的语言试探土匪 |

# 009 糊涂的警员

一名生意失败的商人，在7月的一天被发现死在家中。他的死因是太阳穴中弹。

警方到现场调查发现，死者倒毙在床上，身上及双手都盖着被单。离床不远处，有一支手枪摆放在地上，经过警方详细检验后，证实死者中弹的弹头正是由这把手枪发射的。

最后，警方判定死者是因生意失败，被迫走上自杀之路。翌日，报纸刊登了这条新闻，福尔摩斯看到后，立刻对助手说：“哼！这明明是一宗谋杀案，那些警员真是糊涂透顶了。”助手听罢，脸上充满疑惑和难以置信的神色。福尔摩斯看见助手的模样，笑着说出了为何判断该宗案件不是自杀案。

究竟他是凭什么做出如此判断的呢？

**【侦查笔记】**

| 主诉 | 福尔摩斯 | 证据及线索 | ①倒毙在床上<br>②头部中弹<br>③盖着被单 |
|---|---|---|---|
| 时间 | 7月的一天 | | |
| 地点 | 商人家中 | 关键点 | 身上和双手盖着被单 |
| 事件 | 自杀案件 | 嫌疑人 | |
| 人物及关系 | 福尔摩斯向助手解说警察所犯的错误 | 侦查方向 | 运用情境再现的方式推理一下此案 |

## 010 谁被拘留

福尔摩斯正漫步街头，突然听到一声枪响，看见不远处一位老人跌向房门，慢慢地倒下去。福尔摩斯和街上仅有的另外两个人，先后跑过去，发现老人背部中弹，已经死去。

福尔摩斯看见这两个人都戴着手套，便问他们刚才在做什么。甲说："我看见这位老人刚要锁门，枪一响，他应声倒下，我便立即跑来。"乙说："我听到枪声，不知发生了什么事，看到你们俩往这儿跑，我也就跟着赶来。"钥匙还插在房门上的锁孔里。福尔摩斯马上打电话报案。警方人员来了以后，福尔摩斯指着一个人说："把他拘留讯问。"

你知道谁被拘留了吗？

**【侦查笔记】**

| 主诉 | 福尔摩斯 | 证据及线索 | ①背部中弹<br>②两个人的语言 |
|---|---|---|---|
| 时间 | | | |
| 地点 | 老人家的门口 | 关键点 | 看到老人刚要锁门 |
| 事件 | 枪杀案 | 嫌疑人 | 甲 |
| 人物及关系 | 福尔摩斯识破凶手的谎言 | 侦查方向 | 通过语言分析不合情理的地方 |

# 011 离奇的敲诈案

上午9点20分，约翰刚走进办公室，电话铃便响起来。他拿起话筒，“约翰、约翰……”话筒里传来妻子狄娜的抽泣声。这时，话筒里又传出一名男子故意变调的声音：“约翰，要是你不想你太太受到伤害的话，就拿出两万英镑。10点15分，有个叫乔治的人会去找你，把钱交给他，就可以了。否则，你的妻子……”说到这里，“咔嚓”一声，电话挂断了。

妻子的抽泣声一直萦绕在约翰的耳边，好像鞭子在抽打着他。他急忙离开办公室，走进一家百货商店，买了一只蓝色的小皮箱，然后去银行取出两万英镑，回到了办公室。到了10点15分，一个男子走进办公室，两只蓝色的眼睛像狼眼，凶狠地盯着约翰，说：“我叫乔治，快把钱给我！”“我的妻子呢？”约翰试探地询问道。“她活着，你想报警也可以，不过那样的话……”说到这里，乔治眼露杀机，逼视着约翰，“你的妻子就没命了！”

乔治一离开，约翰便往家里打电话，可是怎么也打不通。“妻子会不会……”他急疯了，横下心向警察报了案。随后冲下楼，坐上汽车，火速开往家里。当他好不容易赶到家中的时候，惊魂未定的狄娜平安无事，正与赶来的警官和福尔摩斯在交谈。

“哦，约翰先生，您太太已把事情经过全告诉我了，什么一个男人和您给那人的一只装钱的蓝色皮箱，但她怎么也讲不清楚。现在请您详细讲一讲，到您办公室去的那个男子的外貌特征，以及您给他的那只装钱的皮箱是什么样子的。”约翰忙把事情的经过从头至尾、原原本本地叙述了一遍。

福尔摩斯认真地听完约翰的叙述，然后和狄娜的叙述相互印证。突然，福尔摩斯让警察将狄娜抓起来进行审问。在警官的审问下，狄娜只好交代了她和那个叫乔治的人串通一气来敲诈约翰的事情。

你知道狄娜的破绽在哪里吗？

**【侦查笔记】**

| 主诉 | 约翰 | 证据及线索 | ①劫匪拿走装钱的箱子<br>②乔治急忙赶回家 |
|---|---|---|---|
| 时间 | 上午 | | |

| 地点 | 办公室 | 关键点 | 狄娜知道得太多了 |
|---|---|---|---|
| 事件 | 勒索 | 嫌疑人 | 狄娜 |
| 人物及关系 | 狄娜伙同他人勒索她的丈夫约翰 | 侦查方向 | 哪个细节是狄娜不应该知道的 |

# 012 酒窖中的机械表

安卡先生一向乘星期五上午9点53分的快车离开他工作的城市，在正好2小时后到达他郊外的住宅。可是有一个星期五，他突然改变了习惯，在没有通知任何人的情况下，坐上了那天夜里的火车。回到家里，已近午夜0点，他听见他的秘书迈克正在地下室的酒窖里面喊“救命”。安卡砸开门，将秘书放出来。

“安卡先生，您总算回来了！”迈克说道，“一群强盗抢了您的钱。我听见他们说要赶今天午夜0点的火车回纽约市去，现在还剩几分钟，恐怕来不及了！”安卡一听钱被盗走，焦急万分，便请福尔摩斯来调查此事。

福尔摩斯找到迈克了解情况，迈克说：“他们逼我服下了一粒药片——大概是安眠药之类的东西。我醒来时，正赶上安卡先生下班回来。”福尔摩斯检查了酒窖。这是个并不大的地窖，四周无窗，门可以在外面锁上，里面只有一盏40瓦的灯泡，发出不太明亮的光，但足够照明用了。福尔摩斯在酒窖里找到了一块老式机械表，他问迈克：“发生抢劫时你戴着这块手表吗？”“呃，是……是的。”迈克回答。“那么，请你跟我们好好说说，你把钱藏在哪儿了。你和那些强盗是一伙的。”迈克一听，顿时瘫倒在地。

你知道福尔摩斯是如何识破迈克的诡计的吗？

**【侦查笔记】**

| 主诉 | 秘书迈克 | 证据及线索 | ①昏迷了<br>②老式机械表 |
|---|---|---|---|
| 时间 | 午夜0点 | | |
| 地点 | 地下室酒窖 | 关键点 | 老式机械表的表盘 |
| 事件 | 被抢劫 | 嫌疑人 | 迈克 |
| 人物及关系 | 福尔摩斯识破秘书迈克的谎言 | 侦查方向 | 迈克如何知道自己醒来是午夜时分 |

# 013 发黑的银簪

妩媚动人的安娜小姐失踪了。第二天，几个游人在郊外树林里发现了她的尸体，一根银簪深深地刺进她的太阳穴。前来调查的福尔摩斯从尸体上拔下银簪，用白纸拭去上面的血迹。银簪尖部十分锋利，闪闪发光，可做防身的短剑，柄端却像被熏过似的，黑乎乎的。

“这是安娜的东西吗？”福尔摩斯问安娜的父亲。“是的。是我女儿的男友罗伊送的。”福尔摩斯叫助手把罗伊找来。

罗伊是一位举止庄重的人。一靠近他就能闻到一股硫黄的气味，再仔细一看，他大概患了皮肤病，手指黄黄的，干巴巴的。“真是不幸啊，涂了硫黄药了吧，见效了吗？”福尔摩斯同情地说。“好多了，只是气味太大。”罗伊似乎不想让人看，把手藏在身后。“你是要同安娜定亲了吗？”“是有这个打算，可安娜说推一推……”“这么说你是憎恨安娜变了心而杀死她的？”“这是什么话，凶手绝不是我！我不是说死人的坏话，可能安娜还有别的男人。”“我有你杀人的证据，你快老实交代吧！”

那么，福尔摩斯根据什么确定了凶手呢?

**【侦查笔记】**

| 主诉 | 福尔摩斯 | 证据及线索 | ①银簪变黑<br>②涂了硫黄药 |
|---|---|---|---|
| 时间 | 第二天 | | |
| 地点 | 郊外树林 | 关键点 | 银簪 |
| 事件 | 确认凶手 | 嫌疑人 | 罗伊 |
| 人物及关系 | 福尔摩斯发现死者男友的罪行 | 侦查方向 | 用化学知识分析此案 |

# 014 机智的回答

有三个窃贼合伙偷了一颗价值连城的钻石，他们在如何保管赃物上达成协议：“在钻石没兑成现款之前，钻石由三人同时保管，三人须同时同意方可取出钻石。”

一天，他们来到浴室洗澡，便把装钻石的盒子交给老板，并吩咐：要三人同时在场时，方可交回盒子。

在洗澡时，丙提出向老板借把梳子，并问甲、乙是否需要，二人都说：“需要。”于是丙到老板这里，向老板索取盒子，老板拒绝了。丙向老板解释，是另外二人要他来取的，并大声对甲、乙说：“是你们要我来取的吧？”

甲、乙还以为是取梳子，就随口应道：“是的。”老板听后无话可说，便把盒子交给丙，丙带着盒子逃走了。甲、乙二人等了一会儿不见丙回来，感到事情不妙，连忙来到老板处取盒子，发现盒子已被丙取走了。二人揪住老板要求赔偿。老板说是征得你们二人同意的，二人坚持说丙问的是梳子，并且三人也没有同时在场。甲、乙坚持要老板交回盒子，正僵持不下，一旁的福尔摩斯在老板耳边说了一句话，老板听完便将那句话大声地说出来，二人听了，只得垂头丧气地走了。

你知道老板说了什么话吗？

**【侦查笔记】**

| 主诉 | 老板 | 证据及线索 | 丙利用约定事项，施计拿走盒子 |
|---|---|---|---|
| 时间 | 洗澡时 | | |
| 地点 | 浴室 | 关键点 | 事前约定的内容 |
| 事件 | 随机应变 | 嫌疑人 | |
| 人物及关系 | 福尔摩斯用巧妙的办法劝退二人 | 侦查方向 | 从约定破解老板的危机 |

# 015 被毒杀的特工

在一间幽雅、高级的餐厅里，有一位很文静的小姐在吃西餐。她喝了男侍应拿来的汤后，叫男侍应赶快拿来一杯水。小姐喝过一杯水后，男侍应拿走水杯，不久又给小姐倒了一杯水，不料那位小姐喝了两杯水后却死了。大批警察到场调查，证实死者是死于中毒，并且是一种剧毒，但化验过死者餐桌上的一切食物、饮料和器皿，都没有毒。

警方经过进一步调查，发现死者原来是某国一名特工，因为被另一国的特工发现，才遭到毒杀。但警方始终没找到凶手是如何下毒的，于是找到了福尔摩斯。福尔摩斯听完事情的全过程后对警长说，你们忽略了一个非常重要的细节。

凶手是用什么方法下毒的呢？

【侦查笔记】

| 主诉 | 警方 | 证据及线索 | ①两杯水<br>②特工身份 |
|---|---|---|---|
| 时间 | | | |
| 地点 | 西餐厅 | 关键点 | 经手了两杯水 |
| 事件 | 中毒事件 | 嫌疑人 | 男侍应 |
| 人物及关系 | 警方确认是两国特工之间的暗杀 | 侦查方向 | 从两次拿水杯推理此案 |

# 016 烟头做证

有位年过花甲略有积蓄的老人，子女在外地工作，老人自己在老家生活。这天，老人于深夜被盗贼杀死，钱财被抢。第二天上午，警长和福尔摩斯在现场找到两个烟头，据了解，老人从不抽烟，因此，这烟头极有可能是作案者留下的。

福尔摩斯推想，一定是作案者以某种借口敲开老人的家门，进屋后一边抽烟，一边与老人聊天，然后伺机作案。另外，还找到一个重要线索：老人手中捏着几根头发。显然，这是老人在反抗时，用手抓作案者的头发后留下的。经鉴定，这几根头发并不是老人的。这进一步证明，老人手中的头发是作案者的。除此以外，在现场未找到其他线索。

福尔摩斯的注意力集中在那两个烟头上。烟头是作案者自己用纸包着烟丝卷成的，烟头很短，浸透了唾液。通过鉴定，吸烟者属男性。福尔摩斯在心里渐渐勾画出作案者的形象。

福尔摩斯开始着重从木匠、泥瓦匠中侦查，果然，很快就查到一个可疑的木匠。这个木匠一边叼着烟头，一边干活儿。在木匠离开后，福尔摩斯取到他扔在地上的烟头。经鉴定，与作案现场遗留的两个烟头的特征完全一致。经过进一步查核，终于侦破此案，逮捕了这个木匠，并从他家中搜出了赃款。

福尔摩斯是如何通过两个烟头勾画出作案者的形象的呢？

【侦查笔记】

| 主诉 | 福尔摩斯 | 证据及线索 | ①烟头很短<br>②烟头浸透了唾液 |
|---|---|---|---|
| 时间 | | | |
| 地点 | 老人家中 | 关键点 | 烟头 |
| 事件 | 老人被杀死 | 嫌疑人 | 木匠 |
| 人物及关系 | 福尔摩斯找到凶手 | 侦查方向 | 生活习惯 |

# 017 真假新娘

德国珠宝商菲克上星期在他旅馆的房间里被杀了。他的一大笔遗产将转入他到英国之前刚刚悄悄结婚的新娘手中。据菲克在英国的一个朋友说，菲克和他的新娘在德国按当地风俗举行婚礼之后，菲克先到了英国，和他的新娘约定在一星期后分别抵达纽约度蜜月。除了知道这个新娘是位钢琴教师外，别的都不清楚。现在新娘来了不是一个，而是两个！她们都有各自的证明，表明自己是菲克的新娘，而且对菲克都很了解。那么，两个人中谁真谁假呢？

在菲克先生那位英国朋友家里，福尔摩斯见到了那两位新娘，一位肤色白皙，满头金发，另一位肤色浅黑，两人都很丰满结实，三十来岁，很漂亮。福尔摩斯见那位金发新娘右手上那枚戒指箍得很深，手指上出现了一条红道道，而那位肤色浅黑的女士两只手几乎戴满了戒指。福尔摩斯沉思片刻，向两位女士欠了欠身说："你们能为我弹一首曲子吗？"

浅黑肤色的新娘马上弹起了一首肖邦的《夜曲》。只见她的手指在琴键上灵巧地舞动着，福尔摩斯发现她左手上有三枚蓝宝石戒指和一枚结婚戒指，右手上戴了三枚大小不同的钻石戒指。她演奏完后，金发新娘接着也弹了这首肖邦的《夜曲》，虽然她弹得和前一位一样优美动听，但她右手上仅有的那枚不起眼的结婚戒指却使她看起来更为逊色。

福尔摩斯听完两位女士的演奏，对其中的一位说："现在请你说一说，你为什么要冒充菲克先生的新娘？"

福尔摩斯这句话是问谁？

【侦查笔记】

| 主诉 | 福尔摩斯 | 证据及线索 | ①都戴着戒指<br>②都会弹琴 |
|---|---|---|---|
| 时间 | | | |
| 地点 | 菲克朋友的家里 | 关键点 | 结婚戒指一个人戴在左手，一个人戴在右手 |
| 事件 | 辨认新娘 | 嫌疑人 | 戒指超多的女子 |
| 人物及关系 | 福尔摩斯辨认冒充的新娘 | 侦查方向 | 德国结婚戒指的戴法 |

# 018 遇害的女邻居

圣诞节之夜，将近晚上7点了，警察局突然接到一个画家的电话。“警官先生，当我离开家，到100米外的一个独居的年轻女邻居家借打电话时，发现女邻居躺在床上死了。”警官很快就赶到了现场。验尸后，推定死亡时间是当天下午5点前后。这天，从天一亮就开始下雪，直到下午4点才停，雪积了30厘米厚，这个女邻居的家就像被雪围住的密室。警官查看四周后发现，除了画家去借打电话时留下的深深的脚印外，没有任何痕迹。那么杀人凶手在下午5点钟的时候是如何进入房间而又没有留下任何痕迹的呢？警官百思不得其解，只得请教大侦探福尔摩斯。

福尔摩斯来到死者家，查看了现场后，便指着地上的脚印问画家：“这就是你当时来借电话留下的脚印吗？”“是的，”画家说，“要是你不信，我再走几步给你看看。”

说完，画家又踩着积雪走了起来，脚印明显较第一次浅了许多，福尔摩斯仔细查看起来。看着看着，突然他指着画家对警官说：“杀人凶手就是他！”

福尔摩斯为什么说画家就是凶手呢？

【侦查笔记】

| 主诉 | 福尔摩斯 | 证据及线索 | ①只有画家的脚印<br>②又踩着积雪走了一次 |
|---|---|---|---|
| 时间 | 圣诞节之夜 | | |
| 地点 | 死者家外面的雪地上 | 关键点 | 第二次与第一次的脚印不同 |

| 事件 | 密室凶案 | 嫌疑人 | 画家 |
|---|---|---|---|
| 人物及关系 | 福尔摩斯帮助警察分析案情，确认画家是凶手 | 侦查方向 | 画家的体重没变，为何两次脚印深浅不一样 |

# 019 珠宝被劫

凌晨2点，名侦探福尔摩斯接到贵妇人玛丽太太的男管家的电话，说家中珠宝被劫，请他立刻赶来。福尔摩斯走进玛丽太太的卧室，迅速查看了现场：两扇落地窗敞开着；凌乱的大床左边有一张茶几，上面放着一本书和两支燃剩3厘米的蜡烛；朝向门的一侧流了一大堆烛液；一条门铃拉索扔在厚厚的绿地毯上；梳妆台的一只抽屉敞开着……

玛丽太太说："昨晚我正躺在床上，借着烛光看书，突然一股强劲的风把门吹开了，于是我就喊詹姆斯过来关门。不料，这时突然闯进来一个戴面罩的持枪者问我珠宝放在哪里。当他将珠宝装进衣袋时詹姆斯走了进来。他用门铃的拉索将詹姆斯捆起来，还用这玩意儿捆住我的手脚。"她边说边拿起一条长筒丝袜。"他离开时，我请他把门关上，可他只是笑笑，故意敞着门走了。詹姆斯花了20分钟才挣脱拉索来解救我。"

"夫人，虽然我不清楚您的目的是什么，但请允许我向您精心安排的这一起劫案和荒唐透顶的表演致意。"福尔摩斯笑着说。

福尔摩斯是如何识破玛丽太太的谎言的？

**【侦查笔记】**

| 主诉 | 玛丽太太 | 证据及线索 | ①一大堆烛液<br>②落地窗敞开着<br>③门开着 |
|---|---|---|---|
| 时间 | 凌晨以后 | | |
| 地点 | 玛丽太太的卧室 | 关键点 | 门窗都开着，风很大 |
| 事件 | 珠宝被抢 | 嫌疑人 | 玛丽太太 |
| 人物及关系 | 福尔摩斯识破玛丽太太的谎言 | 侦查方向 | 用生活常识分析此案 |

# 020 迷幻药与色盲

希尔是迷幻药制作团伙的一员，不久前遭暗杀身亡。警方经过一番调查和排查，筛出了两名嫌疑人，一个叫亚森，一个叫哈利。他们都与迷幻药走私有关。希尔生前有收藏鞋子的嗜好。在她的房间里，存放着120双鞋子，分门别类地摆放在鞋箱内。协助调查的福尔摩斯发现一个奇怪的现象：在标示红色的鞋箱内，有20双绿色的鞋子和红色的鞋子整齐地放在一起；而在标示绿色的鞋箱内，则有36双红色的鞋子和绿色的鞋子同放。显然，凶手是先将鞋子全部取出，查看是否藏有迷幻药，然后将鞋子放回箱内。

福尔摩斯问："你们两个人当中谁是色盲？"哈利不吭声，亚森则回答说："他是色盲，分不清红色与绿色！""好，那么，真正的杀人凶手就是你！"

请问，福尔摩斯为什么如此判断？

**【侦查笔记】**

| 主诉 | 福尔摩斯 | 证据及线索 | ①死者分门别类摆放鞋子<br>②红色和绿色鞋子摆放混乱 |
|---|---|---|---|
| 时间 | | | |
| 地点 | 死者的房间 | 关键点 | 整齐地放在一起 |
| 事件 | 辨认凶手 | 嫌疑人 | 摆放鞋子的人 |
| 人物及关系 | 福尔摩斯判断出真正的凶手 | 侦查方向 | 从凶手杀人后是否会整齐地摆放鞋子推理此案 |

# 021 图书馆里的黑影

刚过22点，报警电话突然响起，区图书馆21点左右发生盗窃案，收款员抽屉被撬，5000多英镑的现金被盗。警长和福尔摩斯立即率人赶赴现场。黑洞洞的大楼里，馆长、女经理、当晚值班员阿伦及收款员莉莉接待了警长和福尔摩斯。

值班员阿伦陈述："18点接到供电局通知，因高压电线被附近施工单位碰断，所以这一带停电。为此，我加倍警惕，19点巡查大楼后，21点再次逐层巡查。当我走到底楼用钥匙开门进入对外借书的大厅时，突然听到收款处有轻微的声响。在月光下，我隐约看见收款柜台里有一个黑影正在盗窃。我当即大叫一声扑过去，不料小偷灵巧地向一旁逃窜。我打亮手电，发现莉莉的抽屉被撬开。”“我们接到阿伦的电话后就立即赶来了。”馆长和女经理不约而同地说。“那么她呢？”福尔摩斯指着莉莉问道。“她，她是阿伦追到大楼门口时，正巧碰见的。”女经理紧绷着脸“介绍”道。“我，我逛街正好路过，谁知道发生案件了。”莉莉脸涨得像倒满葡萄酒的玻璃杯。

大厅里仍是漆黑一片，福尔摩斯打开勘察灯仔细查看。收款柜台在大厅左角，呈封闭式。柜台内有4张办公桌，几个抽屉都没上锁。莉莉的抽屉未见撬痕，抽屉被拉开20多厘米，抽屉里借书证、索引卡、单据以及莉莉的饭菜票等杂物被翻得很凌乱。“钱放在哪里？”“就放在抽屉里。”莉莉答道。“都有哪些面值？”“这是办理借书证的，有5英镑的硬币，也有10英镑的硬币，反正我收款后就朝抽屉里一塞，下班时我忘了上锁。”她似有愧疚，抽屉里如今分文不剩。莉莉翻了翻当天收据存根，一共被偷去5000英镑左右。

勘察完现场后，福尔摩斯对阿伦说：“我们单独谈谈。”馆长、女经理露出了惊诧的眼神。半小时后，当福尔摩斯将失款如数交给馆领导时，馆长和女经理不解地问道：“难道是他而不是她？”福尔摩斯笑了笑，简要地谈了“破案”过程。

您能猜出福尔摩斯是从哪里判断出作案者是阿伦的吗？

## 【侦查笔记】

| 主诉 | 阿伦 | 证据及线索 | ①抽屉未上锁<br>②报警称抽屉被撬 |
|---|---|---|---|
| 时间 | 晚上 | | |
| 地点 | 图书馆收款台 | 关键点 | 分文不剩 |
| 事件 | 抽屉被盗 | 嫌疑人 | 阿伦 |
| 人物及关系 | 福尔摩斯仔细询问四个人案发前后的经过 | 侦查方向 | 从阿伦的话中找出漏洞 |

# 022 赃物在哪儿

一座著名的博物馆被盗，丢失了一大批价值连城的艺术品。警长带领一队人经过多方探查，终于抓住了几名盗贼。

审讯后得知，艺术品不在他们手里，而是被一名叫威登的男人用一个大铁箱装起来，埋在了他乡下的农场里。警长带着两名助手赶到威登乡下的农场，发现这个农场很大，根本不知道箱子具体埋在何处。警长认为埋箱子的地方一定会有挖土的痕迹，应该很容易辨认。没想到整个农场的土地都被犁过一遍，没有一点儿痕迹。警长没有办法了，只好求助福尔摩斯。

福尔摩斯赶到这个农场，仔细地查看着现场的情况。这时，福尔摩斯看到一个用来浇地的水龙头和一根长长的水管，于是他就有了办法。果然，没用多长时间，他们就把埋起来的艺术品找到了。

你知道福尔摩斯是如何做到的吗?

【侦查笔记】

| 主诉 | 警长 | 证据及线索 | 埋在地下 |
|---|---|---|---|
| 时间 | | | |
| 地点 | 威登的农场 | 关键点 | |
| 事件 | 博物馆被盗 | 嫌疑人 | 威登 |
| 人物及关系 | 福尔摩斯帮助警长找被盗物品 | 侦查方向 | 不同物质的渗水速度 |

# 023 珍珠被偷

一大早，福尔摩斯就带着助手急匆匆地赶到一处公寓，因为10分钟前有人报案，说昨天公寓里有小偷，不少珠宝失窃了。

在公寓里，福尔摩斯一边搜查，一边让助手找来了这家的女用人，随后问道：“昨晚你在什么地方？”“我在公寓里。”女用人回答，“侦探先生，这一地的棉絮是怎么回事？”“可能是小偷乱翻东西时弄的。你看，这儿还有一颗散落的珍珠。对不起，请打扫一下。”福尔摩斯吩咐道，“如果发现有其他什么东西被盗了的话，请告诉我。”“好的。”女用人推出吸尘器，马上开始清扫，吸尘器里很快装满了棉絮，吸力弱了下来。“我去倒垃圾。”女用人拉着吸尘器进了厨房，然后又出来继续清扫。“厨房里有什么异常吗？”福尔摩斯似乎不经意地问。“什么也没发现。”“是吗？”福尔摩斯两眼直视女用人，“那么，小偷就是你喽！”

女用人惊得倒吸了一口气，但马上又镇静下来，她关掉吸尘器的开关，马达声立刻停了下来。“你怎么知道我是小偷？”“散落在地上的珍珠只剩下一颗，就是证据。你把盗走的宝石和珍珠藏到哪儿去了？老实告诉我。”女用人一脸沮丧，不得不承认是自己干的。

试问，福尔摩斯仅靠一颗散落的珍珠怎么就能识破女用人是小偷呢？

**【侦查笔记】**

| 主诉 | 福尔摩斯 | 证据及线索 | 女用人看到满地的棉絮很疑惑 |
|---|---|---|---|
| 时间 | 早上 | | |
| 地点 | 公寓 | 关键点 | 珍珠、吸尘器 |
| 事件 | 确认小偷 | 嫌疑人 | 女用人 |
| 人物及关系 | 福尔摩斯发现女用人盗窃珍珠的罪行 | 侦查方向 | 女用人事前清理过现场 |

# 024 破绽

夏日里的一天中午，气温特别高。城市A开往城市B的空调列车刚刚进站，人群拥挤的站台上就发生了一起枪击案。警察很快就把站台封锁了，他们知道犯罪嫌疑人一定还留在站台上。虽然旅客很多，但为了不让犯罪嫌疑人逃掉，只能逐个排查。受到邀请的福尔摩斯来到了现场，在人群中看到了自己的邻居罗丽。她面带笑容地来到福尔摩斯面前说：“我刚刚下火车，就碰到这种事情。家里还有急事，你先询问我吧。”福尔摩斯笑着对她说：“我们做邻居这么长时间了，如果你有急事，就先回去。”罗丽从兜里拿出一块巧克力递给福尔摩斯说：“你肯定还没吃饭吧？先吃一点儿巧克力吧。”福尔摩斯吃着巧克力，虽然因为天热巧克力已经融化了，不过还是挺好吃的。罗丽刚走两步，福尔摩斯突然反应过来：“你为什么要对我撒谎，明明来了很久了却要说刚下车。”

你知道罗丽哪里露出了破绽吗？

**【侦查笔记】**

| 主诉 | 福尔摩斯 | 证据及线索 | ①天气炎热<br>②空调车 |
|---|---|---|---|
| 时间 | 夏天中午 | | |
| 地点 | 车站 | 关键点 | 巧克力 |
| 事件 | 发生了枪击案 | 嫌疑人 | 罗丽 |
| 人物及关系 | 福尔摩斯找到凶手 | 侦查方向 | 巧克力的物理现象 |

# 025 妙计入城

有一个看守城堡的人非常尽责。他依照城主吩咐，不许城中人出入，每隔半小时便走出城门巡视，看看是否有人偷进城堡或偷出城堡。

福尔摩斯准备进入城堡找他一个要好的朋友商量一些事情，可是看守城堡的人又异常负责，怎样才可以在看守城堡的人出来巡视时进入城堡呢？

福尔摩斯灵机一动，想到了一条妙计。你知道他的妙计是怎样的吗？

**【侦查笔记】**

| 主诉 | 福尔摩斯 | 证据及线索 | ①半小时巡视一次<br>②不许出入 |
|---|---|---|---|
| 时间 | | | |
| 地点 | 城堡外 | 关键点 | 看守异常负责 |
| 事件 | 进城 | 嫌疑人 | |
| 人物及关系 | 福尔摩斯用计进入城堡 | 侦查方向 | 从看守的责任心推理 |

# 026 现场的钓鱼线

一个盛夏的中午，一名男子被勒死在一所公寓的房间里，尸体旁边有一台电风扇嗡嗡地转着。经检验，他死去仅仅几分钟。房间的窗户插着插销，房门的插销也从里面插着，整个房间与外界完全隔绝，房门与门框之间没有缝隙，不可能用工具拨动房门内侧的插销将门插上。

一位警员猜测，凶手可能是用糨糊、冰激凌或大头针之类的东西，把插销先斜着固定住，然后迅速出去，从外面使劲儿敲门，使插销正好落在插销槽里。可这很快被否定了，因为死者死后几分钟就被发现了，插销上应该留下糨糊或冰激凌之类的痕迹，大头针也该在现场被找到，但现场却没有上述痕迹。

赶到现场的福尔摩斯经过仔细观察发现，电风扇扇叶轴上卷着钓鱼线，于是他问道："这间房子的电闸安装在什么地方？"公寓管理员回答："每间屋子都安装在门的外侧。""噢，原来如此，那么谜就解开啦。"福尔摩斯大声地说。

请问，你能推理出凶手作案的过程吗？

**【侦查笔记】**

| 主诉 | 福尔摩斯 | 证据及线索 | ①门窗紧闭<br>②扇叶上卷着的钓鱼线 |
|---|---|---|---|
| 时间 | 盛夏的中午 | | |
| 地点 | 公寓 | 关键点 | 电闸在门外 |
| 事件 | 密室凶杀 | 嫌疑人 | |
| 人物及关系 | 福尔摩斯发现凶案的关键所在 | 侦查方向 | 从风扇的转动推理 |

# 027 智斗歹徒

这一天傍晚，福尔摩斯正走在回家的路上，前面突然出现了一个歹徒，这个歹徒还持有一把左轮手枪，并用枪指着福尔摩斯的头说："快把钱拿出来，否则就得小心你的脑袋！"福尔摩斯知道自己处于弱势地位，也就不做那些没用的抵抗了，乖乖地掏出了钱包交到歹徒手上。

正当歹徒得意的时候，福尔摩斯对歹徒说了几句话，然后就听见六声枪响。随后福尔摩斯一拳头打在歹徒的头上，歹徒昏过去了。福尔摩斯赶紧取回钱包，然后报了警。

你知道福尔摩斯对歹徒说了什么吗？

**【侦查笔记】**

| 主诉 | 福尔摩斯 | 证据及线索 | ①六声枪响<br>②一拳制敌 |
|---|---|---|---|
| 时间 | 傍晚 | | |
| 地点 | 回家的路上 | 关键点 | 为何开枪 |
| 事件 | 遇到歹徒 | 嫌疑人 | |
| 人物及关系 | 福尔摩斯用计制伏歹徒 | 侦查方向 | 从心理学角度分析福尔摩斯说了什么话 |

# 028 字迹辨凶

浴室里发现了一具尸体，住在7号房间的爱丽小姐手被反绑着，溺死在浴缸里。警察赶到现场，发现浴缸里有支铅笔，浴缸壁上有铅笔字“6”。经辨认，是爱丽小姐临死前写的，显然与凶手有关。经调查，警察发现住在6号房间和9号房间的两位先生都很可疑。警察正要去抓在6号房间的先生时，同行的福尔摩斯却指着住在9号房间的先生说：“凶手是他！”你知道为什么吗？

**【侦查笔记】**

| 主诉 | 警察 | 证据及线索 | ①数字6<br>②手被反绑着 |
|---|---|---|---|
| 时间 | | | |
| 地点 | 浴室 | 关键点 | 手被反绑着 |
| 事件 | 凶手线索 | 嫌疑人 | |
| 人物及关系 | 福尔摩斯明白了死者的暗示 | 侦查方向 | 手被反绑着写下的数字是什么样的 |

# 029 帐篷里的破绽

福尔摩斯获知一件凶杀案的嫌疑人正在山里野营，便驱车前往调查。在群山之间的一片绿茵上，他进入了嫌疑人居住的帐篷。在帐篷内一个折叠床旁边，有两个金属制品在绿草地上闪着微光，原来是两颗步枪子弹壳，与杀害死者的子弹口径相同。嫌疑人却说这是他在山上捡到的，他在这个帐篷里已住了一个多月，根本没去市区。

福尔摩斯又仔细看了看帐篷里面的草说：“你需要重新编造谎言。”

你知道福尔摩斯看出什么破绽了吗？

**【侦查笔记】**

| 主诉 | 福尔摩斯 | 证据及线索 | ①绿草地上的弹壳<br>②住了一个多月 |
|---|---|---|---|
| 时间 | | | |
| 地点 | 山里帐篷内 | 关键点 | 帐篷内的绿草地 |
| 事件 | 识破谎言 | 嫌疑人 | 嫌疑人 |
| 人物及关系 | 福尔摩斯发现嫌疑人的破绽 | 侦查方向 | 从植物和阳光的关系分析此案 |

# 030 奇怪的陌生人

一天晚上，福尔摩斯正在一家旅店的一个房间里休息，突然听见有人敲门，他开门一看，是个陌生人。陌生人看了看房间后说道：“对不起，我弄错了，我以为是我自己的房间呢。”说完赶紧退了出去。

陌生人刚出去不一会儿，福尔摩斯就断定这人并非好人，于是立即打电话给楼下的保安。保安在门口把陌生人拦住，在他身上搜出了匕首和盗窃工具。

福尔摩斯是根据什么情况来判断这个陌生人不是好人的呢?

**【侦查笔记】**

| 主诉 | 福尔摩斯 | 证据及线索 | ①敲门<br>②弄错自己的房间 |
|---|---|---|---|
| 时间 | 晚上 | | |
| 地点 | 旅店某房间 | 关键点 | 敲门 |
| 事件 | 入室盗窃未遂 | 嫌疑人 | 陌生人 |
| 人物及关系 | 福尔摩斯识破窃贼的谎言 | 侦查方向 | 从人进自己房间的正常行为分析此案 |

# 031 证据在录音机里

上午10点30分，某公司正在召开会议，一位秘书无意中在会议桌下面发现了一台窃听用的录音机。董事长暴跳如雷：“我们公司里有商业间谍，散会，马上请福尔摩斯来帮助调查。”

福尔摩斯检查着录音机，他倒回磁带，将录了音的带子从头播放，以此计算时间。“董事长，我估计录音机是商业间谍在10点15分安放的。”一位董事说：“我稍稍提前到达，乘电梯到7楼时，好像看见一个穿着我们公司工作服的女人，在走廊尽头一闪而过，也许她就是商业间谍。但是当时只看到背影，没看清面貌。”“马上命令各科科长，在自己科里调查一下，把在10点15分离开科室的女职员全部带到这里来。”董事长严厉地命令道。一会儿，来了三名女职员。

董事长亲自问：“请说明理由，10点15分时，为什么离开自己的岗位？”第一个回答的是总务科的琳达：“我在一楼休息厅，接了一个私人电话，因公司内的电话禁止私人使用。”“为什么穿着球鞋呢？在本公司，只准穿皮鞋。”“今天早上上班时，人多太挤，把脚踝扭伤了，一走路就疼，所以换了双球鞋。”第二个回答的是财务科的一位女职员，她穿着一双高跟皮鞋：“我到药房买药去了。”接着她拿出了药品。最后回答的是人事科的一位女职员，她穿着高跟皮鞋。她说：“我献血去了。”“那么，请把献血卡给我看看。”“医生说我贫血，不能献血。”

三个人的话音刚落，福尔摩斯开腔了："我已知道你们中谁是间谍了，不信，你们听。"接着福尔摩斯打开了录音机的开关。录音机开始转动，开始一片静寂，随后响起了轻微的关门声。"啊……"一位女职员不觉发出一声惊叫。她已发现自己留下的证据，顿时脸色苍白。福尔摩斯发现了什么线索呢？

**【侦查笔记】**

| 主诉 | 福尔摩斯 | 证据及线索 | ①三个人的鞋子<br>②录音机里的关门声 |
|---|---|---|---|
| 时间 | 会议前15分钟 | | |
| 地点 | 会议室 | 关键点 | 球鞋 |
| 事件 | 查商业间谍 | 嫌疑人 | 三名女职员 |
| 人物及关系 | 公司领导询问三名女职员 | 侦查方向 | 从录音机录下来的声音里找线索 |

# 032 手电筒的光

福尔摩斯接到警长打来的求助电话，便急忙赶到案发现场。报案者对福尔摩斯说："今晚我值班，大约一刻钟前断电，一伙人冲了进来。他们直奔财务室，撬开保险柜，偷走了里面的2000美金和经理的'劳力士'牌金表。他们一走，我马上给警察打了电话。""当时您在什么地方？"福尔摩斯问。"我看见他们人很多，就躲在储藏室里了。""这些人有什么特征吗？""有，他们一共有5个人，为首的脸上好像有块疤。因为他手里拿着手电筒，当手电光从门缝射进来时，我借着手电光一眼就……"

"住口，"福尔摩斯厉声喝止了他，"你说谎的本领也太不高明了。窃贼就是你。"

福尔摩斯为什么这样说呢？

**【侦查笔记】**

| 主诉 | 报案者 | 证据及线索 | ①断电<br>②丢失的东西清单<br>③盗贼的模样 |
|---|---|---|---|
| 时间 | 晚上 | | |

| 地点 | 储藏室 | 关键点 | 门缝 |
|---|---|---|---|
| 事件 | 抢劫案 | 嫌疑人 | 报案者 |
| 人物及关系 | 福尔摩斯识破报案者的谎言 | 侦查方向 | 从人在黑暗中的视觉反应推理此案 |

# 033 银碗中的头像

一家银店遭窃，福尔摩斯接到委托前来调查。营业员对福尔摩斯说："银店刚开门，一个男子闯进来了，当时我正背对着门。他命令我不准转过身来，并且我觉得有支枪管抵在我的背上。他叫我把壁橱内陈列的所有银器都递给他，我猜想他把银器装进提包了。因为当他逃出店门时，我看见他提着个包儿。"

福尔摩斯问："这么说，你一直是背对着他，逃出店门时他又背对着你，你还能认出他吗？"营业员说："我看见了他的影像。我们的银器总是擦得非常亮，在我递给他一个大水果碗时，我看到他映在碗中的头像。"福尔摩斯怒喝道："不要再演戏了，快把偷走的银器送回来，或许能减轻对你的惩处。"

福尔摩斯为什么断定营业员是窃贼?

【侦查笔记】

| 主诉 | 营业员 | 证据及线索 | 看到银碗中的头像 |
|---|---|---|---|
| 时间 | 刚营业开门时 | | |
| 地点 | 银店内 | 关键点 | 银碗的形状 |
| 事件 | 监守自盗 | 嫌疑人 | 营业员 |
| 人物及关系 | 福尔摩斯识破营业员的谎言 | 侦查方向 | 用物理学上的知识推理此案 |

# 034 深夜报案

深冬时节，凌晨3时30分，报警电话急促地响起。玛丽莎夫人报案称，她的丈夫被谋杀了，接到委托的福尔摩斯迅速赶到了玛丽莎夫人的家里。

玛丽莎夫人的房子里很暖和，福尔摩斯不由得摘下了围巾、手套、帽子，并脱下大衣。玛丽莎夫人穿着睡衣，脚上是一双拖鞋，头发乱蓬蓬的，脸上毫无血色。她说："尸体在楼上。"福尔摩斯边查看现场边问："夫人，您丈夫是怎么被杀的？""我丈夫是在夜里11时45分睡的，也不知道怎么了，我在凌晨3时25分醒了，听到丈夫一点儿声息也没有，才发觉他已经死了，他是被人杀死的。""那您后来干什么了？"福尔摩斯又问。"我就下楼给警察打电话。那时我还看见那扇窗户大开着。"玛丽莎夫人用纤纤玉手指了指那扇还开着的窗户，"凶手准是从这扇窗户进来，然后又从这儿逃走的。"

福尔摩斯走到那扇窗户前，只觉得猛烈的寒风呼呼地往里吹，他缩了缩脖子，忙关上了窗户，回头对玛丽莎夫人说道："我想奉劝夫人一句，尽早把真相告诉我！"玛丽莎夫人脸色变得更白了："你这是什么意思？"福尔摩斯严肃地说："因为刚才你没说实话！"

请问，福尔摩斯为何知道玛丽莎夫人说了谎？

**【侦查笔记】**

| 主诉 | 玛丽莎夫人 | 证据及线索 | ①深冬<br>②房子里很暖和 |
|---|---|---|---|
| 时间 | 深冬 | | |
| 地点 | 玛丽莎夫人家 | 关键点 | 窗子 |
| 事件 | 玛丽莎的丈夫被杀 | 嫌疑人 | 玛丽莎夫人 |
| 人物及关系 | 福尔摩斯和玛丽莎夫人 | 侦查方向 | 从现场的不合理性推理 |

# 035 借据丢失后

有个英国人叫阿桑，为人厚道，乐于助人。一天，有一个服装商人加伊前来拜访阿桑，阿桑热情接待，加伊愁眉苦脸地说："唉，有笔现成生意，但缺本钱。"阿桑关心地问道："缺多少钱？"加伊开口要借2000英镑。阿桑慷慨答应。一张借据，一阵感谢，阿桑便满足了。

可过了几天，妻子问起借钱的事，要看借据，阿桑找遍房间也没找到。妻子提醒阿桑："没了借据，小心将来加伊赖账。"阿桑心里也着急了，于是去找好友福尔摩斯想办法。福尔摩斯问："借钱时有没有别人在场？"阿桑摇摇头。福尔摩斯又问："借钱的期限是多久？"阿桑伸出一个食指，说："一年。"福尔摩斯略加思忖，说："有办法了，你马上写封信给加伊，催他尽快归还你的2500英镑。"阿桑说："我只借给他2000英镑呀！"福尔摩斯笑道："你就这样写好了。"

阿桑照办，果然不出福尔摩斯所料，阿桑因此重新得到了借款的证据。你知道为什么吗？

**【侦查笔记】**

| 主诉 | 阿桑 | 证据及线索 | ①数额不符<br>②加伊的回信 |
|---|---|---|---|
| 时间 | 几天后 | | |
| 地点 | | 关键点 | 加伊的辩解 |
| 事件 | 重获借据 | 嫌疑人 | |
| 人物及关系 | 福尔摩斯为朋友阿桑巧妙获得借据 | 侦查方向 | 从人被冤枉的心理因素推理此案 |

# 036 走嘴的美术教师

初夏的一个晚上，因调查一个案子，福尔摩斯拜访了美术教师麦迪。她住在豪华公寓的最顶层。"请问昨天下午3点左右，您在哪儿？"福尔摩斯请她提供不在现场的证明。"在平台上写生来着，就是这幅画。"麦迪给他看放在画架上的一幅油画。画的是从楼顶上仰视摩天饭店的景观，画得很专业。

麦迪说："我因交通事故在医院住了三个月，前天刚出院，所以从昨天就一直在画画，也好解解闷儿，而且连续大晴天，是多好的日光浴呀。""怪不得脸黑红黑红的，显得挺健康的样子，我想也是晒的。现在几点啦？不巧，我忘了戴表。"福尔摩斯若无其事地问道。

“6点半。”麦迪看了看戴在左手腕的手表答道。她的左手指好似白鱼一样白皙细嫩，美极了。她察觉到福尔摩斯敏锐的视线在注意自己的手。“我的手怎么啦？”她不安地问道。“不由得被您漂亮的手指迷住了。您是用右手画画吧？”“嗯，是的，怎么啦？”“您晒了两天日光浴，并画画，可左手却一点儿也没晒黑，我觉得有些奇怪。”“左手因端着颜料板，所以没晒着呀！”麦迪话说一半，突然觉得说走了嘴，慌忙闭了口，那么这是为什么？

**【侦查笔记】**

| 主诉 | 福尔摩斯 | 证据及线索 | ①在平台写生<br>②大晴天 |
|---|---|---|---|
| 时间 | 初夏的一个晚上 | | |
| 地点 | 麦迪家 | 关键点 | 画油画 |
| 事件 | 对麦迪进行调查 | 嫌疑人 | 麦迪 |
| 人物及关系 | 福尔摩斯拜访麦迪 | 侦查方向 | 通过托颜料盘的动作和人身体的反应来推断 |

# 037 熔珠破案

夜里，某办公室发生了保险箱被盗的案件。从现场观察来看，这是单人作案，作案者十分狡诈，戴着手套，没有留下指纹。过了几天，路人发现在某公路边的一条河里，河水浑浊，但能看见有东西漂浮。经打捞，竟是那只被盗的保险箱。保险箱已被熔割切开，箱内空无一物。显然，作案者是驾驶汽车来到这儿，将空保险箱扔进河里。经过仔细侦查，初步怀疑，嫌疑人是某机械厂的货车司机乔治。但是要逮捕乔治，还缺乏证据，警长便邀请福尔摩斯帮助寻找证据。

为了不打草惊蛇，趁乔治外出，福尔摩斯检查了他晾在院子里的一条长裤。裤脚上有好几个小洞，可能是用气焊枪熔割时，火花溅到裤子上烧的。不过，光是几个小洞还不能作为罪证，说不定他是在熔割别的东西时烧的，也可能是抽烟时不小心烧的。福尔摩斯在乔治长裤裤脚卷边里，找到几颗比圆珠笔尖的小圆珠还要小的金属熔珠，如获至宝地送到警察局，经检验，警长派人将乔治逮捕了。

乔治万万没想到，几颗小熔珠竟使自己露了马脚。你知道其中的道理吗？

【侦查笔记】

| 主诉 | 福尔摩斯 | 证据及线索 | 裤脚卷边里找到金属熔珠 |
|---|---|---|---|
| 时间 | 夜里 | | |
| 地点 | 办公室 | 关键点 | 光谱分析 |
| 事件 | 保险柜被盗 | 嫌疑人 | 乔治 |
| 人物及关系 | 福尔摩斯与司机乔治 | 侦查方向 | 应用化学知识推理此案 |

# 038 吹牛大王的破绽

杰克是个吹牛大王，他经常在和别人闲聊时吹牛。福尔摩斯常常在他吹得正高兴时戳穿他的牛皮，使他下不了台。

有一次，杰克看福尔摩斯没在屋里，又和别人吹了起来。他吹牛说自己玩遍了全世界，连非洲大沙漠都去过，并且顺手拿出一张照片："你们看，这就是我在非洲大沙漠上骑着双峰骆驼时拍的照片。"正在这时，福尔摩斯开门进来了。"哈哈，你在非洲骑的是这样的骆驼吗？别吹牛了，我看这是在动物园拍的！"

猜猜吹牛大王杰克的破绽在什么地方。

【侦查笔记】

| 主诉 | 杰克 | 证据及线索 | 非洲骆驼的样子 |
|---|---|---|---|
| 时间 | | | |
| 地点 | 屋内 | 关键点 | 照片中的骆驼 |
| 事件 | 吹牛 | 嫌疑人 | |
| 人物及关系 | 福尔摩斯戳穿吹牛大王的假话 | 侦查方向 | 了解非洲动物的特征 |

# 039 毛玻璃“透视”案

某公司有三间连在一起的办公室，间隔它们的两扇门上都是毛玻璃，就是那种一面光滑一面粗糙，让人无法透视的玻璃，这两扇门平时都是锁着的。中间的一间办公室是财务室。一天，出纳在上厕所回来后，发现保险柜中的现金少了一部分。原来，粗心的出纳虽然锁上了保险柜，却忘记拔掉钥匙了。

警方接到报案后，很快就将嫌疑人锁定为旁边两间办公室的人，但无法确认具体是哪一间办公室的人，于是请福尔摩斯来协助调查。福尔摩斯仔细地观察了两块毛玻璃，发现左侧办公室的毛玻璃的光滑面不在财务室这一面，而右侧办公室的毛玻璃的光滑面则在财务室这一面。福尔摩斯马上判断出是右侧办公室的人作案。福尔摩斯的根据是什么？

**【侦查笔记】**

| 主诉 | 福尔摩斯 | 证据及线索 | ①毛玻璃<br>②毛玻璃的不同安装方式 |
| --- | --- | --- | --- |
| 时间 | 上班时间 | | |
| 地点 | 财务办公室 | 关键点 | 光滑面在哪一边 |
| 事件 | 现金被盗 | 嫌疑人 | |
| 人物及关系 | 出纳和他的同事 | 侦查方向 | 毛玻璃的特性，用生活常识和物理常识推理 |

# 040 没有噪声的汽车

一辆行驶的汽车撞伤了一个正在路边玩耍的孩子后逃逸，警察询问目击者，目击者称是一位身材高大的男人开的车并说出了具体牌号。经过调查警察找到了嫌疑人洛桑，可洛桑说今天上午他妻子用过这辆车，他一天都没有出过门。福尔摩斯目测他妻子身高不超过1.5米，不免有些怀疑。这时，另一位警察说：“目击者说，撞人的汽车噪声很大，好像是消声器坏了。”“那咱们试一下吧！”洛桑把警察带到车库，打开车门，然后舒舒服服地坐在驾驶座上，发动马达，在街上转了一圈，一点儿噪声也没有。

同行的福尔摩斯对警察说："洛桑是在我们到他家前换上了新消声器。而且，最后驾驶这辆车的人，一定不会是洛桑的妻子。"

福尔摩斯是如何做出这一判断的？

【侦查笔记】

| 主诉 | 警察 | 证据及线索 | ①消声器坏了<br>②舒舒服服坐在驾驶座上开了一圈 |
|---|---|---|---|
| 时间 | | | |
| 地点 | 洛桑家车库 | 关键点 | 驾驶座 |
| 事件 | 汽车撞人 | 嫌疑人 | 洛桑 |
| 人物及关系 | 警察盘问洛桑；福尔摩斯提醒警察重要线索 | 侦查方向 | 开车前的习惯 |

# 041 判定逃跑方向

夏夜，福尔摩斯和两名警员追捕一名逃犯，当追到一片稻田时断了踪迹。两位警员没办法，福尔摩斯侧耳听了听就判明了逃犯的逃跑方向。

你知道福尔摩斯是怎样判定逃犯逃跑方向的吗？

【侦查笔记】

| 主诉 | 福尔摩斯 | 证据及线索 | 夏夜的稻田 |
|---|---|---|---|
| 时间 | 夏夜 | | |
| 地点 | 稻田 | 关键点 | 听声音 |
| 事件 | 追逃犯 | 嫌疑人 | 逃犯 |
| 人物及关系 | 福尔摩斯追踪逃犯 | 侦查方向 | 联想夏季的稻田可以听到什么 |

# 042 识破假照片

一个盛夏的中午，某市发生了一起抢劫银行案。福尔摩斯受警方委托调查此案，几天后，福尔摩斯找到了一名犯罪嫌疑人。当福尔摩斯向他要当天不在现场的证明时，他交出一张照片，并说："那天我去森林公园旅游了，你瞧，这是一位游客帮我拍的。"照片上，长着美丽长角的梅花鹿正吸引着不少游客。"甭用假照片骗人，这是秋天或冬天拍的。"福尔摩斯干脆地说。

那么，为什么福尔摩斯一看照片就识破了犯罪嫌疑人的谎言呢?

**【侦查笔记】**

| 主诉 | 福尔摩斯 | 证据及线索 | ①夏季森林公园<br>②长着长角的梅花鹿 |
|---|---|---|---|
| 时间 | 盛夏中午 | | |
| 地点 | 某市 | 关键点 | 长着长角 |
| 事件 | 辨认犯罪嫌疑人 | 嫌疑人 | |
| 人物及关系 | 犯罪嫌疑人欺骗福尔摩斯 | 侦查方向 | 了解梅花鹿长角的时间 |

# 043 埃菲尔铁塔的谜团

享誉世界的埃菲尔铁塔，是法国首都巴黎的代表性建筑。塔高300米，重达9000多吨。但是在它建成之初有三个谜团困扰了人们很久：

（1）这座铁塔只有在夜间才与地面垂直。

（2）上午，铁塔向西偏斜100毫米；到了中午，铁塔向北偏斜70毫米。

（3）冬季，气温降到-10℃时，塔身比夏季时矮170毫米。

当有人问著名的侦探福尔摩斯时，他合理地解释了这些问题。你知道其中的奥妙吗?

# 044 史前壁画

有一位青年整天想着发横财。一天，他找到福尔摩斯兴奋地说："您听说过有人在法国发现了洞穴人在山洞里画的壁画吗？我在西班牙的一个农庄发现了更加古老的史前古人壁画。"说着，他递给福尔摩斯三张照片："这几幅壁画，是我钻入差不多4000米深的暗洞才拍摄到的。如果您感兴趣，我可以将它们出售给您。"福尔摩斯看着照片，第一幅是长毛犀牛图，第二幅的画面是猎人在追赶恐龙，第三幅是奔跑的猛犸象图。福尔摩斯看了看照片后说："别演戏了，这些东西一看就是假的。"

请问福尔摩斯为什么说这些东西是假的呢？

**【侦查笔记】**

| 主诉 | 福尔摩斯 | 证据及线索 | 恐龙是侏罗纪时代的动物 |
|---|---|---|---|
| 时间 | | | |
| 地点 | 福尔摩斯家 | 关键点 | 第二幅画体现的内容 |
| 事件 | 用假壁画照片诈骗 | 嫌疑人 | 青年 |
| 人物及关系 | 经验丰富的福尔摩斯和青年之间的买卖关系 | 侦查方向 | 用古生物知识推理 |

# 045 何种手段

一天夜里，一位女士拨打了报警电话，称自己的男朋友死在了浴缸里。警察和福尔摩斯马上赶到现场。死者居住在一栋20层大厦的顶楼，这天正好赶上停电，他们只好爬楼梯上楼，等到了20楼，大家都已经气喘吁吁了。

死者是一名青年男士。他的女友，也就是报案人说："今天我和男朋友一起去酒吧喝酒，我们都喝了不少，回来的时候又赶上电梯停电，只好走楼梯上楼。到家后不久，他说浑身是汗要洗澡，不久就死了。"

"爬了20层楼，又喝了大量的酒，引起心脏停搏也是理所当然的事情，看来这是场意外事故。"一名警察判断说。

但是，不久后法医在解剖尸体时发现在死者的胃里有安眠药的成分。福尔摩斯回想起在浴缸的角落处还发现了未融化的冰块。"看来这是一桩巧妙的谋杀案。"福尔摩斯说道。经过调查，果然是谋杀，凶手就是死者的女朋友。

你能推理出凶手杀死自己的男朋友的过程吗?

**【侦查笔记】**

| 主诉 | 死者的女朋友 | 证据及线索 | ①喝了大量酒<br>②胃里有安眠药成分 |
|---|---|---|---|
| 时间 | 夜里 | | |
| 地点 | 一栋20层大厦的顶楼 | 关键点 | 浴缸 |
| 事件 | 报案人称男友死在了浴缸中 | 嫌疑人 | 死者的女朋友 |
| 人物及关系 | 福尔摩斯帮助警察破案 | 侦查方向 | 医学常识 |

# 046 心虚的凶手

一天，有人报案称自己的丈夫开枪自杀了。福尔摩斯和警长马上赶到现场，发现一名男子右侧太阳穴的位置中了一枪，倒地死亡，右手还握着一把手枪。报案人说自己正在厨房做晚饭，突然听到"砰"的一声枪响，跑出来一看，发现丈夫自杀了。

福尔摩斯一边在死者右手上涂石蜡，一边对死者的妻子说："等会儿我们就会知道你丈夫到底是不是自杀了。"

妻子一看，顿时心虚起来，没多久就承认了杀死丈夫的真相。

你知道妻子为什么突然心虚了吗?

**【侦查笔记】**

| 主诉 | 死者的妻子 | 证据及线索 | 死者右手握着手枪 |
|---|---|---|---|
| 时间 | | | |
| 地点 | 室内 | 关键点 | 手枪 |

| 事件 | 报案人称丈夫自杀 | 嫌疑人 | 死者妻子 |
|---|---|---|---|
| 人物及关系 | 福尔摩斯揭穿报案人的谎言 | 侦查方向 | 化学知识 |

# 047 登山队员

五名登山队员去登山，遭遇雪崩，有一人遇难。收到警长委托的福尔摩斯立刻展开问讯，发现事故发生时，四人都处于雪山上游，都有不在场的证明。遇难者因过于胆怯，停留在半山腰某处。福尔摩斯发现发生雪崩的地方在上游某处，而遇难者正在雪崩发生地的下方。四人供称没有听到剧烈的雪崩声，只是事后放有交响乐磁带的录音机不见了。福尔摩斯听到这后说道，这不是一场事故，而是精心策划的谋杀。

那么凶手是如何杀人的呢？

**【侦查笔记】**

| 主诉 | 福尔摩斯 | 证据及线索 | ①遇害人在半山腰<br>②录音机不见了 |
|---|---|---|---|
| 时间 | | | |
| 地点 | 雪山 | 关键点 | 放有交响乐磁带的录音机 |
| 事件 | 雪崩 | 嫌疑人 | 四位登山者之一 |
| 人物及关系 | 福尔摩斯对四人问讯 | 侦查方向 | 用雪崩的原理分析此案 |

# 048 说谎的医生

杜医生在警局录口供，他牵涉到一名富商被杀的案件。

受警长邀请，来协助调查的福尔摩斯问：“你是在案发前到死者家看病的吗？”

杜医生说：“是啊。”

“他为何在浴室暴毙呢？整个浴室连天花板都湿透了。”

“是……他在浴室淋浴时因脑卒中而死的。”

“唔……浴室的针药是你的吗？”

“是，我从手提包里拿出来准备替他医治的！”

“咦？体温计碎了？”

“是，不小心摔破了。”

“杜医生，病人究竟是因什么病让你来医治的呢？”

“心脏病！”

“可是，你又说他是因脑卒中而死的。”

“呃……是脑卒中……而令心脏病发作！”

“杜医生，我认为你有杀人的嫌疑，因为你利用热水炉行凶！”

福尔摩斯为何这样肯定呢，有什么根据？

**【侦查笔记】**

| 主诉 | 福尔摩斯 | 证据及线索 | ①天花板湿透了<br>②体温计破了<br>③脑卒中还是心脏病 |
|---|---|---|---|
| 时间 | | | |
| 地点 | 浴室 | 关键点 | 热水炉行凶 |
| 事件 | 识破谎言 | 嫌疑人 | 杜医生 |
| 人物及关系 | 福尔摩斯发现杜医生话里的诸多漏洞 | 侦查方向 | 从杜医生言语的漏洞和天花板、体温计来推理此案 |

# 049 空信封谜团

一位单身富翁的财产约有100万英镑，他告诉侄女他将全部财产保存在银行的金库里，然后把钥匙留给了侄女，并留下遗嘱，死后将遗产全部留给侄女。这位单身富翁病故后，富翁侄女邀请福尔摩斯一同到银行去取遗产，但是他们发现打开的金库中只放着一个空信封。这是一个极为普通的信封，上面贴着两枚陈旧的邮票，没有收信人的姓名、地址。侄女认为银行在欺骗她，私自换掉了金库里的物品。

福尔摩斯把信封拿到窗前明亮处对着光线照看，又仔细观察了一番，沉思片刻，问道："你伯父有什么特别的嗜好吗？""我不太了解，只记得伯父喜欢收集一些特殊的物品。""原来如此，小姐，请放心，你伯父的遗产安然无恙。"福尔摩斯笑着说。

那么，价值100万英镑的遗产在哪里呢？

【侦查笔记】

| 主诉 | 福尔摩斯 | 证据及线索 | ①钥匙交给了侄女<br>②贴着两枚邮票的空信封 |
|---|---|---|---|
| 时间 | 富翁病故后 | | |
| 地点 | 银行 | 关键点 | 福尔摩斯确认找到遗产 |
| 事件 | 继承遗产 | 嫌疑人 | |
| 人物及关系 | 福尔摩斯帮助富翁侄女找到遗产 | 侦查方向 | 从死者的嗜好推理此案 |

# 050 轿车里的命案

一名路人发现有人死在一辆轿车的驾驶座上，便报了案。警长向闻讯赶来的福尔摩斯讲述已查明的案情："当时车子停在停车场里，一颗子弹从死者的右太阳穴射入，尸检证实枪伤周围有火药烧伤，他的嘴里和胃里都有鲜樱桃。汽车加速器踏板旁有一支手枪，手枪上只有死者的指纹，车子内外毫无污痕。在车子周围20米以内的地面进行过搜索，仅找到两粒葡萄籽和一只生锈的铁钉。"

听完警长的讲述后，福尔摩斯说："我认为停车场不是作案现场，死者是在某地被害后，被凶手移尸到停车场的。"这个结论是根据什么得出的呢？

【侦查笔记】

| 主诉 | 福尔摩斯 | 证据及线索 | ①嘴里和胃里有鲜樱桃<br>②仅找到两粒葡萄籽 |
|---|---|---|---|
| 时间 | | | |
| 地点 | 轿车上 | 关键点 | 缺了一样关键的东西 |
| 事件 | 凶杀案 | 嫌疑人 | |
| 人物及关系 | 福尔摩斯分析警长介绍的现场情况 | 侦查方向 | 吃樱桃时应该有什么 |

# 051 吹牛的人

杰克特别喜欢吹牛，而且越来越离谱。有一次杰克和朋友一起吃饭时，对几个朋友说："我刚刚发明了一种液体，它可以溶解任何东西，我相信这是世界上最好的溶剂，我要去为它申请专利。"

几个朋友听后都知道他在吹牛，但一时又找不到什么理由反驳。正当杰克得意之时，在旁边吃饭的福尔摩斯忽然对他说了一句话，杰克听完之后立刻傻眼了。

你知道福尔摩斯对他说了什么话吗？

# 052 切绳子

福尔摩斯拿着一根一米长的粗绳子，打算把它切割成四段。福尔摩斯看到助手华生坐在旁边，突然想考一考华生，便说："这是一根一米长的绳子，如果切开一处需要1分钟，那么把这根绳子切成四段需要多长时间？"

华生不假思索地回答："4分钟。"

华生的回答正确吗？

# 053 不能左转

晚上，福尔摩斯和助手华生一起散步，眼见前面的马路就要左转弯了，福尔摩斯突然对华生说："你能在不左转的情况下走到家吗？"华生嘿嘿一笑，说道："这还不容易，看我的。"说罢，华生走了过去。如他所说，他并没有左转就沿着这条路走回家了。

你知道华生是怎么做到的吗？

# 054 烧绳计时

福尔摩斯和助手华生在办公室坐着聊天。突然，福尔摩斯想出一道题考考华生。于是对华生说："假如我手里有三根长短、粗细、原料都相同的绳子，从两端同时点燃，一小时可以烧完。你可以点燃一端，但中途不能熄灭。你能用这三根绳子计算出1小时45分钟吗？"

华生冥思苦想，好长时间都没能找到解决的方法。你能帮他想个办法吗？

# 055 河宽多少

有一次，福尔摩斯和华生坐渡轮。这种渡轮是在河的两岸对开的，一艘从东开到西，一艘从西开到东。其中一艘比另一艘开得快一点儿。因此，它们在距较近的岸720米处相遇。

到达预定地点后，每艘渡轮要停留10分钟，以便让乘客上下船，然后它们又返航。这两艘渡轮在距另一岸400米处重新相遇。福尔摩斯问华生，你知道这条河有多宽吗？

# 056 排除假象取情报

一个重大案件的线索掌握在亚当斯的手里。经过多次沟通，亚当斯决定将线索的材料交给福尔摩斯。一天上午，亚当斯和福尔摩斯约好，在当天晚上7点，福尔摩斯到亚当斯那儿去取材料。

晚上7点，福尔摩斯开车来到了亚当斯的住处。福尔摩斯按了几下门铃，没有动静，心里有些急了，就用手敲门，门虚掩着，一敲就开了。屋里亮着灯，却没有人。福尔摩斯走到里屋一看，惊呆了，只见亚当斯趴在地毯上，正艰难地翻过身来。福尔摩斯把他扶到沙发上时，发现他的身下有一块毛巾，一股麻醉剂的气味扑鼻而来。

亚当斯慢慢地睁开了眼睛，对福尔摩斯说："一个小时以前，我在看电视的时候，有人按门铃，我以为是你，我说了声请进，门没锁，谁知进来了两个陌生人，我连忙关掉了电视机，他们问我要材料，我说没有，他们就用毛巾捂住我的嘴和鼻子，不一会儿，我就失去了知觉。我把资料放在沙发下面，你去看看还在不在？”

福尔摩斯找了半天也没有找到，便仔细观察了屋里的每个角落，屋内比较整洁；又用手摸了摸电视机的后盖，还有余温，摸完后问亚当斯：“您刚才看的就是这台电视机吗？”“是的，我就这么一台电视机。”

福尔摩斯冷笑说：“别再演戏了，我希望您还是继续和我合作下去，否则后果由您一个人承担，至于什么样的后果，我想不用我多说吧！”亚当斯只好交出材料。

福尔摩斯是怎样识破亚当斯的谎言的？

**【侦查笔记】**

| 主诉 | 福尔摩斯 | 证据及线索 | ①整洁的屋子<br>②微热的电视机 |
|---|---|---|---|
| 时间 | 晚上7点 | | |
| 地点 | 亚当斯住处 | 关键点 | |
| 事件 | | 嫌疑人 | 亚当斯 |
| 人物及关系 | 福尔摩斯到亚当斯住处取材料 | 侦查方向 | |

# *057* 美丽的伪证

夏日早晨，某大型超市的保险箱被撬了。警方经过仔细勘察，发现了犯罪嫌疑人留在箱体上的指纹，确定作案时间是凌晨2—4点。经过侦查，发现给超市送货的食品公司货车司机有很大的嫌疑，于是提取了他的指纹，经比对后认定与留在保险箱上的指纹一致。警方传讯了这名司机，可司机却说凌晨2—4点他正在自己家中拍摄牵牛花开花的全过程，并提供了连续照片为证，警察查找资料后发现，牵牛花确实是在夏日早晨开放，审讯陷入僵局。

迷惘的警察请教了福尔摩斯。福尔摩斯来到司机家中，经比对照片和那盆花，确认不可能还有第二盆同样的花。

这就怪了，难道世界上竟有两人的指纹和细节特征完全相同？不可能！科学早就证明了这一点。福尔摩斯确认司机就是盗窃者。那么司机用了什么办法呢？

# 058 音乐家之死

一个单身的音乐家刚从外面回到家里，在二楼房间里练习小号时，突然室内发生爆炸，音乐家当场死亡。警察和福尔摩斯在勘察现场时发现窗户玻璃碎片里还掺杂着一些薄薄的玻璃碎片，可能是乐谱架旁边的桌上装着火药的一个玻璃杯发生了爆炸。奇怪的是室内并没有火源，也找不到定时引爆装置的碎片。如果不是定时炸弹，那么为什么引爆得那么准确呢？真不可思议。后来邻居又提供了线索，爆炸前死者正在用小号练习吹高音曲调。

于是，福尔摩斯马上就识破了犯罪嫌疑人的手段。请问你知道炸弹是如何被引爆的吗？

# 059 玻璃框中的凶手

卡罗望着名侦探福尔摩斯，遗憾地说："您要是早来5分钟，我那几幅名画就保住了。"福尔摩斯问："怎么回事？"卡罗说："这所住宅是表姐遗赠给我的，她收藏了许多名画，有6幅油画挂在这间书房里。10分钟前，我一个人在这儿找书，一个歹徒突然闯进来，用枪指着我，命令我脸朝墙站着，他取下了5幅，又命令我把面前那幅毕加索的作品取下来递给他，随即逃走了。"福尔摩斯问："这么说，你肯定不知道他的长相了？""不，在这幅画的玻璃框中我看清了他的长相，我能认出这个人。"

福尔摩斯笑了起来："年轻人，我可不为你骗取赔偿金去做证人。你根本没丢什么画！"

卡罗的叙述有什么漏洞？

**【侦查笔记】**

| 主诉 | 卡罗 | 证据及线索 | 玻璃框 |
| --- | --- | --- | --- |
| 时间 | | | |
| 地点 | | 关键点 | 玻璃框 |

| 事件 | 油画失窃 | 嫌疑人 | 卡罗 |
|---|---|---|---|
| 人物及关系 | 卡罗报案 | 侦查方向 | 油画不用玻璃框 |

# 060 越狱的犯人

布德被关在监狱的单人牢房，在一天深夜，他用线锯割断窗户的铁栏杆越狱逃跑了。布德被关在单人牢房期间，从没接受过外面送的东西。虽然他的妻子常来探监，但只是在会客室隔着玻璃窗用互通电话交谈，传递线锯是不可能的。并且，他在被关进单人牢房前须经过严格的搜身检查。那么，布德是如何得到线锯的呢？

典狱长百思不得其解，便请福尔摩斯前来帮忙，福尔摩斯在查看牢房被割断的铁栏杆时，发现窗台上鸟粪特别多。你知道为什么吗？

**【侦查笔记】**

| 主诉 | 福尔摩斯 | 证据及线索 | ①鸟类<br>②线锯 |
|---|---|---|---|
| 时间 | 深夜 | | |
| 地点 | 牢房 | 关键点 | 鸟类 |
| 事件 | 布德越狱 | 嫌疑人 | 布德、布德妻子 |
| 人物及关系 | 福尔摩斯找出布德越狱的证据 | 侦查方向 | 信鸽 |

# 061 脆弱的防盗玻璃

某市一个大型珠宝展览会上，人山人海。突然，一名男子迅速走到一个装有一枚价值连城的钻石的玻璃柜前，抡起锤子一敲，玻璃“哗啦”一声破裂开来，男子抢出钻石，趁乱逃走。

警方赶到现场，珠宝商哭诉道：“柜子是用防盗公司制造的特殊防盗玻璃做的，别说锤子，就是子弹打上去也不会破裂呀！”经过检查，警方认定那些碎玻璃的确是特别坚硬的防盗玻璃，珠宝商对其性能的描述也是实情，并无半点儿夸张。

警方百思不得其解，于是向名侦探福尔摩斯请教。福尔摩斯略加思索，便根据防盗玻璃的特性，指出了谁是犯罪嫌疑人。

你知道谁是犯罪嫌疑人吗？为什么？

【侦查笔记】

| 主诉 | 珠宝商 | 证据及线索 | 碎玻璃 |
|---|---|---|---|
| 时间 | | | |
| 地点 | 珠宝展览会 | 关键点 | 防盗玻璃 |
| 事件 | 珠宝被抢 | 嫌疑人 | 玻璃制造者 |
| 人物及关系 | | 侦查方向 | |

# 062 女画家被刺之谜

日本著名女画家A被发现死在自己的别墅中。她是被人刺死的，可以看出凶手是个老练的杀手，现场没有留下凶器，也没留下任何指纹或其他痕迹。后来在地上发现了一些穿袜子的女子脚印，开始时警察以为是女画家A留下的，经过鉴定后知道是别的女子留下的，并且这个女子就是凶手。

女画家A所住的是一座独立的花园式别墅，没有邻居，但过路人曾目击一个穿和服的日本女子和一个穿长裙的西方女子在女画家A被刺杀期间分别在屋子附近徘徊过。这两个女子中谁有可能是凶手呢？收到警方邀请，协助破案的福尔摩斯根据现场调查报告，迅速确定了目标，很快就破了这个案子。

你觉得哪个女子更可疑呢？

**【侦查笔记】**

| 主诉 | 福尔摩斯 | 证据及线索 | 脚印 |
| --- | --- | --- | --- |
| 时间 | | | |
| 地点 | 别墅中 | 关键点 | 穿袜子的脚印 |
| 事件 | 日本女画家被杀 | 嫌疑人 | 穿和服的日本女子 |
| 人物及关系 | | 侦查方向 | 日本人的生活习惯 |

# *063* 毒酒

大侦探福尔摩斯应邀到乡下做客。他和朋友坐在一家小酒馆饮酒，突然，隔壁桌的一位老板呻吟着呕吐起来。他带来的两名保镖立刻拔出枪来，对准与老板同桌的一位商人。福尔摩斯急忙上前询问，才知道双方刚谈成一笔生意，老板已开出订货单，双方共同喝酒庆祝，谁知老板多喝了几杯，竟然中毒了。那位商人举着双手，吓得不知所措。

福尔摩斯走上前，摸了摸温酒的锡壶，又打开了盖子，看到黄酒表面浮着一层黑膜，就说："果然是中毒了，我是福尔摩斯，你们听我说……"

这时，老板摇晃着身子说："福尔摩斯，救救我！他身上一定带着解毒药！搜出来……"福尔摩斯却说："他身上没带解毒药！这酒局是你做东，他怎么有办法投毒呢？"大家惊呆了，难道酒里又没有毒了？"有毒，"福尔摩斯说，"凶手就在这里。"

你知道凶手究竟在哪里吗？

**【侦查笔记】**

| 主诉 | 福尔摩斯 | 证据及线索 | ①锡壶<br>②一层黑膜 |
| --- | --- | --- | --- |
| 时间 | | | |
| 地点 | 小酒馆 | 关键点 | 黑膜 |
| 事件 | 老板中毒 | 嫌疑人 | |
| 人物及关系 | 老板请客时中毒 | 侦查方向 | 锡壶长时间加热酒后会导致铅中毒 |

# 064 奇怪的狗吠

福尔摩斯是著名的侦探，独居于郊外的一幢豪华别墅，饲养了一只北京犬陪伴他。他非常宠爱这只北京犬，因此，请了一名用人照顾它。一天晚上，小偷潜入他的寝室，盗走了一些重要文件。福尔摩斯发觉后，愤怒异常，立即责问那些保安人员。其中一名保安人员对福尔摩斯说："那晚我们一直守在这儿，没有察觉到任何异常，只听见那只北京犬在叫唤，我们以为它肚子饿了，所以没理睬它。对不起，这次是我们的疏忽。"

福尔摩斯听罢，随即叫保安人员将照顾北京犬的用人抓起来，并在他的房间里找到了那些文件。保安人员对福尔摩斯这么快便知道小偷是谁，感到非常佩服。

福尔摩斯是凭什么蛛丝马迹发现小偷就是那个用人的？

**【侦查笔记】**

| 主诉 | 保安 | 证据及线索 | ①文件<br>②犬叫声 |
|---|---|---|---|
| 时间 | 晚上 | | |
| 地点 | 豪华别墅 | 关键点 | 犬叫声 |
| 事件 | 文件被盗 | 嫌疑人 | 用人 |
| 人物及关系 | 福尔摩斯询问保安找线索 | 侦查方向 | 北京犬的习性 |

# 065 说谎的嫌疑人

用纸拉门隔开的3个房间里，每个房间的中央都吊有一个电灯泡。中间房间的居住者约翰是某案件的嫌疑人，而那天晚上10点，钟敲响的瞬间，他是否独自一人在家成了揭开案件谜底的关键。约翰说那时自己一个人在家，两边的邻居也都证明说：正好10点的时候看到纸门上有一个人的身影。听了这些话，福尔摩斯看着约翰严厉地说：“你在撒谎。”

福尔摩斯是怎么得出这个结论的?

**【侦查笔记】**

| 主诉 | 福尔摩斯 | 证据及线索 | ①电灯泡<br>②纸门 |
|---|---|---|---|
| 时间 | 晚上10点 | | |
| 地点 | 房间 | 关键点 | 纸门 |
| 事件 | 寻找嫌疑人 | 嫌疑人 | 约翰 |
| 人物及关系 | 福尔摩斯证实约翰在说谎 | 侦查方向 | 根据物理知识推理 |

# 066 秘书的花招

冬夜，福尔摩斯接到考古学家卡恩博士的紧急电话，说他借来搞研究的黄金面具被盗，并已派秘书驾车接福尔摩斯来破案。

到博士的研究室已是深夜11点了，研究室空无一人，秘书上楼去请博士，福尔摩斯在客厅里刚点上烟斗，只听得楼上“啊”的一声，接着是秘书的脚步声和喊声：“博士死了。”福尔摩斯连忙跑上楼，发现这是一间研究室兼卧室，博士倒在办公桌旁的地板上。福尔摩斯摸了摸死者的手和脸，还有温度，他无意中接触到死者的衣服，竟然还有余热。福尔摩斯问：“这所房子还住有什么人吗？”“没有。不过也许有人来过。”秘书答道。福尔摩斯来到床前，注意到床上有一床没有叠好的电热毯，摸摸也很烫。博士的皮包里有一份出席学术会议的请柬和发言稿。这说明，卡恩博士绝不会自杀。

福尔摩斯明白一切了，他指着秘书厉声说道：“凶手就是你！盗窃黄金面具的也是你！为了掩盖博士真正的死亡时间，你玩了个并不高明的花招！”

你能猜出秘书玩了什么花招吗?

【侦查笔记】

| 主诉 | 福尔摩斯 | 证据及线索 | ①卡恩博士身上的温度<br>②电热毯 |
|---|---|---|---|
| 时间 | 冬夜 | | |
| 地点 | 卡恩博士家 | 关键点 | 电热毯 |
| 事件 | 卡恩博士被杀 | 嫌疑人 | 秘书 |
| 人物及关系 | 秘书是杀死卡恩博士的凶手 | 侦查方向 | 秘书制造的假象 |

# *067* 珠宝失窃

展览馆要举办首饰博览会，便派玛丽小姐将珠宝设计师琳娜小姐接来，并安排在3楼贵宾室里。

玛丽从琳娜手中接过装满参展珠宝的手提箱，放在床头柜上。“您有什么需要吗？”玛丽问。“明天早上给我送杯牛奶吧！”琳娜说。

第二天清早，琳娜在盥洗室里刚刷完牙，正用毛巾洗脸时，突然听见门外“啊”的一声惊叫，接着是“扑通”一声。琳娜立刻奔向门厅，只见玛丽歪倒在房门口，一股鲜血从她的额头流下来。琳娜急忙去找枕巾，想帮玛丽止血。然而，当她去拿枕巾时，突然发现床头柜上装满珠宝的手提箱不见了。

琳娜顿时脸色煞白，惊呼一声：“天啊！”然后立刻打电话报警。琳娜哭着告诉和警长一同赶来的福尔摩斯，她的手提箱不见了。玛丽接着说：“刚才，我给琳娜小姐送来一杯热牛奶。可当我刚跨进房间，就觉得有一阵风，没等我回头，头上就被硬东西砸了一下，摔倒在地，恍惚间好像看见一个蒙面男人，拿着琳娜的手提箱逃走了。”

福尔摩斯走到床头柜前，见柜上放着一杯牛奶，对琳娜说：“喝吧，牛奶还是热的。”“我现在喝不下去。”琳娜泪如泉涌。玛丽摸了摸杯子说：“凉了点儿，我再去给您热一下。”说着端起放有牛奶的盘子就要离开。福尔摩斯挡住她的去路，说：“玛丽小姐先别急着离开，告诉我手提箱的去向吧？”

请问，福尔摩斯为什么会怀疑玛丽？

【侦查笔记】

| 主诉 | 福尔摩斯 | 证据及线索 | 牛奶 |
|---|---|---|---|
| 时间 | 早上 | | |
| 地点 | 琳娜房间 | 关键点 | 牛奶 |
| 事件 | 珠宝被盗 | 嫌疑人 | 玛丽 |
| 人物及关系 | 福尔摩斯怀疑是玛丽偷了琳娜的珠宝 | 侦查方向 | 牛奶的位置 |

# *068* 谁偷了文件

某公司保卫科保密柜中的77118号机密文件被人偷了，保密员杰姆立刻报告公司经理。公司经理请福尔摩斯来调查此事。

机密文件失窃一事，除了公司经理外，就只有保密员杰姆知道。福尔摩斯嘱咐杰姆不要声张，经过调查和分析，福尔摩斯推断可能是内部人员作案。福尔摩斯让杰姆找来了知道保密柜密码的其他两个人。

“因为发生了一点儿事情，所以我想请你们说明昨天下班之后的行踪。”福尔摩斯对三人说。“我在5点钟和朋友一起去吃饭，9点多我们分手后回家。总务科的同事一直和我在一起。”亚斯很坦然地说。“我直接回家，走到半路才发现忘拿手提包了，于是又回来一趟。今天我因家里有事，打电话请了假。关于77118号文件失窃之事，我一点儿都不知道。”希里神色自若地说。

他们两人刚说完，福尔摩斯忽然指着其中一人说：“就是你偷的！”

究竟谁是盗窃者呢？

【侦查笔记】

| 主诉 | 福尔摩斯 | 证据及线索 | ①保密柜密码<br>②忘拿手提包 |
|---|---|---|---|
| 时间 | | | |
| 地点 | 某公司保卫科 | 关键点 | 保密员杰姆 |
| 事件 | 文件丢失 | 嫌疑人 | 内部人员 |
| 人物及关系 | 福尔摩斯推断偷取文件的人 | 侦查方向 | |

# 069 自杀疑云

阿尔瓦是一名公司的经理，贪污巨款案发后，逃离居所藏匿了3个多月。当警员和福尔摩斯寻踪觅迹侦查到阿尔瓦隐匿的别墅时，却发现阿尔瓦已死在床上。阿尔瓦的右太阳穴上有一个贴着肉开枪的枪洞，被子里的右手上握着那把结束自己生命的手枪，脸上浮现出痛苦的表情。

床边的写字台上，摊着阿尔瓦写的遗书。遗书中回顾了自己的成长经历和犯罪经过，流露出想自首又怕难熬铁窗生涯，想自杀又留恋人间的矛盾心理。警员判断阿尔瓦系自杀，可是福尔摩斯却坚持认为阿尔瓦绝不可能是自杀。双方的意见出现了分歧。

请你对现场情况进行分析，判断一下谁的结论对呢？

**【侦查笔记】**

| 主诉 | 警员 | 证据及线索 | ①遗书<br>②手枪 |
|---|---|---|---|
| 时间 | | | |
| 地点 | 别墅 | 关键点 | 被子里的右手 |
| 事件 | 阿尔瓦自杀 | 嫌疑人 | |
| 人物及关系 | 福尔摩斯和警员判断阿尔瓦是否为自杀 | 侦查方向 | 持枪自杀手的位置不对 |

# 070 驯马师之死

冬季的清晨，福尔摩斯正在看骑手们练习骑马，突然马棚里冲出一位金发女郎，大叫着：“来人哪！杀人啦！”福尔摩斯急忙奔过去查看。只见马棚里一位驯马师打扮的人俯卧在干草堆上，后腰上有一大片血迹，一根锐利的冰锥就扎在他腰上。“死了大约有8个小时了。”福尔摩斯自语道，“也就是说谋杀发生在半夜。”

他转过身，看了一眼正捂着脸的那位金发女郎，说：“噢，对不起，你袖子上沾的是血迹吗？”那位金发女郎把袖口转过来，只见上面是一长道血印。“咦？”她脸色煞白，“一定是刚才在他身上蹭到的，他是彼特，他为我驯马。”福尔摩斯问道：“你知道有谁可能杀他吗？”“不，”她答道，“除了……也许是福特，彼特欠了他一大笔钱……”

第二天，警员告诉福尔摩斯：“彼特欠福特确切的金额是15000美元。可是福特发誓说，他已有两天没见过彼特了。另外，金发女郎袖口上的血迹经化验是死者的。”“我想你一定下手抓捕了吧？”福尔摩斯问。“犯罪嫌疑人已经在押。”警员答道。

谁是犯罪嫌疑人呢？

**【侦查笔记】**

| 主诉 | 金发女郎 | 证据及线索 | ①袖子上的血迹<br>②彼特欠福特15000美元 |
|---|---|---|---|
| 时间 | 清晨 | | |
| 地点 | 马场 | 关键点 | 冬季 |
| 事件 | 驯马师的死亡 | 嫌疑人 | 金发女郎 |
| 人物及关系 | 福尔摩斯查驯马师之死 | 侦查方向 | |

# 071 金鱼身上的线索

琼斯先生出差回来，已经快到中午了。当他走进别墅，顿时大吃一惊，屋子里被翻得乱七八糟，柜子全被撬开了，连金鱼缸都被打翻在地。琼斯立即跑进卧室，只见衣橱的门开着，放在里面的保险箱不见了踪影。

琼斯几近崩溃，走出被翻得凌乱不堪的卧室，拨通了好朋友福尔摩斯的电话。

“天啊，为什么会这样，小偷什么时候来的？你们有没有看到陌生人进来？”当福尔摩斯到达时，琼斯正在愤怒地训斥用人。看门人小心翼翼地说：“菲力先生早上收拾完房间后，再也没有其他人来过。”菲力脸色苍白，慌张地说：“先生，真的不是我，我走的时候一切都是好好的，窗户都关得严严实实的！对了，你看，被打碎的鱼缸，水还没干呢，小偷肯定是刚走不久。”

琼斯立刻走到窗前，阳光直射入内，地板上打碎的鱼缸旁仍然有一摊水渍。看来小偷真的是刚走，琼斯语气缓和了许多：“看来是我错怪你了。”

福尔摩斯感觉很奇怪，他俯下身子仔细打量这摊水渍，之后拿起两条死去的金鱼，细细打量，他感到金鱼的身体非常冰冷，他稍加思索，便说道：“菲力先生，你还是尽快把偷走的钱财拿出来吧！”

为什么福尔摩斯会认为菲力是小偷呢？

**【侦查笔记】**

| 主诉 | 琼斯先生 | 证据及线索 | ①一摊水渍<br>②死去的金鱼 |
|---|---|---|---|
| 时间 | 中午 | | |
| 地点 | 别墅 | 关键点 | 金鱼 |
| 事件 | 被盗走的钱财 | 嫌疑人 | 菲力 |
| 人物及关系 | 老板琼斯与用人菲力 | 侦查方向 | |

# *072* 大画家的遗作

某人正向福尔摩斯推销一幅据称是某著名大画家的遗作。他对福尔摩斯说：“我父亲和大画家是交往多年的好友。十年前，大画家和我的父亲在旅行途中遇到暴风雪，大画家不小心摔坏了髋关节，大雪掩埋了他的画具和用品，一连几天气温在零下几十摄氏度。我父亲把他背进一个废弃的简陋木屋，用自己两只手套堵住窗上的破洞。大画家感到自己的伤势很重，挺不了多久，便叫我父亲在橱中找到一支旧钢笔和一瓶墨水，为我父亲这位忠实的朋友匆匆画了一张素描后就死了。这张素描，至少也值200万英镑。”福尔摩斯说：“两便士我也不买，这张素描不会是大画家的遗作。”

福尔摩斯怎样判断出那张素描不是大画家的遗作？

**【侦查笔记】**

| 主诉 | 某人 | 证据及线索 | ①气温<br>②墨水 |
|---|---|---|---|
| 时间 | 十年前 | | |
| 地点 | 简陋木屋 | 关键点 | 墨水和气温 |
| 事件 | 大画家遗作 | 嫌疑人 | |
| 人物及关系 | 父亲与大画家 | 侦查方向 | |

# 073 谁报的案

一天傍晚，某公司经理艾伦独自坐在家里，他的朋友福尔摩斯打来电话，两个人刚说了几句话，突然艾伦家的门铃响起来。“请等一下，有人按铃，我去开门。”

门开了，闯进一个戴墨镜的不速之客，他一句话也不讲，用一根木棒向艾伦的头上猛击。艾伦立刻倒在血泊中，倒下之前只来得及喊一声：“救命！”但声音不是很大，邻居们谁也不会听到。凶手奔向保险箱，想窃取里面的钱财。但出乎凶手意料的是，没等他把东西拿走，警察就赶到了现场。

请问警察是怎么知道的？是谁报的案？

**【侦查笔记】**

| 主诉 | 福尔摩斯 | 证据及线索 | |
|---|---|---|---|
| 时间 | 一天傍晚 | | |
| 地点 | 艾伦家 | 关键点 | 艾伦呼喊救命 |
| 事件 | 艾伦被袭击 | 嫌疑人 | 不速之客 |
| 人物及关系 | 艾伦与不速之客 | 侦查方向 | |

# 074 姐夫遇害

“喂，雷利吗？”福尔摩斯在打电话，“雷利，您姐夫被人谋杀了。”“啊，天哪！”雷利在电话中惊叫道，“不会弄错吧？昨天晚上我还见过米基。他怎么就这样死了？”“不会错，已经验证过了。”福尔摩斯沉思片刻，又添了一句，“雷利先生，我马上到贵处同您细谈。”

一小时后，雷利向福尔摩斯介绍情况：“毋庸讳言，米基有不少仇人，他的生意合伙人哈雷德·史密斯曾举报他偷了公司的钱，两人发生了激烈的争吵；我另一个姐夫查尔斯·琼斯，指责米基损坏了他的名誉，而查尔斯与黑恶势力有联系，心狠手辣；第三个可能的凶手是我妻子的哥哥比利，他们结怨甚深。我可以把他的地址告诉您，但请不要把我的名字张扬出去。”“不用了，谢谢，雷利先生。”福尔摩斯站起来，向外招了招手，让随行人员把雷利铐起来，“我在电话中就猜着了，您刚才的谈话又证实了我的想法。尽管您很沉着，但凶手就是您！”

为什么凶手是雷利呢？

**【侦查笔记】**

| 主诉 | 福尔摩斯 | 证据及线索 | 姐夫的姓名 |
|---|---|---|---|
| 时间 | | | |
| 地点 | 雷利住所 | 关键点 | 雷利有两个姐夫 |
| 事件 | 雷利姐夫遇害 | 嫌疑人 | 雷利 |
| 人物及关系 | 雷利与姐夫 | 侦查方向 | |

# 075 伪造的自杀现场

一天，福尔摩斯无意间走到好友杰逊的门前。他按了半天门铃也没有人开门，他看见窗户大开着，意识到很有可能出了什么事情，便用身体撞开了大门。他进到客厅，发现卧室的门紧闭着，但锁好像已经从里面锁死，他就从窗户爬进去，发现杰逊已死在床上，福尔摩斯立刻报了警。房间内的一切现象似乎都表明他是自杀。门内锁孔上还插着一把钥匙，钥匙上提取到的拇指和食指指纹同杰逊的右手拇指和食指指纹一样，警长推测是杰逊反锁门后自杀的。

但细心的福尔摩斯经过反复推敲，还是看出了这是一个伪造成自杀的现场。那么他是从哪儿看出破绽的？

**【侦查笔记】**

| 主诉 | 福尔摩斯 | 证据及线索 | 拇指和食指指纹 |
|---|---|---|---|
| 时间 | | | |
| 地点 | 杰逊家 | 关键点 | 钥匙上的食指指纹 |
| 事件 | 杰逊死亡 | 嫌疑人 | |
| 人物及关系 | 福尔摩斯与好友杰逊 | 侦查方向 | 钥匙开锁的习惯 |

# 076 移动水杯

这天，福尔摩斯来到办公室，看到华生在对着几个杯子发呆，于是问道：“你这是在做什么啊？”华生说：“你看这儿有6只用来喝水的杯子，前面3只盛满了水，后面3只是空的。你能只移动1只玻璃杯，就使盛满水的杯子和空杯子间隔起来吗？”福尔摩斯盯着这几只杯子，只想了一会儿就做到了。

你知道他是怎么做到的吗？

# 077 指纹的秘密

一天傍晚，福尔摩斯一个人到酒吧喝酒。他的目光很快被坐在不远处的一位漂亮女子所吸引，这个女子二十五六岁，化了很浓的妆，手指甲上还涂了透明的指甲油，在独自喝酒。福尔摩斯觉得这个女人似曾相识，但又记不起是谁。直至那个女人离开座位，福尔摩斯才记起这个女人名叫卢琳，正被警方悬赏通缉。福尔摩斯立即起身追出去，但卢琳已不见踪影，于是福尔摩斯向警方报案。

警察到酒吧后，立即展开了调查，他们把女子喝酒的酒杯加以检验，但是，上面竟然没有留下指纹。“奇怪，那个女子喝酒时戴着手套吗？”警察问道。“不，她没有戴手套，而且，也不像是贴上了胶纸那一类的东西。”福尔摩斯回答说。“那到底是怎么一回事呢？”警察自言自语道。你知道为什么卢琳喝酒的杯子上没有留下指纹吗？

**【侦查笔记】**

| 主诉 | 福尔摩斯 | 证据及线索 | |
|---|---|---|---|
| 时间 | 一天傍晚 | | |
| 地点 | 酒吧 | 关键点 | 指甲油 |
| 事件 | 捉拿通缉犯卢琳 | 嫌疑人 | 卢琳 |
| 人物及关系 | 福尔摩斯报警抓卢琳 | 侦查方向 | 卢琳手指甲上涂了指甲油 |

# 078 两页中间

间谍希莱成功地从英国某城盗得了一份资料，这份资料记录了很多重要数据。一旦这份资料落入他人之手，后果不堪设想，情况十分危急。但幸运的是，就在希莱盗取资料后很短的时间内，该地就发现资料被盗了，于是警察立刻封锁城市，严禁任何人进出，于是希莱被留在了城内。同时，警察在城内搜捕希莱，很快在一个酒吧内抓住了这名间谍，福尔摩斯也参与了审讯。可资料却被希莱藏起来了，并不在她身上。

警员问道：“你究竟把资料藏到哪儿去了？马上交出来。”希莱说道：“我把它藏在一家图书馆内的书里面。”“哪家图书馆？”警员问道。“离这儿不远的一家小图书馆，我还记得那本书的书名是《圣经》，资料就夹在这本书的第43页和第44页中间。”“好了，希莱！”福尔摩斯拍了一下桌子，怒不可遏地说：“别再撒谎了，快把资料交出来！”

福尔摩斯怎么知道希莱在说谎呢？

**【侦查笔记】**

| 主诉 | 希莱 | 证据及线索 | |
| --- | --- | --- | --- |
| 时间 | | | |
| 地点 | 审讯室 | 关键点 | 书页 |
| 事件 | 希莱盗取资料 | 嫌疑人 | 希莱 |
| 人物及关系 | 福尔摩斯判断希莱撒谎 | 侦查方向 | |

# 079 深夜劫案

夜深人静，福尔摩斯带着助手散步。路过一片工地时，突然一道黑影从商店拐角处掠过。福尔摩斯立即奔上前去，正看见那黑影闪进一幢宿舍。

福尔摩斯刚疑惑地转过身，就有一名女工气喘吁吁地奔上来，见到有人，女工便哭着称刚才被一名男子抢走钱包、手表、金项链等物。福尔摩斯问女工抢劫者的特征，女工回答说抢劫者留长发，且有较长的胡子，提一个黑色皮包，其余记不清楚。福尔摩斯立即带女工敲门进入宿舍，先后走访3户人家，虽都有男青年，却无符合抢劫者面貌特征者。进入第四户人家时，一名独居男青年正在看录像，此青年却是板刷头，也无胡子。

福尔摩斯正疑惑地想发问时，女工发现屋角有一个黑包，指认说那正是抢劫者携带的皮包。男青年却回答说那是一个朋友遗忘在这里的。说着，男青年打开皮包，拿出几罐啤酒，并拉开易拉罐啤酒给福尔摩斯喝，拉罐时，可能用力过猛，易拉罐中喷出的泡沫溅了男青年一脸。福尔摩斯冷笑一下，立刻认定男青年就是那抢劫者。

你知道男青年露出了什么破绽吗？

**【侦查笔记】**

| 主诉 | 女工 | 证据及线索 | ①易拉罐<br>②皮包 |
|---|---|---|---|
| 时间 | 深夜 | | |
| 地点 | 宿舍 | 关键点 | 易拉罐喷出泡沫 |
| 事件 | 女工被抢劫 | 嫌疑人 | 男青年 |
| 人物及关系 | 福尔摩斯帮助女工找被抢的物品 | 侦查方向 | 啤酒中二氧化碳震荡后压力会增大 |

# 080 滑雪痕迹的秘密

S高原的滑雪胜地比往年提前半个月下了第一场大雪，这是30厘米厚的积雪。大雪是在星期六早晨6点钟停的，可中午刚过，在被大雪封门的原木造的别墅里，却发现了作家约翰的尸体，发现者是刚刚旅行回来的约翰夫人。作家的胸部、腹部被菜刀砍了数刀，推断死亡时间是当天上午9点左右。房屋的后门戳着一套滑雪板。

上午积雪上面留着两条滑雪板的痕迹，那滑雪板的痕迹一直通往离此处有40米远的一幢红砖别墅，去那幢别墅一直是上坡路。红砖别墅的主人是电视演员克洛依，来调查此案的福尔摩斯很快访问了她。她说："星期五中午约翰来到我的别墅。不久下了大雪，于是在我这里过了一夜。今天早晨起来一看，大雪已经停了，8点钟左右，他回到自己的别墅去了。""外面的滑雪痕迹是他回去时留下的吗？""是的。我家有两套滑雪板，一套借给了约翰。其实他不太会滑雪，抬起屁股、似站非站地滑回去了。""你滑得好吗？""一般，还滑得来，可我昨天开始有些感冒，积雪以后就没出过门，证据就是我的别墅周围除了约翰回家的滑雪板的痕迹外再没别的痕迹。"克洛依强调说雪上没有留下自己的脚印。不错，正像她说的那样，在积雪30厘米厚的雪地上，只留有约翰从克洛依的别墅沿着斜坡回到自己别墅的滑雪板的痕迹，没有其他任何滑雪和鞋子的痕迹。约翰的滑雪板痕迹也不是一气滑下去的，中途好像多次停下来的样子，左右滑雪板的痕迹或是离开较宽或是压在一起，显得很乱，从而让人感觉他的滑雪技术果真很差。

约翰在自己别墅被杀的时间是3个小时之前。雪停之后，如果作案后犯罪嫌疑人从现场逃跑的话，必然会在雪地上留下足迹的。可约翰夫人发现丈夫的尸体时，并没有发现可疑足迹。这样的话，克洛依仍然值得怀疑。于是，福尔摩斯继续严厉地追问她。“被害人的夫人说一定是你杀害了他，你要和被害人结婚，然而被害人又没有与妻子分手的勇气，你讨厌他这种犹豫不定的态度，一赌气杀了他的吧？”“那是夫人胡说。雪停之后我一步也没离开过自己的别墅，不可能去杀人呀。”克洛依很冷静地反驳说。

克洛依的谎言终究还是被揭穿了，漏洞就是她别墅门外的那棵松树。那棵松树上的积雪有一半落在地面上，福尔摩斯发现后揭穿了她那巧妙的手段。那么，克洛依用了什么手段杀人呢？

**【侦查笔记】**

| 主诉 | 克洛依 | 证据及线索 | ①树上的积雪<br>②门口的滑雪板 |
|---|---|---|---|
| 时间 | | | |
| 地点 | 约翰家 | 关键点 | 树枝上的积雪 |
| 事件 | 约翰被杀 | 嫌疑人 | 克洛依 |
| 人物及关系 | 福尔摩斯怀疑克洛依杀死约翰 | 侦查方向 | |

# 081 可口可乐提供的线索

福尔摩斯的好友约翰是位棒球教练。这天，约翰急匆匆地跑到福尔摩斯的办公室，哭丧着脸向福尔摩斯讲述了事情的经过。

“今天我回家比较晚，到家时已经快10点了。进门后我发现女儿玛丽趴在桌上，开始我以为她睡着了，叫了好几声她也没回答，走近一看发现她已经死了。”

福尔摩斯立即赶赴现场，在桌上发现了喝了半听的可口可乐。经化验证明里面混有氰化物。桌子上有几张信纸散乱地放着，那半听混有氰化物的可口可乐就压在其中一张信纸上。那张信纸很干净，上面的钢笔字迹也十分清晰。“这个听装的可口可乐原来放在哪儿？”福尔摩斯问道。“在厨房的冰箱里。”约翰回答，“我女儿最爱喝冰镇的可口可乐，所以我家冰箱里总是备有大量的可口可乐，谁料有人借此投毒害死了玛丽……”

福尔摩斯打开冰箱看了看，又回到玛丽的房间。他拿起桌上的一张信纸看了看，问助手华生："这些信纸都鉴定过了吗？""是的，经鉴定，上面的字迹和指纹全是玛丽的，信纸上清晰地写着一些有关失恋的诗句。""约翰，你的女儿恋爱了吗？"福尔摩斯问。"是的，"约翰答道，"由于我不同意她小小年纪就踏入爱河，所以她与男朋友在几天前分手了。"福尔摩斯抽出了那张压在可口可乐罐下的信纸端详了一会儿，又问："那听可口可乐一直都是压在这张信纸上的吗？""是的，没有人动过它。"约翰答道。福尔摩斯思考了片刻，判断说："这听可口可乐不是玛丽从冰箱取的，而是凶手拿来的！"

请问，福尔摩斯为何这样判断？

**【侦查笔记】**

| 主诉 | 约翰 | 证据及线索 | ①桌上的信纸<br>②信纸上的可乐 |
|---|---|---|---|
| 时间 | | | |
| 地点 | 约翰家 | 关键点 | 半听可乐 |
| 事件 | 玛丽死亡 | 嫌疑人 | |
| 人物及关系 | 约翰因玛丽死亡而求助于福尔摩斯 | 侦查方向 | 可乐瓶冰镇后遇热罐身会有水珠 |

# 082 沾血的手印

一天夜里，在一所公寓里发生了一起杀人案。一个孤身生活的妇女在3楼的房间里被人用刀刺死。卧室的墙壁上清晰地印着一个血手印。大概是凶手逃跑时一不留神将沾满鲜血的右手按到了墙壁上。5个手指头正面的指纹都很清晰，在警察看来，这就是有力的证据。

当警察用放大镜观察手印时，一个站在走廊口的青年在那里笑着说："警察先生，那手指印是假的，是凶手为了蒙骗警察，故意弄了个假手印，沾上被害人的鲜血，像盖图章一样按到墙上的。请不要上当啊！"青年好像知道实情似的。

警察吃惊地反问道："你怎么知道手印是假的呢？""如果你认为我在说谎，请你把自己右手的手掌往墙上按个手印试试看。"青年说完后便下楼梯走了。原来，这个青年是著名的侦探福尔摩斯。

警察又仔细地看了看这个沾满鲜血的手印，恍然大悟！你知道为什么吗？

【侦查笔记】

| 主诉 | | 证据及线索 | 公寓墙上的手印 |
| --- | --- | --- | --- |
| 时间 | 一天夜里 | | |
| 地点 | 公寓里 | 关键点 | 血手印的指纹 |
| 事件 | 公寓杀人案 | 嫌疑人 | |
| 人物及关系 | 福尔摩斯提醒警察不要被骗 | 侦查方向 | 按压手印时手指的方向 |

# 083 他在说谎

福尔摩斯接到警方的电话，说有一个经常在野外进行地质考察的学者，在草原考察时意外死亡了，请他前去协助调查。福尔摩斯到达现场后，发现学者躺在大树下搭的帐篷里，一个年轻的学生正在回答警方的询问。他说自己和老师一起出来考察，昨天晚上住在这里，结果今天早上发现老师死了。

法医判断学者是因误食毒蘑菇而身亡的。可是福尔摩斯却认定这个学生在说谎，你知道福尔摩斯是怎么得出这个结论的吗？

【侦查笔记】

| 主诉 | 学生 | 证据及线索 | 大树下的帐篷 |
| --- | --- | --- | --- |
| 时间 | | | |
| 地点 | 草原 | 关键点 | 搭帐篷的经验 |
| 事件 | 地质考察学者死亡 | 嫌疑人 | 学生 |
| 人物及关系 | 警察盘问学生，福尔摩斯认为学生说谎 | 侦查方向 | 有野外生存经验的人怎样搭帐篷 |

# 084 破窗而入

这天，一家工厂的员工打电话报警，说厂里发生了盗窃案，放在财务办公室保险箱里的10万英镑现金被盗走了。福尔摩斯和警察赶到了现场，只见办公室的玻璃窗被打碎了，室内满地都是碎玻璃，看样子小偷是从窗子跳进来作案的。

当晚值班的保安对警察说："小偷一定是后半夜作案的，因为我12点钟的时候曾经到这个房间巡视过，当时门窗都是好的。"警察追问道："你确定吗？"保安点点头："当然，我还顺手拉上了窗帘呢。"警察指了指地上的玻璃碴："看这满地的碎玻璃，当时小偷砸玻璃时应该用了很大的力气，难道你没有听见声音？""没有，"保安摇了摇头说，"厂房边上有条铁路，可能小偷是趁火车经过时把窗子砸破的。火车一来，什么都听不见了。"

一直站在旁边勘查现场的福尔摩斯突然打了个响指，冲着保安说："不要狡辩了，你在说谎。"你知道福尔摩斯是如何做出这个判断的吗？

**【侦查笔记】**

| 主诉 | 保安 | 证据及线索 | 一地碎玻璃 |
|---|---|---|---|
| 时间 | | | |
| 地点 | 工厂财务办公室 | 关键点 | 窗帘 |
| 事件 | 10万英镑被盗 | 嫌疑人 | 保安 |
| 人物及关系 | 福尔摩斯怀疑保安说谎 | 侦查方向 | 拉好窗帘后玻璃不会满地都是 |

## 085 制伏女流氓

福尔摩斯正在跟踪一项重大文物走私案的嫌疑人。在开往墨西哥的轮船上，他装扮成一个整天捧着书本的书生，不说一句话，以免引起走私分子的注意。福尔摩斯一直暗中监视着走私分子和他们随身携带的装有文物的旅行箱。

过了一会儿，旅客们纷纷走出船舱到餐厅吃午饭，走私分子也走了出去。为了监视那只旅行箱，福尔摩斯装成醉心于读书、不忍释卷的样子，独自一人留在船舱内。突然，一个穿着时髦的女郎走进船舱，见舱内只有福尔摩斯一人，便笑吟吟地走上前去，猛地扯开自己的衬衫领口，压低声音说道："赶快把钱包交出来，不然我就喊人说你要侮辱我。"福尔摩斯一惊，很快便镇定下来。心想：出示证件可以制伏这个女流氓，但这会暴露自己的身份，无法完成跟踪走私分子这一首要任务；不暴露身份，眼下如何应付？

突然，他灵机一动，拿出笔和纸略施小计，便将这个女流氓制伏了，使自己摆脱了困境。

福尔摩斯拿出的笔和纸是做什么用的呢？

【侦查笔记】

| 主诉 | 福尔摩斯 | 证据及线索 | |
|---|---|---|---|
| 时间 | | | |
| 地点 | 轮船上 | 关键点 | 纸和笔 |
| 事件 | 福尔摩斯巧制女流氓 | 嫌疑人 | |
| 人物及关系 | 福尔摩斯受女流氓威胁 | 侦查方向 | |

# 086 羊和自杀者同谋

西姆是英国农村的普通农民。在他45岁时，与他共同生活了20年的妻子不幸溺水身亡。中年丧妻，使西姆在精神上受到了很大的打击。几天后，人们在西姆家羊圈的不远处发现了他的尸体。他的头部中了一枪，看上去，几乎没有挣扎就立刻倒地死了。警察赶到了现场，在羊圈里发现了射杀西姆的小型手枪。羊圈离西姆倒下之处约15米。西姆是自杀，还是他杀？警察推断说："根据现场的情况判断，西姆是他杀。因为被子弹击中头部的西姆不可能从羊圈旁走到他倒下的地方。自杀者也不可能在死去的一瞬间把枪扔出15米远。"

协助调查的福尔摩斯对西姆之死持完全不同的看法。"各位，这只羊就是西姆自杀的同谋者！"福尔摩斯说，"我不知道他为什么这样做，但这里确实是自杀的现场。"

你知道福尔摩斯为何这么认为吗？

【侦查笔记】

| 主诉 | 福尔摩斯 | 证据及线索 | ①羊<br>②手枪 |
|---|---|---|---|
| 时间 | | | |
| 地点 | 羊圈 | 关键点 | 羊 |

| 事件 | 西姆自杀或是他杀 | 嫌疑人 | |
|---|---|---|---|
| 人物及关系 | 福尔摩斯认为西姆是自杀 | 侦查方向 | 羊圈里的羊 |

# 087 聪明的福尔摩斯

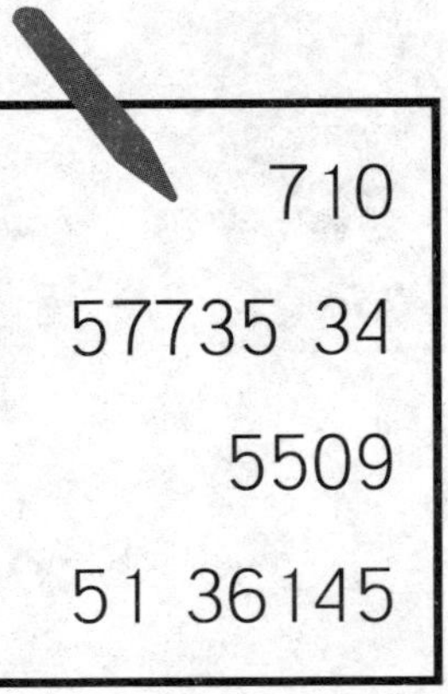


某报刊登了一个案件的简短报道，并附了一张照片。消息说：“昨天深夜，警长为捉拿一个毒品集团的头目，潜入某大楼。正当警长掌握了一些证据时，这个头目却被暗杀了。他在临死前写了一张小便条，上面写了几行数字，可以肯定这是密码。为了迅速破案，特将密码公布于众，能破译者将获得5000英镑的奖金。”

华生足足想了两个小时，最后还是无可奈何地摊了摊手。晚上，福尔摩斯拿着报纸翻了一会儿，突然对他说：“华生，我把报纸上征答的问题想出来了。”

当华生还将信将疑时，福尔摩斯已经在动手给警察局写信了：“警察先生，这几行数字，其实并不是什么密码，只是用英文写的一句话，我已经把它读出来了，它的意思是……”

你能说出这几行数字表示的是什么意思吗？

**【侦查笔记】**

| 主诉 | 福尔摩斯 | 证据及线索 | 便条 |
|---|---|---|---|
| 时间 | 昨天深夜 | | |
| 地点 | 某大楼 | 关键点 | 数字 |
| 事件 | 破解密码 | 嫌疑人 | |
| 人物及关系 | | 侦查方向 | 便条内容 |

# 088 奇怪的算式

福尔摩斯应邀到数学教授乔治家去做客，在约定的时间到了乔治家的大门口。当他正准备按门铃时，发现大门是半掩着的，便走进了教授的家中。

他坐在了客厅的沙发上，没有看见乔治本人。扫遍了整个客厅后，目光停在了一台台式电脑的显示屏上，这时是计算状态，上面打着“101×5”的一道式子。福尔摩斯看了觉得十分纳闷，乔治教授算这个还要用计算器？

突然，福尔摩斯从这道式子中觉察到了什么，立即拨打了报警电话。你知道其中的原因吗？

**【侦查笔记】**

| 主诉 | 福尔摩斯 | 证据及线索 | 电脑中的算式 |
|---|---|---|---|
| 时间 | | | |
| 地点 | 乔治家 | 关键点 | 计算结果 |
| 事件 | 乔治失踪 | 嫌疑人 | |
| 人物及关系 | 福尔摩斯到乔治家做客 | 侦查方向 | 计算结果与字母形状 |

# 089 打杯子

福尔摩斯和朋友打赌说，四个杯子并排放在离福尔摩斯5米远的地上，每个杯子都间隔0.3米。

福尔摩斯站在原地不动，只用了一支步枪和一颗子弹便打中了这四个杯子。你能想到他是怎么做到的吗？

# 090 不翼而飞的纸币

约瑟夫的咖啡馆坐落在伦敦闹市区的一个十字路口，优越的位置使咖啡馆生意兴隆。一天夜里，一个小偷趁乱从咖啡馆放现金的抽屉里偷走200镑左右的纸币。过了不到两分钟，约瑟夫就发现现金被窃，连忙打电话向警察局报案。

事情竟十分凑巧，那个倒霉的小偷刚逃离咖啡馆，跑出几十米远，在一个邮筒前碰到了迎面而来的巡警，巡警并不知道咖啡馆失窃的事情，他们只是见男子形迹可疑，便叫住他，做了例行公事的盘问。正盘问着，警察局办案的警察也赶到了。办案的警察认识这个小偷，在警察局的档案里，有这个小偷的记录。小偷名叫乔治，是个惯犯，警察当场就对乔治进行了搜查，但乔治身上只有几个便士的零钱。尽管乔治有前科，但由于证据不足，警察只能将他释放。

这天晚上，在咖啡馆喝咖啡的还有福尔摩斯，喜欢刨根问底的职业习惯使他对这个案子特别感兴趣。乔治只偷纸币，硬币却一个也没拿，这是为什么呢？为了取得第一手资料，福尔摩斯开始了侦查活动……经过福尔摩斯的调查，乔治当时没有同伙协助作案，他被释放以后再也没有到过约瑟夫咖啡馆，而是一直在家待着。乔治是单身一人，家里也没有电话。假如乔治是小偷，难道他把偷的钱藏在咖啡馆里一个秘密的地方了吗？这不可能，因为警察曾对咖啡馆进行了彻底的搜查。那钱到底到去哪儿了呢？福尔摩斯又在乔治逃跑的路线上进行调查，在乔治被盘问的位置，福尔摩斯有了一个大胆的假设。

根据福尔摩斯的线索，警察在乔治的家门口进行蹲守。三天后，乔治得到这笔钱时，警察便出现了。你能猜出福尔摩斯假设的内容吗？

**【侦查笔记】**

| 主诉 | | 证据及线索 | 乔治家的位置 |
|---|---|---|---|
| 时间 | 夜里 | | |
| 地点 | 咖啡馆 | 关键点 | 邮筒 |
| 事件 | 咖啡馆现金被窃 | 嫌疑人 | 乔治 |
| 人物及关系 | | 侦查方向 | 乔治被盘问地点周围的设施 |

# 091 咖啡毒杀案

贝克拿着杯子起身去倒了一杯白开水。“哟，怎么喝起白开水了，还是让我给你倒杯咖啡吧！”一位女同事殷勤地说。“哦，我是想吃片感冒药。不过吃药归吃药，还是麻烦你给我倒杯咖啡吧！”贝克边说边从上衣口袋里掏出药包。

“要是有咖啡的话，给我也倒一杯吧。”坐在贝克邻桌的布朗也抬起头。布朗喜欢喝咖啡在公司内是出了名的。布朗这么一嚷嚷，屋里所有的人都说要咖啡。这位女同事只好为每个人都准备一杯，另一位女同事也过去帮忙。这种情形在公司内是司空见惯的。

布朗从女同事递过来的托盘中取了两杯，其中一杯递给了邻桌的贝克，然后从放在两人桌子中间的砂糖壶中盛了两勺糖放在自己的杯中，再将砂糖壶移到贝克那边。布朗端起杯子只喝了一口就突然咳嗽起来，咖啡溅到桌前的稿纸上。贝克见状马上将自己喝药剩下的多半杯水递给布朗，布朗接过去一饮而尽，但痛苦愈发加剧，杯子也从手中脱落掉在地上摔碎了。

“喂，怎么啦！”贝克快速抱起就要倒下的布朗，但布朗已经断气了。贝克反应很机敏，他当即让人把所有使用过的杯子都保管起来，所以当警察赶到时现场被保护得很好。负责调查此案的警长向前来协助调查的侦探福尔摩斯说道：“经鉴定，有毒的只有布朗的杯子，其他人的杯子及砂糖壶上都没有化验出有毒物质。当然两名女同事一度被怀疑，但倒咖啡和送咖啡都是两人一块做的，而且这些杯子又难以分辨，所以除非两个人是同谋，否则很难将有毒的那杯正好送给布朗。两个女同事既无杀害布朗的动机，也无同谋之嫌。”

“邻座的贝克也无杀人动机吗？”福尔摩斯问道。“有。听说此人与布朗玩纸牌欠了很多钱。两个人虽然是邻座，桌与桌之间乱七八糟地堆放了许多东西，但贝克要想不被发现往布朗的杯子里放毒是不可能的。”“听说布朗死前将咖啡溅到了稿纸上，那稿纸保管起来了吗？”“是的，保管好了。”“那么就去化验一下稿纸，另外布朗杯子里剩下的掺毒的咖啡我想也取证，收起来了吧？”按照福尔摩斯的意思，一小时后从鉴定科出来的警长意外地说：“果然不出你所料。”

那么，贝克是怎样毒死布朗的呢？

【侦查笔记】

| 主诉 | 警长 | 证据及线索 | ①喝咖啡<br>②稿纸 |
|---|---|---|---|
| 时间 | | | |
| 地点 | 公司 | 关键点 | 杯子 |
| 事件 | 布朗被毒杀 | 嫌疑人 | 贝克 |
| 人物及关系 | 福尔摩斯与警长调查布朗被毒案 | 侦查方向 | |

# 092 判断依据

一天夜里，某海滨城市遭到了台风和暴雨的袭击。第二天一早，有人在海滩公园发现了一具男尸，旁边还有一顶他戴的帽子。来此散步的福尔摩斯只看了一眼就断定，海滩公园不是案发现场，尸体是从别处搬运过来的。

你知道福尔摩斯的判断依据是什么吗？

【侦查笔记】

| 主诉 | | 证据及线索 | ①台风<br>②暴雨 |
|---|---|---|---|
| 时间 | 一天夜里 | | |
| 地点 | 海滩公园 | 关键点 | 帽子 |
| 事件 | 海滩公园发现男尸 | 嫌疑人 | |
| 人物及关系 | | 侦查方向 | 男尸旁边的帽子 |

# 093 移形换影

有一天晚上，盗牛贼出现了，但不巧让牧场主人发现了行踪。盗牛贼见行迹败露，只得落荒而逃。牧场主人骑快马追赶，没想到小偷跑得比他还快，不一会儿，就消失在茫茫麦田里。牧场主人下马一看，田埂上尽是牛蹄印。

“岂有此理，这个小偷原来是骑牛来的，难怪找不到人的脚印。啊！不对啊，他若真是骑牛来的，那我怎么会追不上呢？”

牧场主人百思不解，第二天就去请侦探福尔摩斯来调查。福尔摩斯循牛蹄印前行，不久折回后道：“小偷是骑马逃走的。”福尔摩斯见牧场主人欲言又止，明白了他心中的疑惑，于是继续说道：“地上的牛蹄印是在马脚上装上了牛蹄形状的器物的缘故。”“你又没逮到窃贼，怎么知道是马呢？”

侦探福尔摩斯随即在口袋里拿出一包东西，然后打开给牧场主人看，只见牧场主人看后捧腹大笑，并不断地点头，表示福尔摩斯的判断十分正确。

想象一下，这个纸包里，究竟是什么东西呢？

**【侦查笔记】**

| 主诉 | 牧场主 | 证据及线索 | 牛蹄印 |
|---|---|---|---|
| 时间 | 晚上 | | |
| 地点 | 牧场 | 关键点 | 纸包里的东西 |
| 事件 | 盗牛贼逃跑 | 嫌疑人 | |
| 人物及关系 | 牧场主人，盗牛贼 | 侦查方向 | 搞清楚纸包里到底装了什么 |

# 094 狼狈为奸

福尔摩斯去拜访一位女画家，看到房间里开着灯，敲门后却听不到一点儿回应，就感到情况有些不妙，急忙找来公寓管理员，用备用钥匙打开了房门。进去一看，女画家躺在浴盆中死去了。据推测，女画家死亡的时间是前一天晚上8点到12点之间。经过调查得知，前一天夜里9点左右，住在同一公寓的人曾看到，已同女画家分居的丈夫拉姆，偷偷摸摸地从案发现场的房间里出来。于是，福尔摩斯开始对拉姆进行调查，得知他和他的同伙住在郊区的一个旅馆里。

福尔摩斯来到那家旅馆，找到拉姆厉声问道：“是您杀死了您的夫人吧？”可是拉姆说道：“这话从何说起！昨晚我10点半来到这里，11点我想给妻子打电话，可是因为对方正在通话，电话没有接通。这就是说，那时我的妻子还活着呢，电话是通过旅馆前台打的，旅馆接线员可以做证。”旅馆接线员证实，拉姆没有说谎。接线员记下的电话号码，也确实是被害者的。

“和拉姆住在一起的人，当时在什么地方？”为慎重起见，福尔摩斯又询问了旅馆服务员。服务员回答说：“你说的是那个女人吗？我看见她11点左右在走廊上的公用电话附近。”

福尔摩斯立即识破了拉姆的诡计，说道：“说了半天，凶手还是你啊！你把尸体浸泡在水中，企图使人难以推断死亡时间。然后和你的同伙妄图制造不在现场的假象。”

那么，拉姆和他的同伙身在旅馆，是怎样制造出被害者正在打电话的假象，并迷惑了旅馆的接线员为其做证的呢？

**【侦查笔记】**

| 主诉 | 福尔摩斯 | 证据及线索 | ①公用电话<br>②接线员 |
|---|---|---|---|
| 时间 | 晚上8点到12点之间 | | |
| 地点 | 女画家公寓 | 关键点 | 公用电话 |
| 事件 | 女画家的死亡 | 嫌疑人 | 拉姆及同伙 |
| 人物及关系 | 福尔摩斯认为拉姆与同伙合伙作案 | 侦查方向 | 死亡时间与打电话时间 |

# 095 幻影

英国发生了一起谋财害命案。凶手洗劫了一栋豪宅，还杀死了年仅28岁的女主人。当时，6岁的小女儿贝茜及时躲到落地窗帘后面去，才幸免于难。现在，可怜的贝茜成了这幕惨剧唯一的目击证人。

警察局怀疑这起骇人听闻的案件是一个叫杰夫·戈菲尔的人所为，于是将他拘捕。小贝茜一眼就认出他正是杀害母亲的凶手。可是除此之外，找不到其他证据，嫌疑人也矢口否认。而且对一个受到惊吓的6岁女孩说的话，也不能完全相信，案件就这么拖了3个月。

福尔摩斯知道了这个案件便参与了进来，他了解到杰夫是个文盲，而且很迷信，于是就想出一条妙计，能让杰夫主动交代自己的罪行。

一天深夜，杰夫被噪声吵醒，忽然看见被他掐死的女主人，心里一惊。这时有一个声音在责问他："杰夫，你这个刽子手！你为何要杀死我？老天不会饶恕你的！"杰夫惊恐万分，跪在地上求饶，把自己的罪行全部说了出来。

你知道福尔摩斯是怎么做到的吗？

**【侦查笔记】**

| 主诉 | | 证据及线索 | 目击证人贝茜 |
|---|---|---|---|
| 时间 | | | |
| 地点 | 一栋豪宅 | 关键点 | 杰夫的迷信思想 |
| 事件 | 豪宅女主人被害 | 嫌疑人 | 杰夫 |
| 人物及关系 | 福尔摩斯想办法让杰夫认罪 | 侦查方向 | 杰夫的心虚和迷信相结合 |

# 096 枪响之后

星期天下午，P先生被人杀了，福尔摩斯来到P先生的邻居M先生家里调查。M先生在告诉福尔摩斯发生凶杀的时间时说："我和我的女儿很清楚，我们听到三声枪响的时间正好是17点06分。我们立刻向窗外看去，看到一个男人溜掉了，只有他一个人。"

福尔摩斯检查了现场，他发现了一封由P先生亲笔签名的信，上面提到，有三个男人曾想谋害他。这三名嫌疑人中，A先生和C先生是足球教练，而B先生是橄榄球教练。这三名教练的球队，星期天下午3点整都有比赛。A教练的球队是在离P先生家10分钟路程的体育场上参加锦标赛；B教练的球队是在离P先生家60分钟路程的球场上参加友谊赛；C教练的球队是在离P先生家20分钟路程的体育场上参加冠军争夺赛。据了解，这三位教练在裁判吹响结束比赛的笛声之前，都在赛场上指挥比赛，而且当天天气很好，比赛皆未中断过。福尔摩斯踱着方步，突然转身对助手说："给我把三位教练都请来。"三位教练到了之后，福尔摩斯问道："诸位教练，贵队战果如何？"A教练答道："我的球队与绿队踢成了平局，3比3。"B教练接道："唉，打输了，9比15负于黑队。"C教练满面喜色，激动地说："我的队员以7比2的辉煌战绩打败了对手蓝队，夺得了冠军！”

福尔摩斯听后，朝其中的一位教练冷冷一笑：“请留下来我们再聊聊好吗？”这位被扣留在警署的教练，正是杀害P先生的凶手。你知道他是谁吗？为什么？

【侦查笔记】

| 主诉 | 福尔摩斯 | 证据及线索 | ①裁判的笛声<br>②M先生的证词 |
|---|---|---|---|
| 时间 | | | |
| 地点 | P先生家 | 关键点 | 时间、路程 |
| 事件 | P先生被杀 | 嫌疑人 | C教练 |
| 人物及关系 | 福尔摩斯询问A、B、C三位教练 | 侦查方向 | 赛场与P先生的距离 |

# 097 失败的演出

约翰手脚麻利地将麦卡的尸体悬挂在麦卡租用的小楼的顶楼上。当约翰想锁门离开时，才发现锁门需要用钥匙，慌乱中又找不到钥匙，所以没有锁门就离开了。两小时之后，约翰驾着车与福尔摩斯一同回到这幢房子。“麦卡近来因离婚心情很不好。”约翰对福尔摩斯说，“其实我早该来看看他的，可是没人知道他把自己藏到哪儿去了。今天上午他突然打电话给我，说他不想活了，我这才问明了他的住址，我想您跟我一起来也许能开导开导他。他在电话里说他住在德拉维尔街126号一幢白色楼房里，我们大概已经到了。”

福尔摩斯先走下车子，见大门虚掩着，便推门而入，扭亮电灯。5分钟之后，两人在顶楼上发现了麦卡。正当他俩面对悬在梁上的尸体瞠目结舌时，楼下传来“吱”的一声开门的声响。约翰带着福尔摩斯走到楼下的后门处，只见一个漂亮的小姑娘站在门口。“我妈妈叫我把这瓶牛奶送给麦卡先生。”她甜甜地说。福尔摩斯接过牛奶，待女孩离去后，立即给警察局打了个电话。警察赶到之后，福尔摩斯立刻通知警员将犯罪嫌疑人约翰拘捕候审。

约翰哪里露出了破绽呢？

**【侦查笔记】**

| 主诉 | 约翰 | 证据及线索 | 送牛奶的女孩 |
|---|---|---|---|
| 时间 | | | |
| 地点 | 麦卡住的小楼的顶楼 | 关键点 | 门声、门的位置 |
| 事件 | 麦卡自杀 | 嫌疑人 | 约翰 |
| 人物及关系 | 福尔摩斯与约翰看望麦卡 | 侦查方向 | 麦卡家的前后门 |

# 098 露了马脚的伯克

“我很担心我舅舅汉森，”伯克的声音在电话里听起来很是着急，“今晚我们约好一同吃晚饭，但他没来。您可以在半小时后到他住处和我见面吗？”福尔摩斯同意了。

当伯克乘坐出租车到达汉森的住处时，福尔摩斯已在门厅等候了。

“我舅舅认为最近这几天他被人盯上了。”伯克说道：“在他的密室里有一大笔现金，藏在墙壁里的保险柜中。不幸的是，他对此事并未守口如瓶。”

“你今晚有没有试着给他打电话？”福尔摩斯问道。

“他吃晚饭时没来，我就给他家打了个电话，但没人接。”

他们两人坐电梯到了第十四层楼，直奔汉森的房间。门没锁，只有门口厅室里一盏灯亮着。

福尔摩斯建议说：“最好看一下密室。”

伯克点了点头并在前面领路。他在黑漆漆的密室门口停了一下，说：“那一角有个落地灯。”便走进了黑幽幽的屋子。不一会儿，落地灯打开了，房间里顿时明亮如昼，放在书桌后面的保险柜门打开着。伯克站在前面墙角，一只手还放在落地灯上，脸上露出惊慌恐惧的表情，只见他的舅舅卧在地板上，未被挪动过。

伯克跨过他舅舅的身体回到门口：“他……他死了？”

福尔摩斯跪到汉森身边，说道：“不，他的脑袋遭到了狠狠一击，但不致命。真是幸运！伯克，你布下迷魂阵企图迷惑我。然而在最后一刻，你还是证明了你自己就是凶手！”

伯克哪儿里露出了马脚？

【侦查笔记】

| 主诉 | 伯克 | 证据及线索 | ①漆黑的房间<br>②开灯 |
|---|---|---|---|
| 时间 | 晚上 | | |
| 地点 | 伯克舅舅家 | 关键点 | 伯克开灯 |
| 事件 | 伯克舅舅被袭击 | 嫌疑人 | 伯克 |
| 人物及关系 | 福尔摩斯与伯克一同去看舅舅 | 侦查方向 | 在伸手不见五指的房间里伯克如何开灯 |

# 099 死神从背后来

富翁被杀死在他的别墅里，福尔摩斯和警长来到死亡现场。死亡现场是别墅二楼富翁的房间里，楼下是他侄儿的房间。富翁的尸体就仰躺在床上，背部有个创口，警察在里边找到一颗来复枪的子弹。伤口周围的皮肤有裂痕和灼伤的痕迹，看来应该是近距离被枪击中造成的。床上有一个枪洞，一直通向楼下。

福尔摩斯来到一楼富翁侄儿的房间，天花板上也有一个洞，洞口同样有烧灼的痕迹，估计凶手是贴着天花板开的枪。洞口也正对着死者侄儿的床。但是凶手如何可以确定死者在床上的位置呢？而且死者的侄儿说他昨天晚上（估计的案发时间）喝醉了在朋友家睡的，一夜未归，有朋友可以做证。警长叫来了别墅的管家，他证明死者的侄儿昨晚确实出去后再没看见他回来过。死者的用人证明别墅的所有钥匙只有管家和富翁本人有，别人没有钥匙是进不了门的。

福尔摩斯沉思着又回到案发现场，死者的尸体已经被送去做尸检。这时他突然发现死者躺的地方竟然留下一个跟尸体轮廓相同的印迹！印迹里的床单明显变黑了！他猛然回头看向外边，窗外就是工地，富翁正在装修他的院子。福尔摩斯的眼睛从许多的大型机器上一一扫过，嘴角也露出了笑容。证据和凶手都找到了！

你知道凶手是谁吗？

【侦查笔记】

| 主诉 | 福尔摩斯 | 证据及线索 | ①开花板洞口<br>②钥匙<br>③装修院子 |
|---|---|---|---|
| 时间 | | | |

| 地点 | 富翁家 | 关键点 | 灼烧的痕迹 |
|---|---|---|---|
| 事件 | 富翁被杀 | 嫌疑人 | 管家 |
| 人物及关系 | | 侦查方向 | 大型机器的高压电 |

# 100 登山者遇害

一位女登山者的尸体在溪谷中被发现了。她背着背包，被埋在溪谷的残雪中。死者头骨凹陷，像是被落石击中，翻落溪谷身亡的。死亡时间大概有一个星期，她左手戴着的数字型手表仍正常工作着。她脸部埋在残雪中，几乎没有腐坏，鼻梁挺直。

“为登山者所设的山中小屋没有接到求救信号。可以判定这位女性应该是一个人上山的。这么说，她一定是登山老手。”年轻的救援队员说道。

“不！这位遇难者是生手，对登山不太了解。她大概想一个人攀登。也可能不是单纯的意外事故，而是谋杀。凶手可能故意带她来到此地，再制造遇难身亡的假象。这个凶手也没有什么登山经验。”和救援队一同来到此处的福尔摩斯分析说。

福尔摩斯如此分析，理由何在？

**【侦查笔记】**

| 主诉 | 福尔摩斯 | 证据及线索 | ①落石<br>②背包 |
|---|---|---|---|
| 时间 | 一个星期前 | | |
| 地点 | 溪谷 | 关键点 | 手表 |
| 事件 | 女登山者的死亡 | 嫌疑人 | |
| 人物及关系 | 福尔摩斯认为女登山者是他杀 | 侦查方向 | 有经验的登山者的习惯 |

# 101 神秘的凶案

退休的邮政局局长路易每天早晨都有运动的习惯。这天，他在公园晨练时，被人袭击身亡。警方的调查显示，这是一宗劫杀案，路易是被凶手用硬物击中后脑，伤势过重而死亡的，凶手还从他身上掠去了所有的财物。警方的调查还显示，凶手只有一个人。

在一连串的详细侦查之后，福尔摩斯发现了三个有可能是凶手的人：

A.哈里希特，他当日曾牵着狗在公园出现。

B.卡登夫人，她当日曾在公园里织毛衣。

C.画家查理，他当日曾在公园里写生。

福尔摩斯推测，凶手是利用自己身边的工具，袭击路易的。你认为谁是凶手呢？

**【侦查笔记】**

| 主诉 | 福尔摩斯 | 证据及线索 | ①三个嫌疑人<br>②嫌疑人身边的工具 |
| --- | --- | --- | --- |
| 时间 | 早上 | | |
| 地点 | 公园 | 关键点 | 狗链 |
| 事件 | 路易被杀 | 嫌疑人 | A.哈里希特 |
| 人物及关系 | A、B、C三人的嫌疑 | 侦查方向 | 狗链可能变成杀人凶器 |

# 102 溪涧旁的男婴

某警察局接到报案，有人在一条山涧小溪边发现一具男婴的尸体，福尔摩斯与警长赶赴现场。在一条杂花盛开、水流湍急的溪涧旁，发现一具约四个月大满身伤痕的男婴尸体。

“从尸体的伤势看，我估计男婴已经死了两天，显然是被人虐待致死的，然后再抛尸到这里。”警长肯定地说。“不！”福尔摩斯反驳道，“你只猜中了一半。从案发现场迹象来看，男婴是被虐待致死，这是毫无疑问的；但从尸体满身伤痕的情况来看，我肯定他是刚被人谋杀后放到这里来的。凶手利用湍急的溪水，企图毁尸灭迹。”

你觉得谁说得有道理呢？

【侦查笔记】

| 主诉 | 福尔摩斯 | 证据及线索 | 男婴身上的血迹 |
| --- | --- | --- | --- |
| 时间 | | | |
| 地点 | 山间小溪边 | 关键点 | 溪水 |
| 事件 | 男婴的死亡 | 嫌疑人 | 无 |
| 人物及关系 | | 侦查方向 | |

# 103 凶器藏在哪儿

一天，富商约翰正在午睡。不知何时凶手偷偷靠近，用尖锐的利器刺穿了他的咽喉。当时墙上大钟的时针刚好停在2点整，凶手逃走时，正巧碰上管家，只好束手就擒。

当警方调查时，在凶手的身上竟然找不到凶器，而命案现场连刀的影子也看不见。警察询问当时正在院子里修剪花草的园丁，园丁说案发时窗子一直是关着的，可知凶器并没有被丢到窗外。既然如此，凶手是用何种凶器行凶的呢？他杀人后，又把凶器藏在哪儿了呢？

次日，报纸报道了这宗悬疑的凶杀案。名侦探福尔摩斯看见后，不禁说道：“凶器不是远在天边，近在眼前吗！”

福尔摩斯究竟是如何推断出来的呢？

【侦查笔记】

| 主诉 | | 证据及线索 | ①紧闭的窗户<br>②墙上的大钟 |
| --- | --- | --- | --- |
| 时间 | 2点整 | | |
| 地点 | 富商家 | 关键点 | 指针 |
| 事件 | 找到杀富商的凶器 | 嫌疑人 | 凶手 |
| 人物及关系 | | 侦查方向 | 大钟的长针材质 |

# 104 餐厅里的谋杀

三名男子汤姆、迈克、马丁在一家餐厅里喝啤酒，突然间，餐厅内一片漆黑，原来是停电了。不一会儿，侍者送来了蜡烛，于是，他们接着喝了起来。几分钟后，马丁痛苦地挣扎起来，很快就俯在了桌上，停止了呼吸。警方经过调查，发现马丁喝的啤酒中，有烈性毒药。

听了警方的报告，福尔摩斯问："停电是偶然的吗？""不，三天前就贴出公告通知了。""那么，凶手一定是看到公告后就做好了杀人的准备。这狡猾的家伙利用停电的瞬间，迅速投毒到马丁的啤酒中！"福尔摩斯自言自语地分析道，接着又问了一句："当时在现场的顾客多不多？""不多，只有他们三个人。""那么，向酒里投毒的凶手不是汤姆，就是迈克。"

警方对汤姆和迈克随身携带的物品进行了仔细的检查，汤姆携带的物品有香烟、火柴、手表、感冒胶囊、乘车月票和800英镑；迈克携带的物品有手表、手帕、口香糖、记事本、老式钢笔和600英镑。在两人所携带的这些物品中，没有其他容器。侍者证实，汤姆和迈克谁都没有离开座位一步。所以，他们没有机会丢弃任何容器。

福尔摩斯看过他们两人携带的物品之后，立即指出了投毒者是谁。请你分析一下，福尔摩斯断定的凶手是汤姆还是迈克？凶手又是用什么东西盛放毒液的？

**【侦查笔记】**

| 主诉 | 福尔摩斯 | 证据及线索 | ①汤姆携带的物品<br>②迈克携带的物品<br>③停电 |
|---|---|---|---|
| 时间 | | | |
| 地点 | 餐厅 | 关键点 | 钢笔 |
| 事件 | 马丁被杀 | 嫌疑人 | 迈克 |
| 人物及关系 | 三位好友聚会，其中一人被杀 | 侦查方向 | |

# 105 扑克占卜师被杀

一天早晨，单身生活的扑克占卜师在自己公寓的房间里被杀。他是被匕首刺中后背而死的，推测被害时间是前一晚9点左右，看上去是在占卜时受到突然袭击的。

尸体旁边丢得到处是扑克牌，被害人死时手里攥着一张牌，是一张方块Q。“为什么死者会攥着一张方块Q呢？”法医感到奇怪。“大概是想留下凶手的线索，才抓在手里的。”福尔摩斯说。“这么说，凶手与钻石有什么关系？”“扑克牌的方块与宝石中的钻石不同，是货币的意思。黑桃是剑，红桃是圣杯，梅花表示棍棒。”福尔摩斯解释说。

不久，警察侦查的结果出来了，锁定三个嫌疑人：职业棒球投手、宠物医院女院长、男演员。“三个人似乎都与扑克牌里的方块儿没什么关系。”很多人感到纳闷。“当然有关系，这个家伙就是凶手。”福尔摩斯果断指出了真凶。

那么，凶手是谁？

**【侦查笔记】**

| 主诉 | 福尔摩斯 | 证据及线索 | ①三个嫌疑人<br>②扑克牌 |
|---|---|---|---|
| 时间 | 早晨 | | |
| 地点 | 扑克占卜师公寓 | 关键点 | 方块Q |
| 事件 | 占卜师被杀 | 嫌疑人 | 宠物医院女院长 |
| 人物及关系 | 福尔摩斯从三个嫌疑人中找到真凶 | 侦查方向 | 方块Q所代表的内容 |

# 106 折纸

福尔摩斯对华生说：“如果把一张纸对折一下，然后用剪刀在折痕的中间剪一个洞，把纸片展开，会得到一个洞。如果把纸对折两次，然后在最后折的一边中间剪一个洞，把纸片展开后，会得到两个洞。按这个方法，我想得到32个洞，需要把纸对折几次？”华生想了一会儿，想到了答案。

你知道需要对折几次吗？

# 107 遗书露破绽

某五星级酒店的经理突然向警方报告，英国人乔治服毒自杀。警长和福尔摩斯来到现场，看到乔治的尸体直挺挺地躺在床上，室内设备完好，没有搏斗痕迹，尸体没有外伤。经法医检验，乔治是氰化钾中毒导致死亡，死亡时间在12小时至20小时之间。

“他什么时候住进来的？”警员问。“4天了。”经理回答。“就他一个人吗？”“不。他们一共5个人，3个英国人，1个荷兰人，1个美国人。”“这遗书你用手碰过吗？”警员指着床边柜上的纸条问经理。“没有，我没有动过。”

福尔摩斯仔细研究了那封遗书。遗书上写着：“国际刑警在追捕我，我既不能回英国，又不能在美国久留，只好见上帝了。乔治，10. 15. 88。”福尔摩斯说：“遗书上写的日期是1888年10月15日，也就是昨天，这与他死亡的时间是相符的。但乔治绝不是自杀，而是被他人杀害的，遗书也是伪造的。”说着他又问经理，“你们酒店从前天起还住进了哪些外国人？”

“除了他们5个人之外，还有2个日本人和3个德国人。”“那么那个唯一的美国人有重大嫌疑，立即对他进行调查。”福尔摩斯说完便着手研究侦查措施。

请问：福尔摩斯为什么怀疑这个美国人呢？

**【侦查笔记】**

| 主诉 | 福尔摩斯、经理 | 证据及线索 | ①外国人<br>②遗书 |
|---|---|---|---|
| 时间 | 1888年10月15日 | | |
| 地点 | 五星级酒店 | 关键点 | 日期、习惯 |
| 事件 | 英国人乔治被杀 | 嫌疑人 | 美国人 |
| 人物及关系 | 福尔摩斯调查宾馆里的其他外国人 | 侦查方向 | 了解美国人的日期写法和信仰 |

# 108 冒牌丈夫

女作家玛莎上个月逝世，出版商对她的著作停付稿费。玛莎在她书中曾谈到自己的丈夫死于1910年，却有一位自称是玛莎丈夫的人，带着俄国护照、出生证明和结婚证书，来索取这本书的稿费。

应出版商的邀请，福尔摩斯与这位自称玛莎丈夫的人进行了如下交谈："您的夫人在她的书中曾谈到您死于肺炎，您没让她知道您又活过来了，真是令人难以理解。""我们婚后6个月，我得了麻疹，不是肺炎，医院把我同别人搞混了，结果传出了我死亡的消息，而我不想更正这个误传。""您的英语不错，我想您这几十年一定走过不少地方，事业上也获得了很大的成功。""您说得不错，在纺织品贸易方面我相当成功。在我死亡消息传出的第二年，我把自己的商行转卖给彼得格勒的一个大商行，保留股份，此后就到世界各地旅游。"

谈话过后，福尔摩斯告诉出版商："报告警署检查他的证件，我认为他的证件是伪造的。"福尔摩斯为什么得出这样的结论？

**【侦查笔记】**

| 主诉 | 福尔摩斯 | 证据及线索 | |
|---|---|---|---|
| 时间 | | | |
| 地点 | | 关键点 | 地名 |
| 事件 | 玛莎的丈夫是否去世 | 嫌疑人 | 自称是玛莎丈夫的人 |
| 人物及关系 | 福尔摩斯询问自称是玛莎丈夫的人 | 侦查方向 | 彼得格勒何时改名 |

# 109 饮弹而亡

孤身老人杰考勃·海琳突然死亡，福尔摩斯闻讯赶到现场。案件发生在昨天，死者还在客厅里，有一支自动手枪掉在身边。死者上腭被打穿，嘴里有火药痕迹。这些迹象都表明了手枪是放在嘴里射击的，一个理智正常的人绝不会允许其他人将手枪放进自己嘴巴的，除非是中了毒，但死者并无中毒现象，所以显而易见是自杀。福尔摩斯从死者口袋里翻出一张便条和一张名片。便条是为海琳看病的贝尔医生写的，内容大意是今日上午不能依约前往诊视，改为次日上午来访云云，名片是肯普太太的。福尔摩斯又找到最先发现海琳死亡的卡特太太和在这个街区巡逻的警察进行询问。

卡特太太是定期来为海琳料理家务的女用人，近期她到乡下去了，昨天傍晚来到海琳家时，发现海琳已经死了。巡街警察则提供了一个情况，说他昨天巡逻时曾看见一个妇女从海琳的住宅里走出来，但当时看不清其面貌特征，留下比较深刻的印象就是这个妇女拿着一个很大的公文包。打发走两个证人后，福尔摩斯又开始检查海琳的财物。他从书桌里找到一串钥匙，试了几把后，打开了放在客厅角落的保险箱。里面仅有一张银行存折，存折里没有多少余额。福尔摩斯便打电话向银行询问情况，银行回答说：海琳曾在银行里存了不少钱，但在3个月前已全部取走了。“钱到哪里去了呢？”福尔摩斯怀疑这是一起谋财害命案件。最近同海琳接触的只有两个人，一个是贝尔医生，但贝尔已写便笺通知海琳，昨天没有空来，今天才会来。另一个就是留有名片的肯普太太，巡逻的警察昨天看到过一个妇女从海琳的住宅出来，手里拿着个大公文包，难道包内藏着从保险箱中窃得的钱财？

海琳的写字桌抽屉里有一沓信件，福尔摩斯匆匆翻阅一遍后，没有发现与肯普太太相关的内容，倒有不少贝尔医生开的药方。这就奇怪了，昨天案发时与海琳经常有来往的医生没有来，来的却是一个从无交往的肯普太太。想到这里，福尔摩斯打了一个电话到居民登记处，登记处的回答是不存在名片上的地址，当然也没有肯普太太这个人。

福尔摩斯的思路渐渐地清晰起来了。正在这时，大门口出现了一个陌生人，他看到客厅里的情景赶忙收住脚步，显出莫名其妙的样子：“打扰一下，我是贝尔医生，是来为海琳看病的，请问这里发生了什么事？”“海琳死了！”福尔摩斯说，“你来得正好，我有事向你请教。”贝尔医生怔了一怔：“探长先生，我将尽力而为。”“贝尔医生，实际上你昨天已经来过了。你替海琳看病，借口要看看他的舌头，但把手枪放进了他的嘴巴，将他击毙了！你来时带了一只大公文包，里面装着一套女装，你打开保险箱取走钱财后，就换上了女装，把钱和脱下的衣服放进大公文包里，再大摇大摆地走出来，故意让警察看到。你这样做，是想让警察相信海琳是自杀，万一警察怀疑是谋杀，你也可嫁祸于人。你认为安排得很巧妙，所以今天来看看事态的发展。”

贝尔医生听到这里，忽然哈哈大笑起来：“你讲得头头是道，但请拿出证据来！”福尔摩斯一把拿过贝尔的药箱，在药箱的夹层里找到了一张贝尔医生借高利贷的借据。“你窃走了海琳的钱财就是去向放高利贷者还款的，你还有什么可说的？还有一样证据，可以证明我的推论是对的！”福尔摩斯说的证据是什么呢？

**【侦查笔记】**

| 主诉 | 福尔摩斯 | 证据及线索 | ①海琳口袋里的便条<br>②女人 |
|---|---|---|---|
| 时间 | | | |
| 地点 | 海琳家 | 关键点 | 指纹、字条 |
| 事件 | 海琳被杀 | 嫌疑人 | 贝尔医生 |
| 人物及关系 | | 侦查方向 | |

# *110* 推理破案

百万富翁艾姆临终之时立下遗嘱，把全部财产留给妻子艾姆夫人。和这位遗孀共同生活的还有她的养女麦吉。

麦吉是一位典型的时髦女郎，社交极广，挥金如土，养母对她管束很严，所以她经常手头拮据，因此她总是盼望养母早点儿死去，这样自己就可以合法继承巨额财产了。可是，艾姆夫人的身体非常健康。有一天，麦吉迫不及待地在艾姆夫人喝的汤里放了砒霜，导致艾姆夫人中毒。幸亏保健医生发现得及时，才算保住了一条性命。

艾姆夫人康复后，马上警告麦吉道：“我知道你想要我的命，这次为了维护家族的声誉，我不起诉你。为了保证我的人身安全，我应该把你从这个家里驱逐出去。但遗憾的是，按照你父亲的遗言，我不能这样做。所以，我为了能安度晚年，从今天起采取防范措施，你再也别想投毒害我了！”

艾姆夫人彻底改造了二楼的卧室，在窗户上安装了铁栏杆，门上的锁也重新换过。一日三餐都不让用人做，而是她亲自去超级市场采购，在卧室新增设的厨房里做饭，所有的餐具也不许任何人触碰，连饮水都只喝瓶装矿泉水。她每星期都请保健医生来检查身体。就连这位医生也只被准许测量一下脉搏和体温，打针、吃药一概自理。

尽管防范得如此严密，艾姆夫人还是在劫难逃，不到半年就死于非命。经解剖发现，艾姆夫人是由于无色无味的微量毒素长期侵入体内，最后体内的毒素剂量达到了致死的程度。受到委托前来调查的福尔摩斯在翻检死者用过的医疗器械后，沉思了一会儿，他就指出了投毒杀人的犯罪嫌疑人。

那么，究竟是谁，采用了什么方法，把这位防范严密的艾姆夫人毒死的呢？福尔摩斯又是怎样推理的呢？

**【侦查笔记】**

| 主诉 |  | 证据及线索 | ①医生检查身体<br>②医疗器械 |
|---|---|---|---|
| 时间 |  |  |  |
| 地点 | 艾姆夫人家 | 关键点 | 量体温 |
| 事件 | 艾姆夫人怎样被毒害 | 嫌疑人 | 麦吉与医生 |
| 人物及关系 | 养女与医生合谋毒害艾姆夫人 | 侦查方向 | 测量体温的方式 |

# 111 鉴貌辨凶

一天晚上，有一个50来岁的男人走进警察局，面呈悲伤神情，却又带有一点儿惊慌的神色，眼含痛苦的泪水，以低沉而颤抖的声音向正在值班的警察诉说妻子的死亡，同时递上了医院开出的死亡证，要求开个证明，以便将尸体运往火葬场。

在警察局做客的福尔摩斯朝来人投去审视的一瞥，发现了一个异常的迹象，就决定查个水落石出。于是福尔摩斯让警长找个借口让男人先回去，随后立即同警长前往医院。

在医院里，福尔摩斯看到死者安详地躺在那里，并无异常迹象。病历证实死者确有心脏病史，医生认为可能是正常死亡。死者的姐姐经过福尔摩斯的耐心开导，讲出了自己的疑惑。之后法医对死者进行了尸检，果然在死者的胃里发现了毒药。

福尔摩斯从哪里发现了疑点呢？

【侦查笔记】

| 主诉 | 50来岁的男人 | 证据及线索 | 男人的神情 |
|---|---|---|---|
| 时间 | 一天晚上 | | |
| 地点 | 警察局 | 关键点 | 夫妻关系 |
| 事件 | 妻子真正的死因 | 嫌疑人 | 丈夫 |
| 人物及关系 | 死了妻子的男人被福尔摩斯发现 | 侦查方向 | |

# 112 地毯上的弹壳

福尔摩斯来到纽约旅行，住进一家高级酒店二楼的一套客房。突然，从走廊传来女人的呼救声。他循声找去，在213房间门前站着一个年轻妇女在哭喊着，从开着的门往房间里看，一个男人倒在安乐椅上。福尔摩斯对尸体做了简单的检查后，确认死者的死因是子弹穿过心脏。

当地警署派人前来调查。那个年轻妇女边哭边说："几分钟前，我听到有人敲门。我打开门时，门外一个戴面具的人朝我丈夫开了枪，把枪扔进房间后就逃跑了。"地毯上有一支装着消音器的手枪，左侧两个弹壳相距不远，在死者身后的墙上有一个弹洞。

福尔摩斯告诉警署人员："把这位太太带回去审问。"福尔摩斯为什么对死者的妻子产生了怀疑?

【侦查笔记】

| 主诉 | 年轻妇女 | 证据及线索 | 手枪 |
|---|---|---|---|
| 时间 | | | |
| 地点 | 高级酒店 | 关键点 | 弹壳的位置 |
| 事件 | 男人死在安乐椅上 | 嫌疑人 | 年轻的妇女 |
| 人物及关系 | 年轻妇女称戴面具的人杀害了丈夫 | 侦查方向 | |

# 113 被杀的姑娘

一个没有月亮的夜晚，福尔摩斯和一个年轻警官走近一座桥时，突然听到一个女人恐怖的喊叫声：“救命！救命！”他们立即向桥上冲去，只见一个缠着黑头巾的男人比他们抢先一步迅速跨过栏杆，跳进河里潜水逃走了。桥面上躺着一个漂亮的姑娘，胸口上插着一把匕首，已奄奄一息了。年轻警官连忙呼唤她：“喂，醒一醒，是谁干的？”“米町街……曲日大院……松……”姑娘说到这里就咽气了。

他们赶到米町街上的曲日大院，发现这个大院里住着两个名字里带“松”字的男人，一个是看手相的松助，另一个是木匠松吉。

松助是个剃着光头的矮胖子，他穿着皱巴巴的睡衣，一边喝着黄酒，一边开玩笑说：“让我给你们算个卦，来猜猜凶手吧。哈哈哈……”福尔摩斯摇摇头，带着年轻警官来到木匠松吉的家里。只见松吉裹着被子正在睡觉，他的发型末梢有点儿斜，地上的水盆里泡着一堆衣服。年轻警官一看，眼睛瞪圆了，大声喝道：“喂，松吉，是你杀了姑娘跳河逃走的吧！”松吉吃惊地瞪着眼睛，连连摇头。“你赖不掉，这盆衣服就是你犯罪的证据！”松吉急忙说：“别开玩笑，这衣服是我准备明天洗的。”年轻警官盯着他说：“别装傻，这衣服是你跳进河里弄湿的！”

这时，在一旁观察的福尔摩斯制止了年轻警官，说：“真正的凶手是松助！”你知道福尔摩斯为什么这么说吗？

## 【侦查笔记】

| 主诉 | | 证据及线索 | ①匕首<br>②湿衣服 |
|---|---|---|---|
| 时间 | 夜晚 | | |
| 地点 | 一座桥上 | 关键点 | 头发 |
| 事件 | 漂亮姑娘被杀 | 嫌疑人 | 松助 |
| 人物及关系 | 松吉和松助 | 侦查方向 | |

# 114 香烟的联想

福尔摩斯半夜去拜访他的老朋友—— 一位心理学博士，请教刚发生的一起案件。“3天前，在郊外某别墅内有一位漂亮的女子被杀害。根据推断，作案时间可能是下午1点30分到2点之间……”“对不起，请给我一支烟。”博士接过香烟，深深地吸了一口。福尔摩斯又继续说：“现在发现两个人有嫌疑，一个是死者的男友，另一个是去推销商品的推销员。有人在别墅大门外见到过他们，但是他们都说是刚好从那里路过，未进过屋里。因为证据不足，无法确定谁是真凶。”

博士留心听着福尔摩斯对案情的叙述，当他听到在别墅门口台阶上找到一支吸了一两口的烟蒂时，眼睛突然一亮。“这两个人都会抽烟吗？”博士打断了福尔摩斯的话。“都会抽烟，并且他们口袋里的香烟和现场发现的烟蒂都是同一个牌子，因此不好确定谁是真凶。”

博士吸完最后一口烟，捏灭烟蒂，然后肯定地说：“凶手就是他！”究竟博士说的凶手是谁，你能推断出来吗？

**【侦查笔记】**

| 主诉 | 福尔摩斯 | 证据及线索 | ①目击证人<br>②吸烟 |
|---|---|---|---|
| 时间 | 3天前，1点30分到2点之间 | | |
| 地点 | 郊外某别墅内 | 关键点 | 烟头 |
| 事件 | 女子被杀 | 嫌疑人 | 推销员 |
| 人物及关系 | 福尔摩斯确定嫌疑人：男友、推销员 | 侦查方向 | 推销员的职业习惯 |

# 115 报假案的单身汉

一个人气喘吁吁地跑来说：“福尔摩斯，我是个单身汉，一个月以前，我因公出差，今天才回来。到家里一看，发现门被盗贼给撬了，所以，我没进屋就直接找您来了。”福尔摩斯赶到报案者的住所查看现场，只见门锁被撬坏，两箱衣物被扔在地上，墙上的老式发条挂钟还在走着。福尔摩斯认真审视了环境，断定报案者在说谎。福尔摩斯是根据什么做出这样的判断的呢？

**【侦查笔记】**

| 主诉 | 单身汉 | 证据及线索 | ①单身汉出差<br>②出差时间1个月 |
|---|---|---|---|
| 时间 | 1个月前 | | |
| 地点 | 单身汉家 | 关键点 | 老式发条挂钟 |
| 事件 | 单身汉报案 | 嫌疑人 | 单身汉 |
| 人物及关系 | | 侦查方向 | |

# *116* 证人被杀案

一起案件的重要证人约翰被追杀而受伤住院。为了避免他再被人袭击，警方派人24小时驻守在他的病房外。但约翰还是被人用无声手枪杀死在病房内。福尔摩斯来到现场调查，当时守卫门口的警员对他说：“只有在两小时前有个护士例行巡房，之后再没有人进去过了。”

福尔摩斯到病房内彻底搜查，发现垃圾桶内有纸巾、针筒的包装纸及吃剩一半仍很新鲜的苹果、香烟头等垃圾。福尔摩斯观察过这些垃圾后，随即猜测警员曾擅离职守，有人在半小时内进入了病房。事实证明，福尔摩斯的判断是正确的。

福尔摩斯看到了什么，让他做出了这样的判断？

**【侦查笔记】**

| 主诉 | 福尔摩斯 | 证据及线索 | ①守卫<br>②垃圾 |
|---|---|---|---|
| 时间 | | | |
| 地点 | 病房 | 关键点 | 吃剩一半的苹果 |
| 事件 | 证人被杀 | 嫌疑人 | 苹果的氧化时间 |
| 人物及关系 | 福尔摩斯调查证人被杀 | 侦查方向 | |

# 117 欲盖弥彰

已经很晚了，福尔摩斯还在办公室里。有人给他发来一封电报，电文如下：“银星珠宝店的钻石项链被盗——友”。福尔摩斯看完电报，马上驱车赶到银星珠宝店。在珠宝展柜的旁边站着两个人：一个是衣着讲究的少女，另一个是穿着礼服的保管员。“我是侦探福尔摩斯。”福尔摩斯说，“刚才接到通知，说店里的钻石项链被盗，显然我是来晚了。你是营业员吗？”他问那少女。“是的。”她回答，“几分钟前，老板来找我，说那条钻石项链被盗了。”“你对这件事有什么看法呢？”福尔摩斯又问那个女营业员。“我想，是偷项链的人自己给您发的电报，可能他是故意要把水搅浑。据我所知，刑事案件里这种贼喊捉贼的事是屡见不鲜的。”“你说得对，不过情况已经摆在这里了，偷项链的就是你。”福尔摩斯的根据是什么？

**【侦查笔记】**

| 主诉 | 福尔摩斯 | 证据及线索 | 电报 |
|---|---|---|---|
| 时间 | | | |
| 地点 | 银星珠宝店 | 关键点 | 发电报的人 |
| 事件 | 项链被盗 | 嫌疑人 | 女营业员 |
| 人物及关系 | | 侦查方向 | |

# 118 谁杀了蒙面占卜师

一天夜里，某旅游团里的一个蒙着面的占卜师在住地被人杀害，死因是有人在占卜师喝的咖啡里掺了毒药。这个蒙面占卜师在某电视栏目中声名大噪，但观众从未见到过他的真面目，对他的私生活也一无所知。在旅游团，尽管他谈笑风生，待人热情友好，但是从不摘下脸上的面纱。

这是为什么呢？警察在勘查现场时揭开了谜底：他小时候生过一场大病，鼻子已经腐烂，蒙面是为了遮丑。警方通过国际刑警组织清查占卜师的私生活并希望获得破案线索。可是国际刑警组织的答复令人失望：占卜师本人作风正派，为人和善，没有仇人，无破案线索可提供。

警察在清理占卜师的遗物时，又发现他所带的巨款已不翼而飞，真是棘手的难题。只能采用笨办法破案：调查旅游团内有谁与占卜师一起喝过咖啡。经过一番艰苦细致的调查，终于找到了三个嫌疑人：玛丽——占卜师的妻子，汤姆——占卜师的弟弟，威廉——旅游团成员。玛丽另有新欢，此次本不愿来旅游，她想趁机留在家里，占卜师知道她的企图，强行拉她来旅游，为此她每晚与占卜师争吵不休。平时她爱喝咖啡，有作案动机。汤姆是大证券商，为人阴险狡猾，为了攫取钱财常常不择手段。三年前他借给占卜师一笔钱款，多次催讨未果。此次旅游过程中，他与占卜师喝咖啡时看见占卜师带了一笔巨款，再次向他索要，占卜师非但不还，还以兄长的身份斥责他的为人，使他怒不可遏。威廉是一名服装设计师，经济拮据而且吝啬。他原来与占卜师互不相识，在旅行途中成为好朋友，他俩经常在一起喝咖啡。一次，威廉请占卜师为其占卜，不知占卜师说了他什么，两人发生争吵，威廉悻悻离去时，将一杯未喝完的咖啡泼了占卜师一身。

在占卜师的死亡推定时间内以上三人都没有不在现场的证人，而其他旅游团员都一一被排除了嫌疑。警官请来福尔摩斯对三个嫌疑人逐个推理分析，最后确定了凶手，并查到了证据。经过审讯，这个嫌疑人供认不讳。

请问：凶手是谁，理由何在？

**【侦查笔记】**

| 主诉 | 警官 | 证据及线索 | ①喝咖啡<br>②蒙面 |
|---|---|---|---|
| 时间 | 夜里 | | |
| 地点 | 占卜师住地 | 关键点 | 占卜师的长相 |
| 事件 | 占卜师被杀 | 嫌疑人 | 威廉 |
| 人物及关系 | | 侦查方向 | 谁见过占卜师的真面目 |

# 119 小木屋藏尸案

登山家凯思的尸体于2月23日下午5点30分被人发现在雪山上的一间小木屋里。根据尸体的解剖情况，判断其死亡时间在当日1点30分至2点30分之间，而山庄的老板表示2点整曾和凯思通过电话，这样一来，其死亡时间范围就更小了。

经过调查，嫌疑人有三名：乔斯、艾玛、肖斯。他们都是登山好手，和凯思同在一家登山协会，听说最近为了远征喜马拉雅山的人选及女人还有借款等问题，分别和凯思发生过激烈的冲突。为了避免矛盾再度升级，三人都搬到山庄去住，只留凯思一人在木屋里。

乔斯服务于证券公司，正午时离开小木屋，沿着山路下山，下午5点多到达旅馆，走这段路花费5小时20分钟，算是脚程比较快的人，最快的纪录是4小时40分钟。另外，就职于杂志社的艾玛和就职于贸易公司的肖斯下午1点30分一同离开小木屋。到一条分岔路时，艾玛就用缆绳往下滑，下午4点整到达山庄。肖斯利用缆绳滑降一段距离后，本打算接着滑雪下去，怎奈滑雪板不见了，只好走下山，到达山庄时已经晚上8点多了。他在上一次登山中，弄伤了腿，行动不便，所以从滑雪处走到山庄，耗时较长，全程计算起来至少要花费6小时。肖斯说遗失的滑板后来在山庄附近的树林中被发现。

他们都和死者一起来登山，所以这三个人中必定有一个是凶手，福尔摩斯听完介绍，沉思了一会儿便猜到了凶手是谁，到底是谁呢？

**【侦查笔记】**

| 主诉 | | 证据及线索 | ①死亡时间<br>②通电话<br>③下山时间 |
|---|---|---|---|
| 时间 | 2月23日下午5点30分 | | |
| 地点 | 小木屋 | 关键点 | 滑雪板 |
| 事件 | 凯思被杀 | 嫌疑人 | 乔斯 |
| 人物及关系 | 凯思与三名嫌疑人一同登山 | 侦查方向 | |

# 120 珠宝抢劫案

汤姆和迈克刚刚抢劫了一家珠宝店，但是警察就在他们身后不远的地方。他们在逃跑中经过一片废弃的沙石场，迈克曾经在这里工作过。他们停了下来，把装着珠宝的袋子藏进了沙砾中，并记住了藏匿的地点。为了确保袋子藏得更安全，他们还在袋子埋下的地方撒了一层干沙。20秒钟后，就看不到袋子了，干沙已经和下面的湿沙混合在一起了。在他们跑出2000米后，警察逮捕了他们，但不久之后因为缺少证据只能把他们释放了。第二天，迈克消失得无影无踪了，汤姆却拿着珠宝逃跑了。当时的情况是怎么样的?

提示：

1. 他们两人都没有告诉过警察到哪里去找珠宝。

2. 没有动物或人偷走珠宝。

3. 珠宝已经不在原先的地方了。

4. 汤姆晚上没有拿走珠宝，也没有怀疑迈克会拿走珠宝。迈克也没有怀疑汤姆会拿走珠宝。

5. 他们记住了藏珠宝的确切地点。

6. 虽然他们做了一个警示标志，但是从上面根本看不出来。

**【侦查笔记】**

| 主诉 | | 证据及线索 | ①沙石<br>②汤姆的工作 |
|---|---|---|---|
| 时间 | | | |
| 地点 | 珠宝店、沙石场 | 关键点 | 藏珠宝的地点 |
| 事件 | 沙石场藏珠宝 | 嫌疑人 | 汤姆 |
| 人物及关系 | 汤姆和迈克抢劫珠宝店 | 侦查方向 | |

# 121 总经理妻子之死

有五个人，分别是福尔摩斯、某公司总经理、总经理妻子、总经理妻子的妹妹、总经理妻子的妹妹的男朋友。一天，五人驾车去野炊，总经理开车，妻子坐在总经理旁边，第二排是妹妹和男朋友，第三排是福尔摩斯。车开到一处荒郊野岭，总经理看了看车外，又看了看后视镜，说了一声：好美啊！可当时的情景其他人都不觉得美。到了野炊地点，总经理和福尔摩斯便一起去爬山了，妹妹和男友也去了别的地方看风景，只剩经理妻子一人留在野炊地点。

总经理和福尔摩斯爬到一半时，总经理觉得呼吸困难。福尔摩斯认为总经理需要去医院治疗，两人便停止了登山。他们回到山下，和妻子商量后决定先走，妻子留下字条，叫妹妹和她的男友自己乘车回家，他们三人先走了。由妻子驾车来到医院安顿好一切，这时他们接到一份电报，说妻子的母亲亡故了！总经理叫妻子先去娘家，等他身体舒服些再过去。就这样妻子自己驾着车去娘家，当开到一条偏僻小路时，她看见一辆轿车停在前面，由于路窄，只可容一辆车通过，于是妻子下车上前询问并叫其把车道让出来。这时车上跳下一个黑衣男子，黑裤、黑衣、黑头套、黑眼镜。他步步逼向总经理妻子，把她逼到悬崖边……最后她在死之前说了一句："你的眼镜好熟悉啊！"

三个月后，总经理的病好了，约好和福尔摩斯一起去散心，地点就是他妻子遇害的地方，总经理先到了。这时福尔摩斯在背后拍了拍总经理，总经理吓了一跳，回头一看笑着说："哦！原来是你啊！多谢你及时找到了凶手。"

请你概括分析一下，是谁杀了总经理妻子，为什么？

**【侦查笔记】**

| 主诉 | | 证据及线索 | 电报 |
|---|---|---|---|
| 时间 | | | |
| 地点 | 偏僻小路 | 关键点 | 总经理妻子的母亲亡故 |
| 事件 | 总经理妻子被杀 | 嫌疑人 | 妹妹的男朋友 |
| 人物及关系 | | 侦查方向 | |

# 122 密室奇案

罗斯男爵是一位地道的英国绅士，喜欢练习瑜伽，为此他买下了一家旧的健身房，把它改造为练习瑜伽的场所。罗斯男爵性格内向，又非常虔诚，常把自己反锁在健身房里苦练瑜伽。他在房里备了食物，往往一两个星期才出来一次。罗斯从印度带回四个印度人，雇用他们是为了与他们一同研究瑜伽。这一天，四个印度人急急忙忙赶到男爵家，向男爵夫人报告："不好了！罗斯男爵饿死了！"男爵夫人赶到练功房一看，只见男爵僵卧在床上，他准备的食物竟原封不动地放在那儿。两个星期之前，男爵把自己锁在这里，准备的食物足足可以维持半个月以上，但他为什么会饿死呢？

警察赶来检查了健身房，这是一座坚固的石头房子，门非常结实，而且是从里面锁上的，没有任何被人打开过门锁的迹象。室内地面离屋顶有15米左右，在床上方的屋顶上有一个四方形的天窗，但窗是用粗铁条拦住的，即使卸下玻璃窗，再瘦小的人也不可能从这里钻进去。也就是说，这家健身房是一间完全与世隔绝的密室。警察传讯了四个印度人，因为“首先发现犯罪现场的人”往往最值得怀疑。但四个印度人异口同声地说：“男爵为了能独自练功，下令不许任何人去打扰他。整整两个星期，我们都没到这儿来过一次。我们不放心，才相约来看望他，敲了半天门没有动静，从窗缝往里看，才发现男爵直挺挺地躺在床上……”警察检查了食物，没发现有任何毒物，因为是冬天，食物也没变质，房间里也没发现任何凶器。于是，警察就想以罗斯绝食自杀来了结此案。但是，罗斯夫人对此表示不满，她亲自拜访了福尔摩斯，请他出场重新调查此案。

福尔摩斯对现场进行了详细的侦查，最后从蒙着薄薄一层灰尘的地板上发现：铁床四个床脚有挪位的迹象。于是他问：“夫人，您的先生是不是患有恐高症？”罗斯夫人回答：“他一站到高处就头晕目眩，两腿发软，动也不敢动，这个毛病从小就有……”“原来如此，那可以结案了。”福尔摩斯立即要求警方逮捕那四个印度人。在严厉审问之下，他们供认了谋害罗斯、企图夺取罗斯财产后逃回印度的罪行。

助手华生问福尔摩斯：“您是凭借什么做出这个判断的？”你知道答案吗？

## 【侦查笔记】

| 主诉 | 罗斯夫人 | 证据及线索 | ①罗斯独自练功<br>②罗斯恐高 |
|---|---|---|---|
| 时间 | 两个星期前 | | |
| 地点 | 罗斯的健身房 | 关键点 | 移动的床脚 |
| 事件 | 罗斯是怎样死亡的 | 嫌疑人 | 四个印度人 |
| 人物及关系 | | 侦查方向 | |

# 123 凶手是谁

患有癌症的雕刻家约瑟夫曾和一桩走私案有牵连，他怀疑他的两个徒弟乔治和约翰是举报者。一天，约瑟夫突然被杀，发现者正是他的两个徒弟乔治和约翰。

约瑟夫陈尸在雕刻室的黏土与石膏之间，伤口在胸部及左手腕，左手腕上的血已经凝固了，血泊中有黏合黏土用的竹片，被认为是凶器的刀子在工作室外被找到。福尔摩斯再三思考："这是密室，凶手究竟是如何出去的？查过窗户，也没有使用线或铁丝的痕迹。""这是什么？"助手指着尸体旁的血字——"凶手是乔……"字迹还未全干。"这是不是意味着凶手是乔治呢？""昨晚我除了外出办事之外，一直和约翰在一起。"乔治说。根据调查，约瑟夫与乔治平时关系不好，再加上走私案的败露，约瑟夫怀疑乔治是举报的主谋。"乔治肯定是凶手。""不是，约瑟夫胸部的伤口并不是室外发现的刀子造成的，而且凶手也不是乔治。"福尔摩斯断然否定。

你知道福尔摩斯为什么判断凶手不是乔治吗？

## 【侦查笔记】

| 主诉 | 乔治和约翰 | 证据及线索 | ①血迹<br>②字迹<br>③刀 |
|---|---|---|---|
| 时间 | | | |
| 地点 | 雕刻家 | 关键点 | 字迹未全干 |
| 事件 | 约瑟夫被杀 | 嫌疑人 | 约瑟夫 |
| 人物及关系 | 约瑟夫与两个徒弟 | 侦查方向 | |

# 124 戴墨镜的人

一个寒冷的冬天，在一间公共浴室内，一名客人被人用手枪杀死。福尔摩斯来到现场调查，询问一位在场的证人当时的情况。证人说："我当时正在洗澡，突然一个人从外面冲了进来，向里面环视了一圈，对着死者开了一枪，然后就跑了。"

福尔摩斯问："那你有没有看清凶手的样子？"

证人回答说："没有，他戴着墨镜和口罩，看不出是什么样子。"

福尔摩斯听完，马上对这个人说："你在说谎，快老实交代，是不是你干的？"

福尔摩斯发现了什么破绽呢?

**【侦查笔记】**

| 主诉 | 福尔摩斯 | 证据及线索 | ①公共浴室<br>②犯罪嫌疑人戴着墨镜和口罩 |
|---|---|---|---|
| 时间 | 寒冷的冬天 | | |
| 地点 | 公共浴室 | 关键点 | 从外面进入浴室 |
| 事件 | 客人被枪手杀死 | 嫌疑人 | 证人 |
| 人物及关系 | 福尔摩斯揭穿谎言 | 侦查方向 | 冷物体遇到热空气会有水汽凝结 |

# 125 飞出窗外的手枪

一名富豪在自己买下巨额保险后不久就突然失踪了，尸体两天后在富豪的海滨别墅中被发现。他死于胸部的枪伤，但在室内没有发现任何凶器，而室内的保险箱被打开了，里面空无一物，警方将此案列为劫杀案处理。福尔摩斯细心探查后，发现室内找不到任何其他人进来的痕迹。在富豪床边窗口附近的桌台上，有一些燃尽的蜡烛残骸，蜡烛残骸上有一条烧焦的橡皮筋。案发当晚并没停电，这位富豪为什么不用电灯呢？后来警方在楼下靠窗的水坑中发现了一支手枪，经检验正是杀死这位富豪的凶器。通过这些情况，福尔摩斯断定这位富豪是自杀。你能推测出这位富豪用什么方法自杀，手枪又是怎么飞出窗外的吗?

【侦查笔记】

| 主诉 | 警方 | 证据及线索 | ①燃尽的蜡烛残骸<br>②烧焦的橡皮筋 |
|---|---|---|---|
| 时间 | 两天以后 | | |
| 地点 | 海滨别墅 | 关键点 | 当晚没有停电 |
| 事件 | 富豪自杀 | 嫌疑人 | 富豪 |
| 人物及关系 | 警方认为富豪被劫杀 | 侦查方向 | 从现场遗留物推理此案 |

# *126* 智斗奸商

一天，一位十分穷苦的姑娘阿格依夏牵着一头牛拉着一爬犁柴火到集市上去卖。有个商人问她："要卖多少钱？"姑娘说："5英镑。""全部吗？""全部。"那个商人立即对旁边的商人们说："听见了吧，各位，她将柴火连牛和爬犁全部卖给我了，一共5英镑。"阿格依夏这才发现商人作弄了她，急得都快哭了，围观的人也越来越多。

这时，福尔摩斯走了过来，看了看她手中的斧子，不动声色地问："5英镑你拿手给她吗？""当然拿手给她！"福尔摩斯也向一旁看热闹的人们大声说："这个商人拿手给她，你们听见了没有？""听见了！"牛赶进了商人的院子，人们也跟着拥了进来。这时商人拿出5英镑给阿格依夏，接下来发生的事出人意料，最终商人又多给了阿格依夏1000英镑。

你知道福尔摩斯是怎么做到的吗？

【侦查笔记】

| 主诉 | 阿格依夏 | 证据及线索 | ①全部<br>②拿手给她 |
|---|---|---|---|
| 时间 | 一天 | | |
| 地点 | 集市上 | 关键点 | 福尔摩斯的话语歧义 |
| 事件 | 惩罚恶商 | 嫌疑人 | 商人 |
| 人物及关系 | 福尔摩斯用同样的方式反制商人 | 侦查方向 | 考虑阿格依夏手中的斧子 |

# 127 死人河

福尔摩斯和其他游客在穿越广袤西部的旅途中，遇到一条混浊肮脏的河沟。

向导说，人们都叫它“死人河”，名称的由来是这样的：多克是这一带有名的医生。一天下午，他正为一个小贩治病，吉恩突然闯进了诊室。吉恩说，他在城里偶然遇到一个持左轮手枪的强盗在抢劫银行。由于枪战引起了混乱，吉恩被误认作是那个强盗，不得不抱头鼠窜，到此躲藏。当时情况十分紧急，不允许吉恩找证据澄清真相，况且一位警官已追踪至此。多克相信吉恩是清白的，因此他穿戴上吉恩的衣帽，想把警察引开，好让吉恩逃脱。在告诫那个小贩严守秘密之后，多克从床下拿出一条26米长的空心胶管。他要吉恩跳下河沟，通过胶管呼吸，胶管的口径约1厘米。于是，多克骑上吉恩的马跑开了，警察紧追不舍。这样，吉恩便摆脱了追捕。然而，结局却非常不幸，吉恩死了——溺死于河中。多克将警官引开之后，小贩将吉恩从水中捞出。多克猜测吉恩也许是因为在水下惊慌失措才被淹死的。

听向导介绍到这里，福尔摩斯打断他的话说：“不，吉恩是被人谋杀的。”

福尔摩斯何以得出这样的结论？

**【侦查笔记】**

| 主诉 | 福尔摩斯 | 证据及线索 | ①26米的空心胶管<br>②在河底躲避 |
|---|---|---|---|
| 时间 | 一天下午 | | |
| 地点 | 诊室 | 关键点 | 胶管 |
| 事件 | “死人河”名称的由来 | 嫌疑人 | 多克 |
| 人物及关系 | 福尔摩斯解开“死人河”的谜题 | 侦查方向 | 医学常识和物理现象 |

# 128 辨认凶手

一天，福尔摩斯正在散步，突然听到河边有人呼救，便立即赶了过去。此时一个蒙面男子手持一把尖刀正在抢劫一位年轻女士的财物。当福尔摩斯赶到的时候，劫匪已经得手，并跳入河中向对岸游去。福尔摩斯简单询问女士是否受伤，便立即从旁边的一座桥上追了过去。

当福尔摩斯赶到对岸的时候，劫匪已经不见了，只留下一排水迹。福尔摩斯沿着水迹追了大约10分钟，来到一片废弃的屋舍前，水迹也模糊起来。经过调查，福尔摩斯发现废弃的屋舍里只住着两名流浪汉，他们平时都会做些小偷小摸的勾当，可刚才究竟是谁抢劫了女士呢？

福尔摩斯向两名流浪汉询问。流浪汉甲正在屋子里看书，他剃了一个光头，穿着一身睡衣。听说有抢劫案，他马上辩解说："我从昨晚开始一直都在家里，从没出去过。倒是隔壁的那个家伙，我听到他才从外面回来，一定是他做的。"说着他还自告奋勇地带着福尔摩斯来到了隔壁流浪汉乙的房间。只见他正在睡觉，房间的角落里有一盆泡着的脏衣服。流浪汉甲一把揪起流浪汉乙："你还装睡，抢劫者一定是你，看，你还把你的湿衣服泡在水里！"

"不要装了，抢劫者就是你。"福尔摩斯指着流浪汉甲说。福尔摩斯是怎么判断的呢？

**【侦查笔记】**

| 主诉 | 福尔摩斯 | 证据及线索 | ①潜入河中<br>②泡着一盆脏衣服 |
|---|---|---|---|
| 时间 | | | |
| 地点 | 流浪汉房间 | 关键点 | 光头 |
| 事件 | 辨别抢劫者 | 嫌疑人 | 流浪汉甲 |
| 人物及关系 | 福尔摩斯揭穿谎言 | 侦查方向 | 几人的对话 |

# 129 只有一个杯子

记者玛丽的尸体于星期一中午在她的房间内被发现。因房门没锁，来找她的同事进入房间后发现了她的尸体。死者倒在卧室的沙发上，头部被重击，当场死亡。现场没有发现凶器，一定是被凶手拿走了。屋内开着电灯，写字台的抽屉被翻过。因受害人是独居，所以不清楚有什么东西被盗。桌子上放着一个空玻璃杯子，杯中虽是干的，但似乎是喝过威士忌，从杯子内检测出有酒精成分。另外，杯子外侧有受害人的指纹和唾液。

警方从侦查中了解到，被害人玛丽经常敲诈勒索他人，她一旦窥见艺术界人士的丑闻，就以在报刊上发表来威胁当事人并索要现金。据此，警察发现了两个嫌疑人：一个是电视播音员贝克，另一个是摇滚歌手汉森。玛丽被害的当晚，两人先后去过玛丽的寓所送现金，以索回玛丽掌握的丑闻照片，两人没有见面。贝克说，玛丽用加冰的威士忌招待他。汉森说，因他正在戒酒，玛丽自己从厨房里拿出一瓶威士忌和一个杯子，在酒杯里加了威士忌，一个人喝了起来。

从现场只有一个杯子，杯子上只有被害者的指纹和唾液来看，被害者是在接待汉森之后死亡的，但两个人到底谁先谁后进入玛丽寓所的呢？两人都说是在9时左右。那么，谁杀害玛丽的可能性更大呢？警长去向名侦探福尔摩斯请教。福尔摩斯说：“我提醒你一句，案发当夜的天气预报说当天的天气受不合季节的太平洋高压影响，这在11月上旬来说是罕见的暖和的夜晚吧？”“嗯，气象预报说像9月中旬的好天气，可这有什么可奇怪的呢？”“暖和的夜晚喝加冰的威士忌，那杯子会怎样呢？你想明白了吗？”“哦，原来如此，的确……明白了，我疏忽了这一点。”

警长明白了什么？

**【侦查笔记】**

| 主诉 | 福尔摩斯 | 证据及线索 | ①当日的天气<br>②加冰的杯子 |
|---|---|---|---|
| 时间 | 晚上 | | |
| 地点 | 死者家中 | 关键点 | 杯子上的指纹 |
| 事件 | 辨认凶手 | 嫌疑人 | 贝克 |
| 人物及关系 | 福尔摩斯帮助警长破解案情 | 侦查方向 | 加冰的杯子上会有水珠 |

# 130 富翁的财产

名侦探福尔摩斯受其老友——一位百万富翁的临终嘱咐，把遗产交给富翁的亲弟弟。富翁是12岁离家出走的，与弟弟分别至今已经60年了，一个月前才知道弟弟在洛杉矶，但没有详细的地址。他交给福尔摩斯一张发黄的照片，这是可以帮助找到他弟弟的唯一线索。照片上是两个男孩，摄于60

年前，当时他俩都是12岁。

福尔摩斯受托前往洛杉矶，并在那里登了寻人启事，说明此行的目的。继承大笔遗产是很诱人的事，不久，他住的旅馆外就聚集了数十位老翁。虽然福尔摩斯没见过富翁的弟弟，也不了解他的其他情况，但还是在这些人中找出了遗产的继承人。福尔摩斯是怎样认出富翁的弟弟的呢？

**【侦查笔记】**

| 主诉 | 福尔摩斯 | 证据及线索 | ①照片<br>②摄于60年前 |
|---|---|---|---|
| 时间 | | | |
| 地点 | 洛杉矶 | 关键点 | 都是12岁 |
| 事件 | 找遗产继承人 | 嫌疑人 | |
| 人物及关系 | 福尔摩斯完成老友的遗愿 | 侦查方向 | 年龄相同的双胞胎 |

# 131 狗咬了她吗

有一天，安迪正在家里看书，一阵急促的门铃声传来，她赶紧去开门。来者是隔壁的朵希，她是个远近闻名的刁恶妇人。只见她气势汹汹地指着安迪，说道：“你太可恶了，把自家的狗放出来咬人！”

安迪莫名其妙，因为她家的狗从不咬人，而且今天一直蹲在她脚边没出过屋子。于是，安迪问朵希道：“什么时候咬的？咬了哪里？”朵希说：“就在刚才经过你家门口时。”说着便把她那美丽无损的裙子拉起来。果然，在膝头处有一个伤口，像是被狗咬的。安迪没办法，准备赔偿朵希。此时，福尔摩斯正巧路过，便让安迪稍等一会儿。福尔摩斯仔细地检查了朵希的伤口后，又看了看安迪家的狗，十分肯定地对朵希说：“你在撒谎，这伤口不是安迪家的狗咬的。”接着福尔摩斯说出了证据，朵希被说得哑口无言。

你知道福尔摩斯的证据是什么吗？

【侦查笔记】

| 主诉 | 朵希 | 证据及线索 | ①狗没出过屋子<br>②裙子无损 |
|---|---|---|---|
| 时间 | | | |
| 地点 | 安迪家 | 关键点 | 美丽无损的裙子 |
| 事件 | 诬赖安迪家狗咬人 | 嫌疑人 | 朵希 |
| 人物及关系 | 福尔摩斯识破朵希的谎言 | 侦查方向 | 应用生活经验和细节分析此案 |

# 132 盗贼的纰漏

夏季的一个夜晚，一名盗贼潜入某别墅的院子里伺机作案。别墅的主人一直在书房里工作，灯光引来了很多蚊子，在窗外的盗贼被咬得心烦意乱，不停地挥手赶蚊子，偶尔还拍死几只。

晚上11点，别墅主人熄灯回卧室睡觉了。盗贼偷偷溜进别墅，把别墅里的现金和一些值钱的物品都放到随身带来的口袋里，然后悄悄离开了。

第二天晚上，警察就找到了盗贼。“到别墅偷东西的是你吧，你得跟我们走一趟了。”警察开门见山地说。“没有的事，你们有证据吗？”盗贼坚信自己已经把别墅里所有的痕迹清除干净了。参与案件调查的福尔摩斯笑着说：“你是把别墅里的痕迹清除了，但我在其他地方找到了证据。”

你知道盗贼的纰漏在哪里吗？

【侦查笔记】

| 主诉 | 盗贼 | 证据及线索 | ①盗贼在窗外被蚊子咬<br>②拍死几只蚊子 |
|---|---|---|---|
| 时间 | 夏季的一个夜晚 | | |
| 地点 | 某别墅 | 关键点 | 蚊子 |
| 事件 | 别墅被盗 | 嫌疑人 | 盗贼 |
| 人物及关系 | 福尔摩斯和盗贼 | 侦查方向 | 蚊子死后会留下什么 |

# 133 是酒后驾车吗

一天晚上，英国伦敦发生了一起车祸。一辆货车撞倒了一名女子，那名女子当场死亡。因为事故发生在深夜，所以没有找到旁证。当货车司机被带到交通事故组查问时，他身上还有一股酒气，仿佛是司机酒后驾车导致的车祸，这类事故按法律要被重判。但是司机却辩解道："我根本没有喝酒，我只是去酒吧找过一个朋友，他当时喝醉了，把酒洒了我一脸一身。我开车时神志保证是清醒的，我看见那女子横过马路，从很远就鸣笛让她躲开，可是她好像没反应。等后来我刹车时，已经晚了。对这场意外事故我当然有责任，也感到很遗憾，但死者也是有责任的。"

福尔摩斯最初也是半信半疑的，直至法医交给他验尸报告，他才说："这的确是一场意外事故。"究竟是什么原因使福尔摩斯相信这个司机所说的呢？

**【侦查笔记】**

| 主诉 | 司机 | 证据及线索 | ①司机没喝酒，很远鸣笛<br>②女子没反应 |
|---|---|---|---|
| 时间 | 深夜 | | |
| 地点 | 马路上 | 关键点 | 福尔摩斯确认是意外事故 |
| 事件 | 货车撞人 | 嫌疑人 | 女子 |
| 人物及关系 | 司机向福尔摩斯讲述自己肇事的经过 | 侦查方向 | 从线索中分析女子的行为 |

# 134 大提琴手之死

劳拉的尸体在公寓的停车场被发现，旁边是她的红色轿车，轿车里放着劳拉小姐的大提琴。她在晚上8点钟遭人杀害，也就是在她预定到达有音乐会演出的剧院的时间之前15分钟左右。凶手共射击两次。第一颗子弹穿过她的右大腿，在她紫色的短裙上留下了一大片血迹。第二颗致命的子弹射中了她的心脏，在她的白衬衫上留下了血迹。

受到委托调查此案的福尔摩斯听取了以下三个人的证词。发现尸体的房东太太说，劳拉决定参加音乐会，但并不演出，因为有一位过分热情地追求她的人困扰着她，他就是同为管弦乐团成员的彼得。一星期以来，劳拉都没有练习大提琴，或者说没有从车中取出大提琴。彼得坚称，他和劳拉已经言归于好，劳拉说她要演出，并且要在晚上8点10分去接他，然后像往常一样一起坐车到剧院，但是他却没有等到她。乐园的指挥杰克说，管弦乐团的女性成员穿紫色裙子和白衬衫，男性成员则穿白色西装上衣和黑色裤子，至于款式方面，则没有硬性规定。管弦乐团的成员都是在家中换好衣服。他又说，劳拉无疑不用练习就能够有很好的演出表现，因为音乐会是重复性的节目。

在听了三个人的证词之后，福尔摩斯立刻知道彼得在说谎。福尔摩斯怎么知道的呢？请你也想一想。

**【侦查笔记】**

| 主诉 | 福尔摩斯 | 证据及线索 | ①穿短裙<br>②女大提琴手 |
|---|---|---|---|
| 时间 | 晚上 | | |
| 地点 | 停车场 | 关键点 | 穿短裙 |
| 事件 | 劳拉被杀 | 嫌疑人 | 彼得 |
| 人物及关系 | 福尔摩斯对三个证人的证词逐一分析 | 侦查方向 | 演出时着装礼仪 |

# 135 深夜入侵者

深夜，趁福尔摩斯外出不在家时，窃贼潜入他位于5楼的住宅。他此行的目的是在福尔摩斯的电话机上安装窃听器。

他决定从卧室的电话机开始装起。因这间屋子没有窗户，所以即使打开桌上的台灯也不用担心灯光会泄到外面。窃贼正往电话上装微型窃听器时，忽然听见大门外有用钥匙开门的声音，好像是福尔摩斯回来了。窃贼惊慌失措，赶紧关掉台灯躲到床后边，打算在福尔摩斯去其他房间时趁机悄悄溜掉。

可是，卧室的门突然开了，福尔摩斯走了进来。他没有去按门旁边的电灯开关，而是在黑暗中站了一会儿。“谁在那儿，快出来！”福尔摩斯大声叫着，然后打开了电灯，窃贼也就藏不住了。“你非法侵入民宅，打算偷什么？”“我什么也没偷呀，但你是怎么一下子就知道我在这儿的呢？”窃贼感到不解。“是那个闹钟告诉我的。你这个溜门撬锁的高手也太粗心了。”福尔摩斯指了指床头桌，桌上放着电话、台灯和一个闹钟。

那么，那个闹钟怎么会告诉福尔摩斯有入侵者呢？有哪种可能性？

**【侦查笔记】**

| 主诉 | 福尔摩斯 | 证据及线索 | ①福尔摩斯说闹钟告诉他的<br>②窃贼开过灯 |
|---|---|---|---|
| 时间 | 深夜 | | |
| 地点 | 福尔摩斯家里 | 关键点 | 闹钟 |
| 事件 | 非法入室 | 嫌疑人 | 窃贼 |
| 人物及关系 | 福尔摩斯发现有人进入房间 | 侦查方向 | 有些表的指针上有特殊物质 |

# 136 让凶手落网

富翁阿隆索的太太雇了一个年轻的杀手，想杀掉她的丈夫，独吞富翁的财产。年轻人看上去并不凶狠，他拿着手枪闯进了富翁的别墅。当时，富翁正一边看电视，一边喝着威士忌。杀手一声不响地出现在富翁面前，尽管富翁对妻子有所怀疑，但他没想到她会请来杀手。当时女用人正好出去买东西，要两小时后才能回家，太太早就借故离开了别墅，这一切都是经过精心策划的。

富翁知道自己有生命危险，想了一下说：“既然我要死了，就让我多喝几杯，你也来一杯吧！”杀手也想用酒来使自己镇静：“那就来一杯吧！”

富人取来酒杯，倒上威士忌，杀手接过酒一饮而尽。“看得出，你也喜欢喝酒。反正我马上要死了，就把我藏在金库里多年的白兰地送给你吧。”“真的？”杀手有几分高兴。“当然。”富翁说着，就打开金库，拿出一瓶年份久远的白兰地。杀手很感兴趣地看着酒瓶上的标签，就在此时，富翁趁机做了一个小动作。

“好了，我得执行自己的任务了。”杀手还是向富翁开了枪，看着富翁倒地死去，杀手才离开了作案现场。事后没多久，接到委托调查此案的福尔摩斯便找到了杀手和富翁的太太，并通知警察逮捕了他们。正像富翁临死前希望的那样，他太太独吞财产的阴谋破灭了。这多亏富翁阿隆索给福尔摩斯提供了一个绝妙的线索，才这么快就破了案。

你知道是什么线索吗？

【侦查笔记】

| 主诉 | 富翁 | 证据及线索 | ①杀手喝了一杯<br>②一个小动作 |
|---|---|---|---|
| 时间 | | | |
| 地点 | 富翁家中 | 关键点 | 金库 |
| 事件 | 迷惑杀手 | 嫌疑人 | 杀手 |
| 人物及关系 | 富翁巧妙地将杀手的信息留下来 | 侦查方向 | 通过富翁的行为分析留下了什么线索 |

# 137 偶遇凶手

一个晚上，住在13楼的马克被发现倒毙在家中客厅里。首先发现尸体并报警的是马克的朋友莱茵。莱茵诉说了她发现尸体的经过：“我在晚上9时来找马克，按了门铃没有反应，尝试打开大门，发觉门没有上锁，一入内便看见马克躺在地上了，手指指着大门。”

福尔摩斯对于此宗案件毫无头绪，打算返回警局再作打算。因为一路思索，他不小心与一个开锁匠撞了个正着，开锁匠喃喃自语：“今天真是倒霉，约我上来开锁又没有人在，现在又被人撞到！”

突然，福尔摩斯醒悟过来，断定凶手并非别人，就是开锁匠。他怎么断定锁匠就是凶手呢？

【侦查笔记】

| 主诉 | 莱茵 | 证据及线索 | ①门没有上锁<br>②手指着大门<br>③开锁匠的话 |
|---|---|---|---|
| 时间 | 晚上 | | |
| 地点 | 死者家 | 关键点 | 手指大门 |
| 事件 | 查找凶手 | 嫌疑人 | 开锁匠 |
| 人物及关系 | 福尔摩斯根据线索发现凶手 | 侦查方向 | 从线索中围绕着门推理此案 |

# 138 消失的手枪

警长和福尔摩斯边散步边讨论案情，忽然从前方护城河2号桥处传来一声沉闷的枪响，两人立刻就向枪响方向跑去。

快到桥边时，警长隐约看见一个中年男子的身影在向对岸逃跑，连忙大喝：“站住，不许动！再动就开枪了！”

那名男子停住了逃跑的脚步，随即发出一声“扑通”的声音，像是把什么东西扔到了河里。

警长和福尔摩斯奔到桥上一看，一个年轻女子倒在桥中间，胸部中了一枪，已经死去。“是你打死了这个女人吗？”警长责问男子。“不，我是晚上睡不着觉，出来散散步，看见桥上有死人，我被吓得就逃。你们看，被你们一喊，我吓得一只木拖鞋都掉到河里去了。”哈克警长打量了男子一番，看不出什么异常，便问：“那你刚才看见有什么人从这里跑过吗？”“没有。”“不可能，犯罪嫌疑人一定从桥上跑过。”福尔摩斯肯定地判断。“也许是从桥那边开的枪呢？”男子猜测。

福尔摩斯俯身又看了一下死亡女子的胸部，周围有火药的灼烧痕迹。“不，一定是你开的枪，你跟我们到警察局去一趟！”“去就去，反正我没有杀人，不信你们搜身。”经过搜查，男子身上果然没有枪。

到了警察局后，法医对尸体检验后的结论是，枪是在近处开的。对男子的右手进行检验，发现沾有火药微粒，但他仍不承认杀人。次日一早，福尔摩斯让警察们在桥的下游仔细寻找，终于发现杀人凶器手枪与上面的指纹。确认该男子就是凶手，但手枪为什么跑到下游去了呢？

## 【侦查笔记】

| 主诉 | 警方 | 证据及线索 | ①右手沾有火药微粒<br>②往河里扔木拖鞋 |
|---|---|---|---|
| 时间 | 晚上 | | |
| 地点 | 护城河边 | 关键点 | 桥下的河里找不到 |
| 事件 | 寻找凶器 | 嫌疑人 | 中年男子 |
| 人物及关系 | 男子否认杀人 | 侦查方向 | 从木拖鞋会漂走推理此案 |

# 139 三名拍戏的嫌疑人

一名男子被人发现伏尸于荒山的沙堆中。警长和福尔摩斯抵达现场后，发现尸身上有很多处瘀伤，判断是与人打斗造成的，尸身仍然温暖，应该是死去不久。

警方凭着线索，在半小时内迅速捉住三名嫌疑人，他们都是临时演员，刚才在现场附近拍过戏。三人分别打扮成恐怖分子、和尚及侠士，他们的身上都有瘀伤，但皆称是拍戏时撞伤的。警方还得知这三名嫌疑人还没有开始拍戏，所以身上并没有沙尘。经过福尔摩斯深入调查后，发现其中一人的嫌疑最大，最终他也承认失手杀人。究竟谁是真凶呢?

**【侦查笔记】**

| 主诉 | 警方 | 证据及线索 | ①都有瘀伤<br>②都洗过澡换过衣服 |
|---|---|---|---|
| 时间 | | | |
| 地点 | 荒山的沙堆中 | 关键点 | 沙堆里打斗 |
| 事件 | 辨认嫌疑人 | 嫌疑人 | 洗浴速度最快的那个人 |
| 人物及关系 | 福尔摩斯辨认三名嫌疑人 | 侦查方向 | 用生活常识和洗浴时间推理凶手 |

# 140 林肯的亲笔信

温斯特检察官正用放大镜仔细地看着一片残缺不全的破纸，喃喃低语道："……在葛底斯堡公共广场，乐队奏着乐曲，人声鼎沸，大家唱着国歌涌向……"旁边也被撕去，但下面的签名很清楚：林肯。站在一边的犯罪实验室主任弗莱博士说："这大概值几百万美元。""林肯总统的一封不完整的信，就值那么多？"检察官惊讶地问道。

弗莱博士点点头，示意道："你瞧那一面。"温斯特检察官轻轻地吹了声口哨，把纸片翻过来，只见背面是举世闻名的葛底斯堡演讲的部分草稿！弗莱博士说："我是偶然在我姐姐放在阁楼上的一本《圣经》里找到它的，我要对它做些检验，这要花上几天的工夫。"

后来检察官告诉福尔摩斯说，弗莱博士通过化学分析证明，那片纸是林肯时代的珍品。"我敢打赌，你肯定猜不出这一小片纸值多少钱！""大概一美分。"福尔摩斯慢悠悠地说，"可以把它卖给'警察博物馆'。"

福尔摩斯的话是什么意思？

**【侦查笔记】**

| 主诉 | 检察官温斯特 | 证据及线索 | 文字的内容 |
|---|---|---|---|
| 时间 | | | |
| 地点 | | 关键点 | 国歌 |
| 事件 | 价值连城的文物 | 嫌疑人 | 弗莱博士 |
| 人物及关系 | 福尔摩斯向检察官温斯特指出弗莱博士的研究错误 | 侦查方向 | 美国国歌正式确定的时间 |

# 141 消失的凶器

查理独自在办公室打盹儿。突然，一个西装笔挺的人走进来，不由分说，向查理头部猛敲，查理当场毙命。凶器疑似长约30厘米的棍状物。凶手逃走时，在办公室门口遇上公司的保安，保安是听到查理的惨叫声后，匆忙前来察看，正巧擒住凶手。

不久，警长和福尔摩斯接到报案抵达现场，扣押凶手，搜查凶器，警员找遍办公室，还有凶手全身，甚至死者的身体，都搜不到凶器。只是凶手的领带有很多皱纹。奇怪了，在这宽大的办公室内，凶手又未离开过现场，室内只有一个装着假山和卵石的鱼缸，四周又没有窗门，凶手究竟是用什么凶器谋杀查理的呢？

福尔摩斯又仔细地勘察了现场，最终发现了凶器，你知道是什么吗？

**【侦查笔记】**

| 主诉 | 警员 | 证据及线索 | ①疑似长约30厘米的棍状物<br>②鱼缸 |
|---|---|---|---|
| 时间 | 工作时间 | | |

| 地点 | 办公室 | 关键点 | 领带 |
|---|---|---|---|
| 事件 | 找凶器 | 嫌疑人 | 凶手 |
| 人物及关系 | 福尔摩斯找到凶手杀害查理的凶器 | 侦查方向 | 通过有皱纹的领带考虑此案 |

# 142 不难找的凶手

马琳在她的豪华别墅里惨遭杀害，名侦探福尔摩斯闻讯后马上赶到现场，迅速检查了红色地毯上的尸体。“她是被手枪柄敲击头部而死的，至少被敲了四五下。”警方在尸体旁找到了一支手枪。警长莫纳汉小心翼翼地吹去上面的灰尘以便提取指纹。“我已经给她的丈夫佩顿打了电话。”警长说，“我只告诉他必须马上赶回家。我讨厌向别人报告噩耗，等一会儿你来告诉他好吗？”

“好吧。”福尔摩斯答应着。救护车刚刚开走，惊慌失措的佩顿就心急火燎地闯进门来了。“发生了什么事？马琳在哪里？”“她在两小时之前被人杀害了。”福尔摩斯说，“是您的厨师在卧室中发现尸体并报警的。”“我在这枪上找不到指纹。”警长用手帕裹着枪走进来对福尔摩斯说，“看来不得不送技术室处理了。”

佩顿紧盯着裹在手帕中的枪，脸上的肌肉抽搐着，显得异常激愤。突然，他激动地抓住警长的手说：“如果能找到那个敲死马琳的凶手，我愿出5万英镑重酬。”“省下你的钱吧，”福尔摩斯冷冰冰地插言道，“凶手还不至于那么难找。”

福尔摩斯为什么这样说？

## 【侦查笔记】

| 主诉 | 福尔摩斯 | 证据及线索 | ①佩顿语言中的漏洞<br>②行为异常 |
|---|---|---|---|
| 时间 |  |  |  |
| 地点 | 豪华别墅 | 关键点 | 佩顿的话 |
| 事件 | 别墅凶杀案 | 嫌疑人 | 死者丈夫佩顿 |
| 人物及关系 | 福尔摩斯识破死者丈夫的谎言 | 侦查方向 | 从细节推理佩顿语言的漏洞 |

# 143 邮票劫案

福尔摩斯以15万英镑的高价拍下了一枚珍贵的邮票。拍卖会结束后，福尔摩斯离开拍卖场。当他走到地下停车场，刚想拉开车门的时候，突然头部被人从背后用钝器击打了一下，当即就失去了知觉。他醒来后，发现自己的手脚被紧紧地捆绑着，关在一间不知是什么地方的汽车库里，身边围着三个戴着墨镜、凶神恶煞的人。

“你要想保命，就乖乖地把邮票交出来。我们要的是那张旧邮票。”强盗团伙的头目用手枪指着福尔摩斯，威胁他说。

“我不知道哪张邮票。”福尔摩斯矢口否认。

“你别装傻！我们从拍卖场一直盯着你到这儿！”

“既然那样，就随你们搜好了。”

两个喽啰搜遍了福尔摩斯的衣服口袋，但口袋里只有旅行支票、300英镑现钞和手帕、汽车钥匙以及使用过的一张明信片。这张明信片上绘有富士山图案，是从日本寄来的。

“就是明信片上贴着的这张邮票吧？”

“不是，这是极普通的纪念邮票，别看尺寸挺大，连1英镑也不值。”

“可是，没见到其他邮票呀。老大，会不会是这个家伙把邮票藏在拍卖行的寄存柜里了？”

“不会的。他只去了一次厕所，马上就来停车场了。他是不会把花了15万英镑高价买到的邮票轻易地放在什么地方的。来！把他的衣服扒光搜，就一张小小的纸片，可能会藏在衣服里或鞋里。”

歹徒们扒光福尔摩斯的衣服，用剃刀把西服和内衣一点点剥开，把鞋割成碎片，从头到脚仔细搜了个遍，当然头发里也没放过，但最终还是没找到那枚价值15万英镑的邮票。

福尔摩斯到底把邮票藏到哪儿了呢？当然，邮票他一直随身携带着。

**【侦查笔记】**

| 主诉 | 福尔摩斯 | 证据及线索 | ①明信片上有日本邮票<br>②尺寸挺大 |
|---|---|---|---|
| 时间 | 拍卖会后 | | |

| 地点 | 汽车库里 | 关键点 | 尺寸很大的邮票 |
| --- | --- | --- | --- |
| 事件 | 藏邮票 | 嫌疑人 | |
| 人物及关系 | 福尔摩斯将邮票藏在劫匪不会想到的地方 | 侦查方向 | 福尔摩斯把邮票贴在了某个东西的下面 |

# 144 聪明的化装师

一位越狱者闯进了电影制片厂女化装师的家。他从腰间抽出一把匕首，对女化装师说：“如果你老老实实地按照我说的去做，我就不会伤你半根毫毛。很简单，只要你施展一下手艺就行了。我不愿意再回到监狱了，我要请你给我化个装！”这位著名的女化装师的化装技术很高明，经过她化装后的人，别人是看不出半点儿破绽的。

女化装师朝他手里的匕首瞥了一眼，顺从地说：“那么，你想让我给你化装成什么模样呢？有了，把你化装成一个女人，行吗？”“不行，还是想个办法，把我的脸变个样子就行了。”

“那好办，把你变成一个面目可憎的中年人行吗？”“可以。”不一会儿，镜子里映出了一张肤色黝黑、目光凶狠的中年男子的脸。

“怎么样，这样满意了吗？”“不错，连我自己都认不出来了。”越狱者把女化装师捆了起来，又拿一块毛巾塞住了她的嘴，便推开门走了。过了片刻，福尔摩斯和警察来到女化装师的家，对她说：“多亏您帮忙，我们才把这个家伙捉拿归案。您受苦了！”“我也在祈祷，希望警察可以尽快把他缉拿归案。不过，那个家伙无论如何也不会知道自己为什么会被抓住。”

你知道这是怎么回事吗？

**【侦查笔记】**

| 主诉 | 女化装师 | 证据及线索 | ①化装后的样子<br>②女化装师预料到越狱者很快就会被抓到 |
| --- | --- | --- | --- |
| 时间 | | | |
| 地点 | 女化装师的家里 | 关键点 | 过了片刻便被抓了 |
| 事件 | 易容 | 嫌疑人 | 越狱者 |
| 人物及关系 | 女化装师对越狱者做的手脚 | 侦查方向 | 从易容后出门片刻就被抓推理此案 |

# 145 宿营地命案

福尔摩斯到森林中打猎，见天色晚了，便在空地上支起帐篷，准备宿营。忽然一个自称杰克逊的年轻人跑来告诉福尔摩斯，他的朋友路易被人杀害了。“一小时前，我和路易正准备喝咖啡，突然从树林里钻出两个大汉，将我们捆了起来，还把我打昏了。我醒来一看，路易已经……”

福尔摩斯跟着杰克逊来到了宿营地，发现路易的尸体躺在火堆旁，两条绳子散乱地扔在路易的脚下，旁边的帆布包被翻得乱七八糟。福尔摩斯俯下身，见路易的血已经凝固，断定其死亡时间在一小时以上，凶手用钝器击碎了路易的颅骨致其死亡。

福尔摩斯的目光又回到火堆上，火烧得很旺，黑色咖啡壶发出“嘶嘶”的声响，刚刚烧沸的咖啡溢到壶外，发出迷人的香气，滴落在还没烧透的木炭上。福尔摩斯默默地站了一会儿，突然掏出手枪对准杰克逊说：“别演戏了，老实交代吧！”

你知道这是怎么回事吗？

**【侦查笔记】**

| 主诉 | 杰克逊 | 证据及线索 | ①咖啡壶<br>②滴落在木炭上 |
| --- | --- | --- | --- |
| 时间 | 傍晚 | | |
| 地点 | 森林中 | 关键点 | 烧沸的咖啡 |
| 事件 | 凶杀案 | 嫌疑人 | 杰克逊 |
| 人物及关系 | 福尔摩斯识破杰克逊杀害朋友路易的罪行 | 侦查方向 | 用生活常识推理咖啡壶的状态 |

# 146 巧用常识

夏天的一个中午，天气很热，一位富商要在广场上进行慈善演说活动。这位富商颇受争议，据说有人扬言会在现场对他行凶。于是富商请来了福尔摩斯，帮助他找出想危害自己的人。

广场上人来人往，十分热闹。福尔摩斯观察了一下周围的环境，指着一位正在旁边花坛里浇花的园丁，对富商说："他有很大嫌疑。"

你知道福尔摩斯是怎么分辨出来的吗？

【侦查笔记】

| 主诉 | 富商 | 证据及线索 | ①天气很热<br>②现场环境 |
|---|---|---|---|
| 时间 | 夏天的一个中午 | | |
| 地点 | 某广场 | 关键点 | 浇花 |
| 事件 | 辨认嫌疑人 | 嫌疑人 | 园丁 |
| 人物及关系 | 福尔摩斯找到嫌疑人 | 侦查方向 | 生活常识 |

# 147 破绽在哪儿

戴勒局长收受贿赂的事被人举报了，他决定将此事嫁祸给曼斯副局长。这天夜里，戴勒局长来到独居的曼斯副局长家中。曼斯副局长在沙发上一边喝着红酒一边欣赏电视节目。见到局长大驾光临，曼斯副局长热情地给戴勒局长倒满了酒，这时这瓶红酒恰好空了，曼斯副局长便起身去酒柜拿酒。戴勒局长趁机将自己带来的一小瓶毒药倒入了曼斯副局长正在喝的大半杯酒中。曼斯副局长打开一瓶新的红酒，给自己的杯子倒满，然后两人开始对饮。两人都抿了一小口红酒，然后将酒杯放在桌子上，开始聊起工作上的事。可没说几句话，曼斯副局长就毒发身亡了。戴勒局长赶紧起身，端走自己的红酒杯去厨房洗干净后放入酒柜，然后又将地上的空红酒瓶带走，并清除了自己所有的痕迹，悄悄地离开了现场。

第二天，协助调查此案的福尔摩斯找到戴勒局长问话。戴勒局长表示一定是曼斯副局长贪污的事情败露，畏罪自杀。福尔摩斯却明确指出，曼斯副局长不是自杀，而是他杀。

请问，你知道福尔摩斯是如何推测曼斯副局长是被人杀害的吗？

**【侦查笔记】**

| 主诉 | 福尔摩斯 | 证据及线索 | ①红酒杯<br>②新开一瓶红酒 |
|---|---|---|---|
| 时间 | 第二天 | | |
| 地点 | 副局长家 | 关键点 | 红酒 |
| 事件 | 副局长被害 | 嫌疑人 | 戴勒局长 |
| 人物及关系 | 福尔摩斯揭穿谎言 | 侦查方向 | 酒瓶的容积 |

# 148 消防车警笛寻人

在英国的一个人口稀少的城市里，晚上8时，一位孤独的老太婆不慎在家中跌倒，头部撞在桌子的棱角上，便再也爬不起来了。绝望中，她看到了电话上的报警号码。她忍着剧痛，抓起话筒，拨了这个号码。消防支队的值班员拉斯马森听到报警的电话铃声后，立即拿起话筒："喂，这里是消防支队，请讲。"

可是老太婆处于意识模糊状态，无法很快地回答拉斯马森的问题。拉斯马森只能从话筒里听到那艰难的喘息声，他耐着性子呼叫许久，终于，一丝微弱的声音传了出来："我不行了，快来救命……""你是谁？在哪里？""我是个孤老太婆，我在家中，我跌倒了……""请告诉我门牌号码，我们立即就去！""我……我记不清……""是在市区吗？""是，是的。靠马路，灯太亮……我受不了……快来呀！"对方大概昏迷过去了，只有电话里那喘息声还能隐约分辨出来。救命如救火！但必须先查出老太婆的住址才行。

拉斯马森望着手中无人答话的话筒，望着车库里严阵以待的十几辆消防车，没了办法。在消防支队做客的福尔摩斯利用消防警笛与未断的电话为拉斯马森想了一个办法，使得孤老太婆被及时送往医院抢救，从死神手里逃了回来。你知道是什么办法吗？

【侦查笔记】

| 主诉 | 拉斯马森 | 证据及线索 | ①无人答话的话筒<br>②等待出发的十几辆消防车 |
|---|---|---|---|
| 时间 | 晚上8时 | | |
| 地点 | 人口稀少的城市 | 关键点 | 如何寻找到老太婆 |
| 事件 | 寻找报警人 | 嫌疑人 | |
| 人物及关系 | 消防值班员接到老太婆的报警电话 | 侦查方向 | 从没挂断的电话和消防车的警笛声推理此案 |

# 149 吊在半空中的管理员

酒店的侍者上班的时候，听到酒店顶楼传来了呼救声。他奔到顶楼，发现管理员腰部束了一根绳子被吊在梁上。管理员对侍者说：“快点儿把我放下来，去报警，我们被抢劫了！”

福尔摩斯和警察一起来到现场，管理员讲述事情发生的经过，说：“昨夜停止营业以后，进来两个盗贼把钱全抢去了。然后他们把我带到顶楼，用绳子将我吊在梁上。”

警察对此深信不疑，因为顶楼房里空无一人，管理员无法把自己吊在那么高的梁上，那里也没有垫脚之物，只是地板上有些潮湿。有一架梯子曾被这伙盗贼用过，但它现在却被放在门外。同行的福尔摩斯勘察完现场后，却断定管理员就是偷盗者。

果然，警察在管理员的房间里找到了失窃物品。你能否想象一下，在没有任何人的帮助下，管理员是怎样把自己吊在半空中的呢？

【侦查笔记】

| 主诉 | 警察 | 证据及线索 | ①管理员被吊起来<br>②自己怎么吊自己 |
|---|---|---|---|
| 时间 | 晚上 | | |
| 地点 | 酒店 | 关键点 | 潮湿的地板 |
| 事件 | 被抢劫 | 嫌疑人 | 管理员 |
| 人物及关系 | 福尔摩斯识破管理员的谎话 | 侦查方向 | 根据现场情况推断 |

# 150 果汁杯底下的纸条

一家公司发生了一起抢劫案。有个蒙面人拿着枪闯进公司，抢走了职员们的钱包。那天福尔摩斯正巧晚回来，走到门口听到里面有陌生人的声音，就赶紧躲到一边。这时候，抢劫者从公司里冲出来，因为慌张，在楼梯上跌了一跤，用来蒙面的黑布掉了下来。他迅速爬起来，奔下楼梯逃走了。福尔摩斯躲在楼梯边的暗角里，看到了他的相貌。警察赶来以后，调查了一些情况，但是没能查出抢劫者的名字。

过了几天，福尔摩斯来到咖啡馆，要了一杯热咖啡。忽然，他看见有一个剃平头的男子，坐在靠门口的位置，也在喝咖啡。他心头猛地一震：就是他！就是那个抢劫者！福尔摩斯想去报警，又怕抢劫者跑了。自己去抓吧，那抢劫者身强体壮，自己肯定不是他的对手，怎么办呢?

就在这时候，咖啡馆里走进来一个警察，看到平头男子旁边的座位空着，就坐了下来，对服务员说："来一杯果汁！"福尔摩斯想喊警察，又怕抢劫者听见了会逃跑，或者拔出手枪伤害别人。他想了一想，站起身来，向服务台走去，轻轻对服务员说了几句话。

过了一会儿，服务员给警察端上果汁，微笑着说："请您慢用！"警察喝了起来，到快要喝完的时候，警察忽然放下杯子，一把扭住平头男子的手，大声说："你这个抢劫者，这次跑不掉了！"

你来假设一种可能，福尔摩斯让服务员做了些什么，使警察知道平头男子就是抢劫者的呢。

**【侦查笔记】**

| 主诉 | 福尔摩斯 | 证据及线索 | ①认出劫匪<br>②警察坐在抢劫者的身边 |
|---|---|---|---|
| 时间 | 劫案后的某天 | | |
| 地点 | 咖啡馆 | 关键点 | 果汁 |
| 事件 | 通知警察 | 嫌疑人 | 平头男子 |
| 人物及关系 | 福尔摩斯巧妙通知警察抓捕抢劫者 | 侦查方向 | 通过什么途径将消息传递给警察 |

# 151 懒惰的人

夏季到了，福尔摩斯为了清洁烟囱，特地聘请了三个工人，分别是汤姆、杰克及约瑟。但他聘请的三个工人中有一个是非常懒惰的。

早上，他们三人穿着整齐的工作服到达福尔摩斯家开始工作。

过了几个小时，他们同时走出烟囱，三人的样子都不同：汤姆的衣服、双手及抹布均染满油渍，杰克的衣服及抹布尽黑，约瑟的衣服只有少许污渍，但脸上却很脏。福尔摩斯指着约瑟说："你没有清洁过烟囱。"

你认为福尔摩斯是如何知道约瑟并没有清洁过烟囱的呢?

**【侦查笔记】**

| 主诉 | 福尔摩斯 | 证据及线索 | 三个人的衣服和身上的不同 |
|---|---|---|---|
| 时间 | 夏季 | | |
| 地点 | 烟囱 | 关键点 | 衣服少许污渍 |
| 事件 | 有人偷懒 | 嫌疑人 | |
| 人物及关系 | 福尔摩斯看出约瑟没有清洁过烟囱 | 侦查方向 | 钻入烟囱的人应该什么样子 |

# 152 真假玉雕

一件名贵的玉雕在博物馆展出，恰巧这几天天气晴朗，不少游客都去参观。一天快闭馆的时候，一个窃贼也混了进去。他背着照相机，拿着一把遮阳伞，趁人不注意的时候躲到了大厅的楼梯间里。不久，博物馆便清场了。窃贼等到大厅里没有动静了，便蹑手蹑脚地钻了出来，从遮阳伞的伞柄中取出开锁的工具，接着又从照相机套子中取出赝品。此时，外面恰巧下起了大雨，风雨声遮盖了一切声音，窃贼便趁机弄开展柜，换下玉雕，然后将一切恢复原状，又躲进了楼梯间。

第二天一早，雨还在下，博物馆里的人比昨天少了一些。窃贼从楼梯间溜了出来，他看到游客们正在欣赏那个赝品，不由觉得好笑。可当他撑开伞准备走出博物馆大门时，却被前来参观的福尔摩斯挡住了。福尔摩斯仔细地打量了一下他，问他昨天晚上躲在博物馆里干什么。窃贼做贼心虚，解释不清，福尔摩斯立刻说："跟我去趟警察局吧！"

你知道福尔摩斯是从哪里看出窃贼的破绽的吗？

**【侦查笔记】**

| 主诉 | 福尔摩斯 | 证据及线索 | ①遮阳伞<br>②第二天开馆时雨还在下 |
|---|---|---|---|
| 时间 | 第二天一早 | | |
| 地点 | 博物馆 | 关键点 | 撑开雨伞 |
| 事件 | 抓窃贼 | 嫌疑人 | 窃贼 |
| 人物及关系 | 福尔摩斯发觉窃贼的破绽 | 侦查方向 | 从"雨没停"推理人们伞的状态 |

# 153 有惊无险的冒险

在一次酒会后，一个从非洲回来的探险家自吹自擂地说："那时，我被一伙可怕的原住居民抓住，眼睛被蒙住，两手被反绑着，弃置在一条小道上。那条小道只有一米宽，两侧都是令人眼晕的悬崖峭壁，可是我格外冷静，丝毫感觉不到害怕，一步一步地走到了平原安全逃脱。怎么样，够惊心动魄吧！"

大家都为这位探险家的勇气所感动，但有一个人却在冷笑，此人正是福尔摩斯。"像你那种探险连小孩子都能做到，也值得在这里吹嘘？"

福尔摩斯为什么要这样说呢？

**【侦查笔记】**

| 主诉 | 探险家 | 证据及线索 | ①蒙着双眼<br>②悬崖峭壁 |
|---|---|---|---|
| 时间 | 酒会后 | | |

| 地点 | 酒会 | 关键点 | 峭壁 |
| --- | --- | --- | --- |
| 事件 | 吹牛 | 嫌疑人 | |
| 人物及关系 | 探险家被福尔摩斯揭穿谎言 | 侦查方向 | 用地理知识分析一下峭壁的样子 |

# 154 一毛不拔

杰克来到办公室，气急败坏地向福尔摩斯诉说着一件棘手的事情："我家有个老花匠叫艾伦．3天前他跑到我的办公室，一边点头哈腰，一边傻笑着公然向我索要10万美金。他自称在修剪家父书房外的花园时，拾到一份家父丢弃的遗嘱，上面指定我在新西兰的叔叔为全部财产的唯一继承人。这消息对我来说犹如五雷轰顶。11月份的某一天，父亲和我在因我未婚妻珍妮的事发生过激烈争吵。珍妮不过是比我大了几岁，父亲就反对这门婚事，所以有可能取消我的继承权。艾伦声称他持有第二份遗嘱，这份遗嘱比他所索要的更有价值。因为这份遗嘱的签署日期是11月31日凌晨1点钟，比已生效的遗嘱晚几个小时，所以它将会得到法律的承认。我当即拒绝了他的敲诈，于是他缠着我讨价还价。先是降到5万美金，后来又降到2.5万美金。您看这件事该如何处理呢？""要我说，你应该一毛不拔。"福尔摩斯说。

福尔摩斯为什么这样说呢？

【侦查笔记】

| 主诉 | 杰克 | 证据及线索 | ①第二份遗嘱的日期和时间<br>②老花匠主动降低数额 |
| --- | --- | --- | --- |
| 时间 | 3天前 | | |
| 地点 | 杰克的办公室 | 关键点 | 日期和时间 |
| 事件 | 遭遇勒索 | 嫌疑人 | 老花匠 |
| 人物及关系 | 福尔摩斯帮助杰克破解老花匠的谎言 | 侦查方向 | 运用生活常识和日历分析一下此案 |

# 155 日式住宅之谜

一天夜里，在日本北海道，一个偏远小村庄尽头一间古老的农舍里发生了一起凶杀案。那是一间有6个榻榻米的房子，一个独居的男子在房间里被人用刀刺死。尸体直到第二天早晨才被发现。当地农民向警方报了案，警方请福尔摩斯前去破案。福尔摩斯来到小村庄，对农舍进行了仔细搜查。不可思议的是农舍的门、窗都是从里面锁起来的，而且木板套窗也钉死了。就是说，这个房子从内部密封完好。

那么凶手在杀死被害者后，是如何从这间房子逃走的呢？

**【侦查笔记】**

| 主诉 | 福尔摩斯 | 证据及线索 | ①古老的农舍<br>②内部密封完好 |
|---|---|---|---|
| 时间 | 夜里 | | |
| 地点 | 农舍里 | 关键点 | 日本榻榻米的制作方法 |
| 事件 | 密室凶杀案 | 嫌疑人 | |
| 人物及关系 | 一男人被凶手杀害 | 侦查方向 | 考虑榻榻米的特点 |

# 156 来过的痕迹

杂货店老板汤姆是个见利忘义、财迷心窍的家伙。他除了以次充好、坑骗顾客、赚取昧心钱外，还放高利贷，乘人之危，牟取暴利。不过，别人借他的债他忘不掉，他借别人的债却总想赖掉。有一天半夜，海关大楼上的钟声敲了11下。汤姆盘完当天的账，正准备上床睡觉，突然传来一阵急促的门铃声。他开门一看，原来是被他赖过债的杰米又找上门来了。

“你什么时候把钱还我？告诉你，明天再不还我的钱，我就到法院告你，让你倾家荡产！”杰米大声说道。汤姆听后勃然大怒，用他粗大的双手抓住杰米的脖子，不一会儿，杰米就断了气。汤姆害怕极了，连忙用汽车把杰米的尸体运到郊外，扔到土坑里。回到家后，他把屋子里里外外清扫一遍，甚至连门把手都擦干净了，觉得一点儿可疑的痕迹都没留下，才停下手来。

第二天一早，汤姆还没有起床，就听到杂乱的敲门声。他胡乱地穿起衣服，出来开门，睡眼惺忪地看着门外人，不由得大吃一惊，门外站的竟是著名大侦探福尔摩斯。他尽量稳住气，装出一副莫名其妙的样子，问道："你找我有什么事吗？"福尔摩斯说："今天凌晨，警察局在城郊发现了杰米的尸体。根据他记事本上留下的地址，我们知道你们认识。昨晚他来过你这儿吗？"汤姆耸了耸肩，矢口否认道："我们快半年没见过面了！"

仍然站在门外的福尔摩斯意味深长地笑着说："别说谎了，杰米昨晚来过的痕迹还留在这儿呢！"说着，顺手一指。汤姆随着福尔摩斯的手一看，大惊失色，颓丧地低下了头。

你知道杰米来过的痕迹是什么吗？

**【侦查笔记】**

| 主诉 | 福尔摩斯 | 证据及线索 | ①记事本<br>②里里外外清扫<br>③杂乱的敲门声 |
|---|---|---|---|
| 时间 | 晚11点 | | |
| 地点 | 汤姆家里 | 关键点 | 急促的门铃 |
| 事件 | 杀人案 | 嫌疑人 | 汤姆 |
| 人物及关系 | 汤姆杀害债主杰米，抛尸 | 侦查方向 | 从杰米登门时的动作来推理他留下的痕迹 |

# 157 琳达的马脚

福尔摩斯正在寓所用餐，只见琳达小姐尖叫着"救命"闯了进来，上气不接下气地叫道："太可怕了……小偷盗走了我的毕加索名画……吓死我了……"她的头发湿漉漉的，毛巾浴衣下的双踝还淌着水珠。福尔摩斯来到她的浴室勘察，听她详细地叙述案发经过。琳达说，刚才她在浴室里淋热水浴，门窗都是紧紧关着的。当她洗完澡穿上浴衣，浴室的门突然被猛力撞开，她从镜子里看见一张肥大、通红、粗糙的脸，咧开大嘴对她阴笑。她以为强盗要杀自己，可那家伙却反身"砰"地关上门走了。她从浴室回到客厅，发现一幅毕加索的名画不见了。

福尔摩斯是位经验丰富的侦探，他听罢琳达小姐的叙述，认定她报的是假案，便一言未发地走了。你能猜出琳达何处露了破绽吗？

**【侦查笔记】**

| 主诉 | 琳达 | 证据及线索 | ①浴室的门窗紧闭<br>②镜子里看到强盗 |
|---|---|---|---|
| 时间 | 洗浴时 | | |
| 地点 | 琳达的浴室 | 关键点 | 洗澡时浴室里水汽很大 |
| 事件 | 监守自盗 | 嫌疑人 | 琳达 |
| 人物及关系 | 福尔摩斯识破琳达的诡计 | 侦查方向 | 运用洗澡时的生活常识分析此案 |

# 158 实验辨谎

最近警方多次接到海滨度假村游客贵重物品在客房里被盗窃的报案，并渐渐摸清了这个犯罪嫌疑人的体貌特征，于是请画像专家画了犯罪嫌疑人的模拟像四处张贴，提醒游客注意，发现后及时报告警方。很快，一位宾馆服务员向警方报告，该宾馆新入住的一位客人与模拟像上的犯罪嫌疑人极为相像。

警察们获讯后迅速赶到该宾馆，在服务员指引下敲开了这位客人的房门。这位客人确实长得和模拟像上的犯罪嫌疑人极为相像，唯一的区别是，客人梳的是大背头，而犯罪嫌疑人是三七开分头。

当警察拿着模拟像要求客人同去警局接受调查时，客人立即指出了分头与大背头的区别，并称自己来海滨休假半月有余，有许多大背头的照片可以做证，只是刚搬了个宾馆而已。说着，客人拿出许多彩色照片，来证明自己一直梳的发型都是大背头。

警察们有些疑惑了，会不会只是长得相像而已？这时，正在此地度假的福尔摩斯悄悄地向警察建议，带客人到美发室做个实验，就能搞清问题。这是个什么实验呢？

**【侦查笔记】**

| 主诉 | 宾馆服务员 | 证据及线索 | ①客人与模拟像极为相像<br>②客人是大背头，犯罪嫌疑人却是三七开的分头 |
|---|---|---|---|
| 时间 | 盛夏 | | |

| 地点 | 海滨度假村 | 关键点 | 客人主动指出自己与犯罪嫌疑人发型不同 |
|---|---|---|---|
| 事件 | 抓获犯罪嫌疑人 | 嫌疑人 | 入住度假村的客人 |
| 人物及关系 | 宾馆服务员、侦探和入住度假村的客人 | 侦查方向 | 验证客人半个月内的发型 |

# 159 汽车的声音

凌晨1点多钟，警方接到约翰的报案，报案人说他的妻子被杀了。受到委托的福尔摩斯驱车火速赶到现场，他下车走近大门时，突然有条狗汪汪地吼叫起来。那是一条狼狗，被一条长长的铁链拴着。“不许叫！”约翰走出门来说道，那条狗便乖乖地蹲在他的脚下。看起来是一条训练有素的狼狗。

福尔摩斯来到现场，看到死者身穿睡衣，倒在厨房的地板上，死者头部的伤是其致死的原因。约翰声泪俱下地向福尔摩斯诉说：“我为一点儿小事和妻子吵了一架，憋着一肚子气开车出去了，在外面兜了两小时风，回来一看，家中财物被盗，妻子被杀了。那时是晚上11点，我出去后大概妻子没关门，肯定是强盗闯进我家，被妻子发现，于是杀人后逃走了。”“你去兜风时带上你的狗了吗？”“没有，只是我一人去的。”

第二天一大早，福尔摩斯就命令助手到邻居家了解情况。不一会儿，助手跑回来报告说：“西边的邻居家里有一个准备升学考试的学生，昨晚复习功课，整夜没睡。据他讲，在嫌疑人作案的时间里没听到什么异常的动静。”“也没有听到汽车的声音吗？”“听到过，是晚上11点左右听到汽车由车库开出的声音，这一点与约翰讲的完全一致。”“不错，嫌疑人就是约翰。”

果然，经过审讯，约翰供认，他与女同事约会被妻子发觉，和妻子吵了架，就怒不可遏地抄起啤酒瓶照着妻子的头部砸去。他本来是无意杀死妻子的，但事后又害怕，因而伪造了盗窃杀人的假象。之后他出去兜风，顺便把凶器啤酒瓶扔进河里。

福尔摩斯通过什么细节识破了约翰的谎言？

【侦查笔记】

| 主诉 | 约翰 | 证据及线索 | ①约翰的叙述<br>②狼狗对福尔摩斯大声吼叫<br>③邻居只听到汽车声，没有其他异常的声音 |
|---|---|---|---|
| 时间 | 凌晨1点多 | | |
| 地点 | 约翰家的厨房 | 关键点 | 训练有素的狼狗应有的表现 |
| 事件 | 妻子遇害 | 嫌疑人 | 约翰 |
| 人物及关系 | ①约翰和他遇害的妻子<br>②约翰和福尔摩斯 | 侦查方向 | ①狼狗的行为<br>②邻居的证词 |

# 160 是因电失火吗

一天深夜，伦敦一家商店的财会室突然起火。虽经值班会计奋力扑救，但是仍有部分账簿被大火烧毁。和警长一同前来调查的福尔摩斯向浑身湿透的值班会计询问案情。

“前几天，我就发现室内的电线时常爆出火花。今天，我将全部账簿翻了出来，堆在外面，准备换一个安全的地方存放。不料电线突然短路着火，引燃账簿，酿成火灾。幸亏隔壁就是卫生间，我迅速放水，把火扑灭，才未酿成大祸。”“你能肯定是电线短路失火吗？”福尔摩斯追问。“能。我们这里没有抽烟的，又没有能自燃的其他物品。对了，我进来救火时，还闻到了电线被烧后发出的臭味。”

“够了！”福尔摩斯呵斥道，“你是因为担心自己的问题被暴露而故意纵火的吧？”请问福尔摩斯是如何得出这一结论的？

【侦查笔记】

| 主诉 | 会计 | 证据及线索 | 电线短路着火 |
|---|---|---|---|
| 时间 | 深夜 | | |
| 地点 | 财会室 | 关键点 | 放水救火 |
| 事件 | 火灾 | 嫌疑人 | 会计 |
| 人物及关系 | 福尔摩斯询问救火的会计案情 | 侦查方向 | 运用物理学和生活常识推理 |

# 161 货车消失之谜

这是一个很难令人相信的那种异想天开的案件。一节装载着准备在展览馆展出的世界名画的车厢，从行驶中的一列货车中悄然消失了，而且那节车厢是挂在列车中部的。

晚上8点，货车从伦敦发车时名画还在车上，且毫无异常。可到了下一站利兹车站时，装有名画的那节车厢就不见了。途中，列车一次也没停过，伦敦—利兹之间虽然有一条支线，可那是夏季旅游季节专用的，其他时间一般不用。第二天，那节消失的车厢在那条支线上被发现了，但名画已被洗劫一空。不可思议的是那节挂在列车中部的车厢怎么会从正在行驶的列车上脱钩，跑到那条支线上去了呢？对于这一奇怪的案件，警察毫无线索，束手无策。

在这种情况下，著名侦探福尔摩斯出马了。他沿着铁路线在两站之间徒步搜查，尤其仔细观察了支线的转辙器。转辙器已生锈，但是福尔摩斯发现轮带上有上过油的痕迹。“果然在意料之中，这附近有人动过它。”他将转辙器上的指纹拍下来，请伦敦警察厅的朋友帮助鉴定后得知，这是有抢劫列车前科的阿莱的指纹。然后，福尔摩斯查明了阿莱的躲藏处，只身前往。

“阿莱，还不赶快把你从列车上盗来的画交出来。”“岂有此理，你有什么证据说我是嫌疑人？”“转辙器上有你的指纹。当然，嫌疑人不光是你一个人，你应该至少还有两个同伙，否则是无法那么痛快就把车厢卸下来的。”福尔摩斯揭穿了阿莱一伙的作案伎俩。

你来大胆设想一下，阿莱一伙究竟是用什么手段将一节车厢从行驶的列车上摘下来的呢？

## 【侦查笔记】

| 主诉 | 福尔摩斯 | 证据及线索 | ①轮带上有上过油的痕迹<br>②转辙器上有指纹 |
|---|---|---|---|
| 时间 | 晚8点 | | |
| 地点 | 铁路线上 | 关键点 | 消失的车厢出现在支线上 |
| 事件 | 名画车厢失踪 | 嫌疑人 | 阿莱及其同伙 |
| 人物及关系 | 福尔摩斯识破阿莱等人的作案伎俩 | 侦查方向 | 用火车行进时的特点来推理此案 |

# 162 大树做指南

福尔摩斯决定跟随一个十人组成的科学考察队，去往一片森林完成一项考察任务。但在进入森林之前，他们必须先通过一片30多平方千米的烂沼地。这日，福尔摩斯他们出发的时候，偏又遇上了浓雾天气。11个人各自背负着各种仪器设备，每人手中还握了一根准备在烂沼地里探路的木杆，在一位熟悉地形的向导的带领下便上了路。不久，他们就进入了那片烂沼地。

此时，糟糕的事情发生了。按常规，这种大雾天气，几个小时后浓雾就会散去，之后必定是一个晴朗的天气。可是，这日的大雾不但不散，反而愈来愈浓，人在两三米之外，就无法看清对方了。那位本地向导，起先还能凭着记忆，领着考察队员，手拉着手向前行进。当大家来到前面的一条极其危险的陷泥河时，向导三转两转，迷了路，走了半天，还是兜回了原处。偏偏队员们都忘了带定向仪。向导急得眼泪汪汪，队员们也一个个走得精疲力竭了。情势很是险恶，因为这片烂沼地是一条大江支流的延伸带，每天下午3时左右江里涨水时，便会把这片烂沼地全部淹没。而前面的陷泥河就更危险，人一旦陷入稀泥之中，就几乎没有生还的可能了。

在这进退维谷之际，大家不约而同地把目光投向了经验丰富的福尔摩斯。福尔摩斯根据树的枝叶便确定了南北方向，在浓雾中把考察队员领出了烂沼地。你知道其中的科学道理吗？

**【侦查笔记】**

| 主诉 | 考察队 | 证据及线索 | 树 |
|---|---|---|---|
| 时间 | | | |
| 地点 | 烂沼地中 | 关键点 | 树叶定位 |
| 事件 | 在烂沼地中迷路 | 嫌疑人 | |
| 人物及关系 | 福尔摩斯带领考察队走出烂沼地 | 侦查方向 | 运用植物学和野外生存常识推理 |

# 163 智破毒针案

福尔摩斯朋友的爱女叫玛丽娅，在圣·玛塔依修道院当修女，福尔摩斯有时会去看望她。有一天，玛丽娅给福尔摩斯寄来一封信。信中写道：“昨晚，修女索菲娅躺在高高的钟楼的凉台上死去了。她的右眼被一根很细的约5厘米长的毒针刺破，这根带血的毒针就落在尸体旁边。有人说，她是自己把毒针拔出后死去的。钟楼下面的大门是上了闩的。大概是索菲娅怕风大把门吹开，自己进去之后就关上的。因此，凶手绝对不可能潜入钟楼。凉台是在钟楼的第四层，朝南方向，离地面约有15米，下面是条河，离对岸40米。昨晚的风很大，凶手想从对岸把毒针射来，且正好射中索菲娅的眼睛，是根本不可能的。院长认为索菲娅是自杀，可是，极端虔诚的索菲娅，是不可能违背教规用这样奇特的方法自杀的。”

福尔摩斯看完信，就去修道院看望玛丽娅。“就是那个钟楼，看见凉台了吗？”在修道院的后院，玛丽娅指着钟楼上的凉台说。钟楼的台阶太陡，福尔摩斯上不去，就在下面对凉台的高度和到对岸的距离进行了目测，并断定凶手不可能从河对岸把毒针射过来。“听人说，她对天文学很感兴趣，那天晚上，她肯定是上钟楼眺望星星和月亮去了。”“有没有他杀的可能？就是说有人对她恨之入骨，非置她于死地不可！”“索菲娅家里很有钱，她有个同父异母的弟弟。今年春天，她父亲去世了。索菲娅准备把她应分得的遗产全部捐献给修道院，可是她那个弟弟反对她这样做，还威胁说，要是索菲娅敢这样做，就提起诉讼，剥夺她的继承权。事情发生的前一天，她弟弟送来一个包裹，可能是很重要或很贵重的东西。今天，我们在整理她房间的时候，那个包裹却不见了。会不会是凶手为了偷这个包裹，而把她杀死呢？”福尔摩斯看着钟楼下面流过的河水，喃喃自语道：“如果把那条河的河底疏浚一下，或许能找到一架望远镜。”

第二天早晨，玛丽娅急匆匆地找到福尔摩斯，果真交给福尔摩斯一架约有47厘米长的望远镜。“这是看门人潜入河底找到的，准是索菲娅的弟弟送来的，因为以前我从未见她有过望远镜。可是，这和杀人有什么关系呢？”福尔摩斯接过望远镜，仔细地看了看，然后帮玛丽娅推断了案发过程。后来，事实证明，索菲娅的弟弟确实是这样干的。

你知道福尔摩斯是怎么推断的吗？

【侦查笔记】

| 主诉 | 玛丽娅 | 证据及线索 | ①修女喜欢天文<br>②弟弟送来望远镜<br>③修女眼部中毒针 |
|---|---|---|---|
| 时间 | 夜里 | | |
| 地点 | 修道院 | 关键点 | 右眼中毒针 |
| 事件 | 修女索菲娅之死 | 嫌疑人 | 修女的弟弟 |
| 人物及关系 | 福尔摩斯帮玛丽娅推断案情 | 侦查方向 | 望远镜使用方法，用生活常识推理此案 |

# 164 愚蠢的伪证

某大富翁的独生女儿被绑匪绑架，数日后，尸体在郊外的一幢别墅中被人发现。“这幢别墅已经两年没人来了，我今天来到这里是想看一下房子便准备卖掉，没有想到打开衣橱就发现一个年轻女子的尸体，当时把我吓得差点儿昏过去。由于这幢别墅很久没人住，所以我想绑匪大概在这里藏匿过。”别墅主人这样说。

但是福尔摩斯在检查衣橱时，却发现里面有樟脑丸，立刻严厉地说道：“你说谎话。你说这里两年没人来过完全是假的，可能这起绑架案和你有关，我们要对你进行调查。”

福尔摩斯为什么说别墅主人是在说谎呢？

【侦查笔记】

| 主诉 | 别墅主人 | 证据及线索 | ①两年无人住<br>②樟脑丸 |
|---|---|---|---|
| 时间 | 绑架之后数日 | | |
| 地点 | 别墅 | 关键点 | 樟脑丸挥发 |
| 事件 | 绑架 | 嫌疑人 | 别墅主人 |
| 人物及关系 | 福尔摩斯与报案的别墅主人 | 侦查方向 | 用生活常识和化学知识推理此案 |

# 165 斯通的知识

斯通在一户人家里当用人。这家的女主人是个爱唠叨的孤老太婆，因工钱不菲，所以斯通只好忍气吞声地在她家干活。一个酷热的傍晚，斯通干完了活正准备回居住区时，女主人叫住她，又没完没了地唠叨起来。斯通一气之下就顶撞了女主人，于是老太婆暴跳如雷，大声喊道："你竟敢顶撞我……"由于过分激动，老太婆突然心脏病发作，躺在地上，一动也不动了。

惊慌失措的斯通，本想马上叫急救车，可又立刻打消了这个念头。她刚受到老太婆的呵斥，担心如果让警察知道了此事，会怀疑是她杀害了老太婆。因为这一念之差，她把老太婆的尸体拖进厨房，然后把厨房的窗户关好，再打开大型电冰箱的门。这样的话，电冰箱内的冷气就可以降低厨房室内的温度，尸体也很快会被冷却。待第二天她从居住区来上班时，再把电冰箱的门关上，把窗户打开，让厨房恢复常温。然后，她就可以装作刚刚发现尸体的样子去报警了。何况，这孤老太婆与附近的邻居没什么交往，一个晚上一直冷却着尸体，尸体的变化状态就会与常温下的变化状态不同，势必会给法医推定死亡时间造成一定的难度。这样，警察怀疑自己的可能性就会大大减小。至少斯通自己是这样认为的。这些知识还是她当用人时积累起来的。

第二天早上，斯通按照自己的想法做完一切，便报了警。接到报警，福尔摩斯和警察来到现场，福尔摩斯经过仔细勘察，确定了死者的死亡时间。但这个死亡时间却和斯通想象中的死亡时间大相径庭。你知道是为什么吗？

**【侦查笔记】**

| 主诉 | 斯通 | 证据及线索 | ①打开冰箱门<br>②关好门窗 |
|---|---|---|---|
| 时间 | 一个酷热的傍晚 | | |
| 地点 | 孤老太婆家 | 关键点 | 冰箱 |
| 事件 | 伪造现场 | 嫌疑人 | 斯通 |
| 人物及关系 | 女用人伪造主人死亡现场 | 侦查方向 | 根据冰箱的工作原理和生活常识来推理 |

# 166 拘禁盲女的房子

夏日里的一天，一位双目失明的少女遭人绑架，匪徒向其父母要5万英镑，匪徒收到赎金后就把人放了。盲女除了知道匪徒是一对年轻夫妇外，还向警方提供了如下细节：

“那幢拘禁我的房子好像在海边。我被绑在小阁楼里，虽然里面很闷热，但到了夜晚，透过小窗，会吹来阵阵清凉的海风。”据少女所述，警方挨家挨户去搜查在海岸一带的房子。

结果，查出两家嫌疑最大的住宅但却空无一物。据查，这两家都曾住过一对年轻的夫妇，不过阁楼小窗一家朝南，一家朝北。周围的环境是大海在南方，一片小山丘在北方。

于是福尔摩斯核查了少女被拘禁三天的天气情况，分别是晴天、无风、闷热的天气。他又想到少女曾说到了晚上，透过小窗会吹来阵阵海风。根据推断，福尔摩斯正确地找出了盲女被拘禁的房子。你能说出是哪一幢吗，为什么？

**【侦查笔记】**

| 主诉 | 盲女 | 证据及线索 | ①白天闷热，晚上清凉<br>②海在南方，山在北方 |
|---|---|---|---|
| 时间 | 夏天 | | |
| 地点 | 海边的房子 | 关键点 | 晚上有凉风 |
| 事件 | 盲女被绑架 | 嫌疑人 | 一对年轻夫妇 |
| 人物及关系 | 盲女向警方讲述被绑情况 | 侦查方向 | 了解海洋、陆地在白天和夜晚温度变化 |

# 167 意外还是谋杀

在火车站发生了一起火车撞人的事故，警察和福尔摩斯马上前去调查。事情经过是这样的：一名年轻女子推着轮椅走进车站，轮椅上坐着一位老人。不一会儿火车进站了，女子推着老人向火车靠近时突然像是失控了一样，向远离火车的方向倒了下去，同时手也松开了，轮椅带着上面的老人向火车轨道滑去。火车撞到了轮椅，老人当场死亡。

年轻女子马上冲了过去，拉着老人大声痛哭。警察询问女子事件经过，女子哭着说："我打算带着父亲去外地治病。火车进站的时候，有一股强大的气流把我推开，我一失手松开了轮椅，父亲他就……"说到这里女子已泣不成声。

福尔摩斯在旁边听着，冷冷地说："我不知道你这么做的原因是什么，但是你在撒谎，是你杀了你的父亲。"

请问，福尔摩斯为什么会这样说呢?

**【侦查笔记】**

| 主诉 | 年轻女子 | 证据及线索 | ①火车进站产生气流<br>②女子向远离火车的方向倒了下去 |
|---|---|---|---|
| 时间 | | | |
| 地点 | 火车站 | 关键点 | 火车产生的气流 |
| 事件 | 坐轮椅的老人被火车撞死 | 嫌疑人 | 死者女儿 |
| 人物及关系 | 福尔摩斯帮助警察分析案情 | 侦查方向 | 用生活常识来判断 |

# 168 9朵玫瑰

某富翁去海边度假，他租了一间靠海的公寓，公寓只有一扇窗和一扇门。富翁的妻子好多天都联系不到他，便报了警。当福尔摩斯和警察小心翼翼地打开被反锁的门后，发现富翁倒在床上，中弹身亡。警察开始向周围人了解情况，公寓外卖花的小贩说，富翁每个星期四晚上都要去他那里买9朵红色的玫瑰，几个月来从未间断过，可是这两个星期以来他都没去。富翁买的花都装在一个花瓶里，放在狭窄的窗台上，如今花都枯萎凋谢了，初步推断富翁死去至少8天了，房间里的地毯一直铺到离墙角一厘米的地方，在地板、窗台和地毯上只有一点灰尘，并且只在床上发现了血迹。

福尔摩斯判断，可能是凶手偷配了一把富翁房间的钥匙，开门进去，打死了正站在窗边的富翁，然后把尸体挪到床上，制造了自杀的假象。

福尔摩斯为什么这样判断呢?

【侦查笔记】

| 主诉 | 福尔摩斯 | 证据及线索 | ①每周买玫瑰花<br>②地面很干净 |
| --- | --- | --- | --- |
| 时间 | | | |
| 地点 | 靠海公寓 | 关键点 | 枯萎的玫瑰花 |
| 事件 | 富翁被害 | 嫌疑人 | |
| 人物及关系 | | 侦查方向 | 作案现场的不同寻常之处 |

# 169 不是案发现场

甲是个赌徒，欠下了许多赌债，只好找朋友乙借钱。到了还钱的期限，甲没有钱还给乙，便产生了杀人的念头。一天晚上，甲借口说要还钱，把乙请到家中来喝酒，并事先在酒中放入了安眠药。等乙睡着后，甲把乙的头浸入准备好的海水中将其溺死。等到半夜时分，他悄悄地将乙的尸体用车运到海边，并拉开死者裤子的拉链，将其扔到海里，伪装成他站在海边小便，不小心掉入海中淹死的样子。

第二天一早，尸体被冲到了岸上，很快就被人发现并报了警。经法医鉴定：被害者的死亡时间为昨天晚上8点左右。福尔摩斯受到警长邀请来到现场，对现场环境检查了一番后，又检查了死者戴的一块普通的机械手表，手表的指针停留在12点半左右。福尔摩斯得出了以下结论：不是意外，是谋杀。这里并非案发现场，而是移尸过来的。

请问福尔摩斯是如何判断出来的呢？

【侦查笔记】

| 主诉 | 警察 | 证据及线索 | ①海中<br>②死亡时间 |
| --- | --- | --- | --- |
| 时间 | 清晨 | | |
| 地点 | 海岸上 | 关键点 | 机械手表 |
| 事件 | 意外溺亡 | 嫌疑人 | |
| 人物及关系 | 福尔摩斯还原真相 | 侦查方向 | 机械正常运转的条件 |

# 170 伪装成聋哑人的犯罪嫌疑人

某市发生了一起凶杀案，残忍的凶手将被害人杀死后不久就有人发现了尸体，打电话报了警。警察立即出动，将犯罪嫌疑人抓获归案。警察在审问犯罪嫌疑人时，发现他是一个聋哑人，便对他进行书面盘问。书面盘问结束后，陪同审问的福尔摩斯沉思了一会儿，对这个聋哑人说了一句话，便立即发现聋哑人是伪装的。

福尔摩斯说了一句什么话，便让犯罪嫌疑人露出了马脚？

**【侦查笔记】**

| 主诉 | 福尔摩斯 | 证据及线索 | ①聋哑人<br>②对聋哑人说了一句话 |
|---|---|---|---|
| 时间 | 凶案之后 | | |
| 地点 | 某市 | 关键点 | 说了一句话 |
| 事件 | 装聋作哑 | 嫌疑人 | 犯罪嫌疑人 |
| 人物及关系 | 福尔摩斯识破犯罪嫌疑人的伎俩 | 侦查方向 | 哪句话能让犯罪嫌疑人无意识地暴露出来 |

# 171 智分工钱

一次，莱斯向福尔摩斯告状说："尊敬的福尔摩斯先生，赛尔特为西拉吉丁先生劈了30捆柴，每劈一斧头，我都在他面前呐喊'劈得好，劈得好'为他鼓劲儿。总之，他能够劈完那些柴，是同我的热情鼓励分不开的。可是到付钱时，钱全被赛尔特一个人拿走了，这公平、合理吗？"

福尔摩斯问赛尔特："事情是这样吗？"赛尔特老老实实地回答："是的，福尔摩斯先生。"福尔摩斯想了好一会儿，对莱斯说："你说得确实有理。他劈柴，你鼓劲儿，他拿走了全部的工钱，你却什么也没有得到，怎么可以这样呢？"

赛尔特见福尔摩斯帮莱斯，生气地说："福尔摩斯先生，柴是我劈的，他又没有出力，只是站在我对面干喊几声，怎么能得工钱？""住口！"福尔摩斯大发雷霆，

“现在不要说话，快把钱交出来，我要看到钱！”莱斯得意地望着赛尔特，说：“还不快把钱交出来，让福尔摩斯先生分。”

赛尔特很不情愿地拿出钱袋，福尔摩斯一把抢过去，握着钱袋使劲儿地甩来甩去，里面的钱币“哗啦”“哗啦”地响起来。摇晃一会儿后，福尔摩斯对赛尔特说：“你可以把钱拿走了！”接着又对莱斯说了一句话，莱斯哑口无言，灰溜溜地走了。

你知道福尔摩斯是怎么对莱斯说的吗?

**【侦查笔记】**

| 主诉 | 莱斯 | 证据及线索 | ①详细询问过程<br>②摇晃钱袋 |
|---|---|---|---|
| 时间 | | | |
| 地点 | | 关键点 | 响声 |
| 事件 | 惩罚贪心人 | 嫌疑人 | |
| 人物及关系 | 福尔摩斯用妙计惩罚了贪财的莱斯 | 侦查方向 | 福尔摩斯怎样以其人之道，还治其人之身 |

# 172 盗窃案1

冬季里的一天，大雪纷飞。一个农场内发生了一起盗窃案，农场的保险箱被撬，失窃现金4万余英镑。福尔摩斯和助手赶来仔细勘察了现场，惊奇地发现：雪地上没有留下脚印！

助手推断案发时间是在未下雪的上半夜，根据调查将嫌疑人锁定为一名叫麦克的男子。当福尔摩斯找到麦克时，麦克说自己昨天晚上根本不在农场里，而是去了30千米外的姐姐家，今天上午刚刚回到家半小时。于是，福尔摩斯派助手去麦克姐姐家核实麦克说的话的真伪。

福尔摩斯来到麦克家门口，对麦克居住的草屋观察了一番。只见麦克的草屋顶上覆盖着白雪，屋檐下挂着冰柱，没有什么异常迹象。助手正要动身时，福尔摩斯却拦住了他，说不需要核实了，麦克撒了谎，他昨晚就是在自己草屋里度过的。你知道福尔摩斯看出了什么破绽吗?

【侦查笔记】

| 主诉 | 福尔摩斯 | 证据及线索 | ①草屋被雪围住<br>②屋檐挂着冰柱 |
|---|---|---|---|
| 时间 | 雪后 | | |
| 地点 | 农场 | 关键点 | 冰柱 |
| 事件 | 盗窃案 | 嫌疑人 | 麦克 |
| 人物及关系 | 福尔摩斯识破麦克的谎言 | 侦查方向 | 从草屋冬季生火取暖后，屋檐的冰柱分析 |

# 173 逃窜路线

福尔摩斯清晨驱车外出，在街旁发现躺着一位奄奄一息的警察。从他微弱的讲述中得知，几分钟前，这位警察被一名青年持刀刺伤，凶手夺了辆自行车逃跑，警察用手指示意凶手逃跑的方向。

福尔摩斯一面让华生报警，一面沿着警察手指的方向追击，但是不远的地方（上坡处）出现了岔道，此处正在施工，路面铺有一层黄沙土。他仔细察看路面，发现两条岔道均有自行车压痕。左边路上两条轮印一深一浅，右边路上两条轮印深浅一致，他略加思索，果断地从右边追击，并留下了明显的记号。不久警察驱车赶到，在右边路上捕获了凶手。

福尔摩斯是如何认定凶手的逃窜路线的？

【侦查笔记】

| 主诉 | 被刺伤的警察 | 证据及线索 | ①自行车<br>②车轮印 |
|---|---|---|---|
| 时间 | 清晨 | | |
| 地点 | 街旁 | 关键点 | 车轮印 |
| 事件 | 警察被刺伤 | 嫌疑人 | 持刀青年 |
| 人物及关系 | 福尔摩斯根据警察示意找到凶手 | 侦查方向 | 车轮印的深浅 |

# 174 列车上的讹诈案

夜深了，乘列车旅游的里克先生正准备睡觉。突然，一个女人闪进他的高级软卧包厢。一进门她就把门反锁上，胁迫里克先生乖乖交出钱包，否则就要扯开自己衣服，叫嚷是里克先生把她强拉进包厢，企图非礼她。看到里克先生没有做出反应，这个女人嬉皮笑脸地说：“先生，即使是你床头的警铃也帮不了你的忙，因为我只需要把我的衣服轻轻一扯……”

里克先生陷入困境，他只好讷讷地说：“让我想想，让我想想。”说着，他点燃了一支雪茄。就这样，双方僵持了三四分钟。出乎这个女人的意料，里克先生还是轻轻地按了一下床头的警铃。这个女人不由得气急败坏，她果然说到做到，立即脱了外衣，扯破了胸前的衣衫。待乘警闻声赶到，躺在里克床上的这个女人又哭又闹，她扯着嗓子嚷道：“三四分钟前，这个道貌岸然的先生把我强行拉进了包房……”这时，里克先生依旧平静地、不动声色地站在那里，悠闲自在地抽着雪茄，雪茄上留着一段长长的烟灰。

在相邻包厢的福尔摩斯听到声响过来查看，没有立即做出判断。他仔细地进行观察，不一会儿就明白了：这个女人想讹诈里克先生。

福尔摩斯根据什么做出判断，认定里克先生是无辜的，而这个女人却是在讹诈呢？

**【侦查笔记】**

| 主诉 | 里克先生 | 证据及线索 | ①雪茄烟<br>②三四分钟 |
|---|---|---|---|
| 时间 | 夜里 | | |
| 地点 | 高级软卧包厢 | 关键点 | 雪茄烟灰 |
| 事件 | 女子讹诈里克先生 | 嫌疑人 | 女人 |
| 人物及关系 | 一个女人闯进里克所在包厢企图讹诈 | 侦查方向 | 抽雪茄的时间 |

# 175 脚印疑团

雨后天晴的清晨，警长和福尔摩斯在公园散步时发现门球场地中心处有一年轻女子倒在地上，背部被刺了两刀，尸体旁边丢着一把血淋淋的尖刀。可是，被昨夜雨水冲洗过的地面上，只留下被害人来现场时留下的高跟皮鞋的脚印，此外没有任何足迹。

“真怪，怎么没有凶手的脚印？一定是下雨前或正下着雨时凶手逃跑的。”警长说。“不，如果那样，被害人的高跟皮鞋印儿也该一块儿被冲掉的。尸体旁边还留着斑斑血迹，凶器尖刀上的血也没被冲掉，说明是雨停后凶手在此杀了被害人的。”福尔摩斯断定说。“那么，凶手怎么才能不留下脚印从这么宽阔的门球场中离去呢？难道是用手或扫帚销毁自己的脚印后逃跑的？”“如果那么干，还是会留下打扫的痕迹的。而现场的地面虽被雨水冲洗过，却是干干净净的，什么也没有。高跟鞋印很小，凶手绝不可能是踩着高跟鞋印逃走的。”

福尔摩斯为此还特意将被害人的高跟鞋脱下来与地面上留下的鞋印核实比较过。高跟鞋印和鞋是一致的，肯定是被害人留下的脚印。这种情况，让大名鼎鼎的福尔摩斯也颇伤脑筋。他看了看四周，无意中发现铁丝围墙的门口有一个存放物品的铁柜和洗手用的水龙头，于是他恍然大悟，脚印的谜底终于解开了。

你知道犯罪嫌疑人用的是什么手段吗？

## 【侦查笔记】

| 主诉 | 福尔摩斯 | 证据及线索 | ①脚印<br>②雨后 |
|---|---|---|---|
| 时间 | 清晨 | | |
| 地点 | 门球场地 | 关键点 | 水龙头 |
| 事件 | 女子被刺两刀身亡 | 嫌疑人 | |
| 人物及关系 | 福尔摩斯推断凶手如何行凶 | 侦查方向 | 地面上留下的脚印 |

# 176 一封恐吓信

深夜，某公寓失火。125室房间里浓烟滚滚，住在一间套房里的麦斯小姐逃了出来，而同一间套房里另外一个房间的拉迪亚小姐则被烧死在里面。

经过验尸，福尔摩斯发现拉迪亚小姐在起火前已经被刀刺中心脏而死。她的房间里还发现了一个定时引火装置。麦斯小姐说："我因为有点儿事很晚才回去，看到拉迪亚小姐已经睡了，就回自己房间里休息。刚刚睡下，我便感觉胸闷而醒来，发现四周弥漫着烟雾，于是急忙大声喊叫拉迪亚小姐，然后跑到室外。"

福尔摩斯又找到与拉迪亚小姐有矛盾的雷诺先生。雷诺先生说："也难怪你们怀疑，我还收到一封恐吓信呢。"他拿出一封信来，上面写着："我知道你是杀死拉迪亚小姐的凶手，如果不想被人知道，必须在5月1日下午6时，带100万现金，到××车站的入口前。"这时，离案发时间只有3小时。

福尔摩斯听后便确认了凶手。凶手是谁？为什么？

**【侦查笔记】**

| 主诉 | 福尔摩斯 | 证据及线索 | ①恐吓信<br>②3小时 |
|---|---|---|---|
| 时间 | 深夜 | | |
| 地点 | 某公寓 | 关键点 | 3小时 |
| 事件 | 拉迪亚小姐被害 | 嫌疑人 | 雷诺先生 |
| 人物及关系 | | 侦查方向 | 收到恐吓信的时间 |

# 177 夜半枪声

罗德先生在会议之后开上自己的私家车，径直驶向所住的高级住宅。

到家后，他按了门铃，里面的用人探看了门上的猫眼，原来是罗德先生。罗德先生在洗完澡之后，很快便就寝了。

到了深夜2点多时，室内一片寂静，突然传来门铃声。罗德心想不用打扰已熟睡的用人，于是自己前去开门。只听到“砰”的一声，用人们跑出来看时，罗德先生已重伤倒地。公司早上开会时，主席一直不见罗德到会场。这时用人打电话来说：“罗德先生已因枪伤而身亡。”警长和福尔摩斯迅速赶至现场。

到达案发地点，警方便把现场封锁起来。现场没有任何东西被偷，也没有留下任何可疑物，更无指纹等痕迹。

地上只有罗德的尸体和一摊鲜血。福尔摩斯仔细勘察了现场后终于清楚了凶手的犯罪过程。

你知道他罗德先生怎么遭到枪杀的吗？

【侦查笔记】

| 主诉 | 福尔摩斯 | 证据及线索 | 门铃声 |
|---|---|---|---|
| 时间 | 深夜2点多 | | |
| 地点 | 罗德先生家 | 关键点 | 头上致命的一枪 |
| 事件 | 罗德先生被杀 | 嫌疑人 | |
| 人物及关系 | 福尔摩斯推断罗德如何被杀 | 侦查方向 | 深夜传来门铃声 |

# 178 识破疑阵

某博物馆一件珍贵的青铜器被盗，警方锁定了两个嫌疑人，一个是瘦高个儿，一个是矮胖子。这两人发现情况不妙，就朝海边一座山上匆匆逃去。由于雨过初晴，他们走过的山间小路留下了清晰的足迹。足迹延伸到一个陡坡边的乱草丛中消失了，之后又在坡上重新出现，一直到悬崖边上就不见了，悬崖下就是滔滔海浪。

追捕中，警长和福尔摩斯发现旁边草丛里丢着一个日记本，最后有字的一页上写的是：“一切都将逝去，一切皆可抛弃……”一位警员看罢后说：“可能是畏罪自杀了。”福尔摩斯仔细查看了脚印，果断地说：“人就藏在土坡附近，分头搜索！”果然在坡下百米外一个茅棚里揪出了这两个犯罪嫌疑人。

在回来的路上，福尔摩斯对一脸疑惑的警员说：“脚印中的奥秘猜到了吗？你想想那现场：土坡以上大个子的步距比小个子的短；大个子的脚印是前掌使劲，而且大脚印有几次压在小脚印上，小脚印从来没有压上大脚印。这是个疑阵。”警员恍然大悟道：“险些被他们骗了！”

想想看，这两个犯罪嫌疑人是怎样布置这个疑阵的？

**【侦查笔记】**

| 主诉 | 福尔摩斯 | 证据及线索 | ①脚印<br>②日记本<br>③脚的大小 |
| --- | --- | --- | --- |
| 时间 | 雨过初晴 | | |
| 地点 | 悬崖边 | 关键点 | 脚印 |
| 事件 | 青铜器被盗 | 嫌疑人 | 瘦高个儿、矮胖子 |
| 人物及关系 | 福尔摩斯识破瘦高个儿和矮胖子的骗局 | 侦查方向 | 脚印 |

# 179 “认罪”的间谍

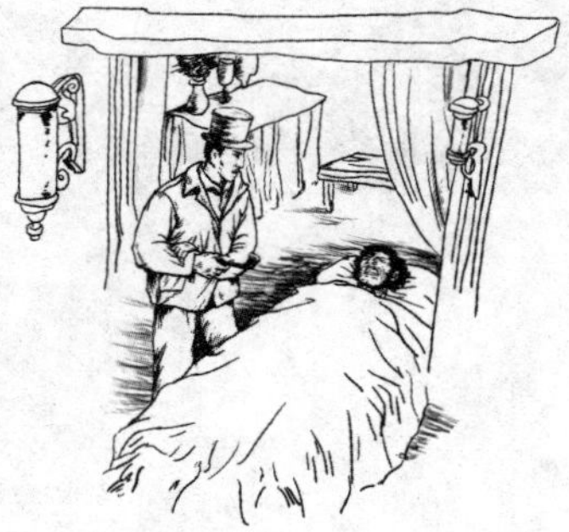

警方调查凯恩有无充当间谍的行为。在调查期间，警方发现凯恩自杀身亡，有畏罪之嫌。但他死前坚称自己不是间谍，所以至今还未定罪。

凯恩死在他的寓所之内，由于他爱整齐并有洁癖，家内井井有条，一尘不染。他躺在床上，盖着一条薄被，很是整齐。

床头柜上是半杯牛奶和一个80粒装的空安眠药瓶。警员曾检验过现场，发现并无半点儿可疑，只是觉得他没理由在定罪之前自杀，这等于“认”了罪。但一个微小的破绽使一同调查的福尔摩斯恍然大悟，凯恩被杀的可能性高于自杀。你能找到破绽吗？

**【侦查笔记】**

| 主诉 | 福尔摩斯 | 证据及线索 | ①安眠药瓶<br>②凯恩躺着的姿势 |
| --- | --- | --- | --- |
| 时间 | 被调查期间 | | |
| 地点 | 凯恩家里 | 关键点 | 80粒安眠药 |
| 事件 | 凯恩被杀 | 嫌疑人 | |
| 人物及关系 | | 侦查方向 | 凯恩的生活习惯 |

# 180 杀妻疑案

乔治杀死了自己的妻子，他将妻子的尸体悬挂起来，脚离地面40厘米，又到别处找来了一把干净的椅子横放在她的脚下，椅子高45厘米。

第二天尸体被发现，闻讯赶到的福尔摩斯仔细检查了死者上吊用的椅子之后，果断地说："这不是自杀，而是他杀。"你来设想一下，福尔摩斯是根据什么做出这个判断的？

【侦查笔记】

| 主诉 | 福尔摩斯 | 证据及线索 | 椅子 |
|---|---|---|---|
| 时间 | | | |
| 地点 | | 关键点 | 脚印 |
| 事件 | 乔治杀害妻子 | 嫌疑人 | 乔治 |
| 人物及关系 | 福尔摩斯断定乔治的妻子是他杀 | 侦查方向 | 一把干净的椅子 |

# 181 手表辨凶

暴富起来的商人强森遇到了很大的麻烦，因为在他发现妻子有外遇后，便雇人将那个人狠狠地揍了一顿，甚至将那人的左腿都打断了。

正在强森感到很解气时，他雇用的打手却如丧家之犬般跑来告诉他，那被打的人竟是当地一名黑帮头目的弟弟，已经组织人在追杀他。说完，打手便逃往外地了。

强森想这下闯大祸了，因为他知道对方的厉害。于是，他找中间人联系与对方讲和，愿意花钱消灾。晚上8时多，两名"客人"来到强森住宿的某大宾馆客房。岂料半小时左右，谈判不成发生了激烈争吵，而后从客房里传出了枪声。服务员连忙跑过来，两名"客人"正奔出客房逃离宾馆，服务员不敢拦他们，便进房查看。强森惊恐万状地瞪大着眼睛，脖子上中了一枪，血直往外冒。他紧紧抓住服务员的手，只说了一句话："凶手，20时47分。"便倒地死去。

福尔摩斯到达现场后，根据服务员提供的两名“客人”的体貌特征，很快找到了这两名嫌疑人。可是，两名嫌疑人互相指责是对方杀死了强森，而现场查获的手枪上也没有留下两人的痕迹。

于是，福尔摩斯检查了两人戴的手表，便确定了凶手。为什么手表能帮助福尔摩斯确认凶手呢?

【侦查笔记】

| 主诉 | 福尔摩斯 | 证据及线索 | ①枪声<br>②手表 |
|---|---|---|---|
| 时间 | 晚上8时多 | | |
| 地点 | 宾馆 | 关键点 | 20时47分 |
| 事件 | 强森被枪杀 | 嫌疑人 | 戴液晶显示手表的人 |
| 人物及关系 | 福尔摩斯根据强森提供的线索找到凶手 | 侦查方向 | 手表的显示时间 |

# 182 镜子店里的劫案

乔治在镜子店买镜子时遇见劫匪正在抢劫。拿刀的劫匪正抢劫店外一位要进入店内的贵妇人，妇人发出尖叫，却被劫匪一刀砍死。福尔摩斯和警察赶到时，劫匪早已逃逸无踪。镜子店老板说：“我正跟顾客谈话，听到尖叫声，猛一抬头，从店里左边这面墙上的镜子，瞥见劫匪左手拿着刀杀人，是个左撇子。”

“不，”乔治说，“根据常识，从镜子里看到的东西都是相反的，所以劫匪应是用右手才对。你看玻璃门上‘欢迎光临’四个大字，从这面镜子里看，不也是反字吗?”

福尔摩斯仔细观察了现场：店里除了门面以及右面墙外，其他两面墙都挂满大大小小的镜子，从外面看，玻璃门上用漆写着“欢迎光临”四个大字，而下班门是朝右开的。他瞧着在墙中的字体，立刻明白了劫匪到底是用哪一只手作案的。

你明白了吗?

【侦查笔记】

| 主诉 | 福尔摩斯 | 证据及线索 | 镜子 |
|---|---|---|---|
| 时间 | | | |

| 地点 | 镜子店 | 关键点 | 镜子映射 |
|---|---|---|---|
| 事件 | 贵妇人被杀 | 嫌疑人 | |
| 人物及关系 | | 侦查方向 | |

# 183 冬夜“目击者”

在一个雪花纷飞的冬夜，A公寓303号房间里一位独自居住的女郎被人杀害，作案时间为当晚10点。警长和福尔摩斯在案发半小时后即赶到现场。屋子里因为有暖气，虽然从窗缝里不时吹进冷风，室温还是相当高，电灯依然亮着，宽大的玻璃窗只掩着半边窗帘。

与这扇窗子相对的是20米外的B公寓，在这幢公寓的3楼住着一个年轻人，就是他向警方报的案。他称目击一个金发男子将那个女郎杀死。警方根据描述，找到了那位金发男子，原来是被害女郎的男友。这位男友要求与证人当面对质，并对年轻人说：“几个月前我就发现你鬼鬼祟祟地偷看我女友的房间。”

“你胡说，这完全是报复！”“那么说，昨天晚上你是偶然向303房间看一眼，凑巧发现我在作案，对吗？”“是的，因为房间里的灯很亮，窗帘又没有全遮上，因此我从20米外清清楚楚看到你干的一切。”福尔摩斯却突然放声大笑，然后说：“你错了，你完全是撒谎，你什么都没看到，而且凶手就是你！”

年轻人听完这些话，脸色骤然变得十分苍白，在福尔摩斯说出一番理由之后，他只得低头认罪。

福尔摩斯说的是什么理由呢？

## 【侦查笔记】

| 主诉 | 福尔摩斯 | 证据及线索 | ①房间温度<br>②目击者 |
|---|---|---|---|
| 时间 | 晚10点 | | |
| 地点 | A公寓303号房 | 关键点 | 天气及温度 |
| 事件 | 女郎被杀 | 嫌疑人 | B公寓3楼的年轻人 |
| 人物及关系 | | 侦查方向 | 20米外的公寓 |

# 184 自杀与他杀

迈德夫人报案说她的邻居爱丽上吊死了，并且说爱丽夫妇从去年开始，关系一直不好，她丈夫马丁很可能就是嫌疑人。

警长和福尔摩斯赶到时，尸体已被放下来了，一位身材高大的男人正在打扫屋子。见警长到来，便泣不成声地讲述："死者是我妻子，我和她结婚5年多了，一直感情很好，从未吵过架。她自从去年得了心脏病后，常常想寻短见，我曾多次劝她别胡思乱想，但都没有什么效果。昨天吃完晚饭后，她突然对我说：'我给你添的麻烦太多了，你就让我去吧。'谁知我今天上班后，她就……"

福尔摩斯一边安慰马丁，一边蹲下身去查看死者的颈部，发现有条马蹄形缢死索沟，并且有淤血。福尔摩斯又拾起上吊用的绳索，这是一根食指粗细的尼龙绳，质地很硬。福尔摩斯立即觉得案情有些蹊跷。

福尔摩斯皱起眉头，略微沉思了一会儿，来到马丁面前，猛地扯开他的衬衣，马丁的双肩上露出了两道明显的勒痕。福尔摩斯严厉地呵斥道："你就是杀人凶手。"马丁先是一惊，但马上故作镇静地说："她是自杀的，你不是已经检查过了吗？"福尔摩斯接着说："你别再撒谎了，你是这样杀死她的……"在正确的推理和判断面前，马丁低头认罪了。

福尔摩斯是根据什么觉得案情蹊跷，马丁又是用什么手段杀害爱丽的？

## 【侦查笔记】

| 主诉 | 福尔摩斯 | 证据及线索 | ①颈部索沟<br>②双肩勒痕 |
|---|---|---|---|
| 时间 | | | |
| 地点 | 爱丽夫妇家 | 关键点 | 勒痕 |
| 事件 | 妻子被杀 | 嫌疑人 | 丈夫 |
| 人物及关系 | 福尔摩斯推断丈夫杀害了妻子 | 侦查方向 | 根据勒痕判断妻子被杀时的姿势 |

# 185 浴缸里的谋杀

深夜11点钟，警局接到报警，报案人发现自己新婚不久的妻子死在浴缸里。警长和福尔摩斯立即率人赶赴现场。

报案人说自己今晚在单位值班，21时45分打电话回家，妻子在卫生间接电话，说刚进浴缸洗澡，让他过15分钟再打来，他也听到了洗澡的水声。半小时后，他打家里的电话却没人接。又过了15分钟，他再打家里的电话，依然没人接电话。于是，他急忙赶回家中，发现妻子死在浴缸里，鲜血把满是肥皂泡的浴水都染红了，浴缸边还有一个啤酒瓶。

警长吩咐手下给报案人做笔录，可福尔摩斯却走过来悄悄对警长说，据他观察，报案人在说谎，杀人凶手就是他。你知道福尔摩斯的证据是什么吗？

**【侦查笔记】**

| 主诉 | 死者的丈夫 | 证据及线索 | ①打电话的时间<br>②浴缸中的泡沫 |
|---|---|---|---|
| 时间 | 深夜11点钟 | | |
| 地点 | 被害人的家中 | 关键点 | 泡沫 |
| 事件 | 被害人在浴缸中被杀 | 嫌疑人 | 丈夫 |
| 人物及关系 | | 侦查方向 | 肥皂泡静置时间过长会消失 |

# 186 女教师遇害

女教师艾米丽上午没到学校上课，学校的教导主任在下午到艾米丽的住所探望。当他到了艾米丽的住所后发现，室内的灯是开着的，可是他按了几下门铃，却没人来开门。教导主任很奇怪，于是请管理员来开门。门开了，他发现艾米丽身着睡衣躺在地上，浑身是血，已经死去多时了，于是教导主任立即报警。

警长和福尔摩斯来了以后便展开了调查，他们发现死者是胸口被刺身亡。根据伤口推断，死者可能是昨晚9点左右遇害的。警方又调查了左邻右舍以及管理员，了解到在昨晚9点左右，有两个男子来拜访过艾米丽，一个是艾米丽的男友，另一个是她学生的哥哥——当地的流氓。根据这两个夜访者的说法，他们都按过门铃，不见回音就离开了。

福尔摩斯详细地观察了周围，然后目光停在了门上的猫眼，于是他指出了凶手。你知道凶手是谁吗？

**【侦查笔记】**

| 主诉 | 福尔摩斯 | 证据及线索 | ①艾米丽的男友<br>②艾米丽学生的哥哥 |
|---|---|---|---|
| 时间 | 昨晚9点左右 | | |
| 地点 | 艾米丽的住所 | 关键点 | 猫眼 |
| 事件 | 艾米丽被杀 | 嫌疑人 | 艾米丽的男友 |
| 人物及关系 | | 侦查方向 | 在熟人与不熟悉的人面前穿着打扮不同 |

# 187 失火还是纵火

某居民的老式木结构住宅发生火灾，几乎一切都化成了灰烬，有三人死亡。福尔摩斯只得去找该户民宅唯一的逃生者进行调查访问，被调查访问的人是该户人家的儿媳。据她称：当天早上，公婆和丈夫均尚未起床，她早起为他们做早餐。当她在做油炸饼时，因去卫生间片刻，以致炸油过热起火。她从卫生间出来发现起火，立即救火并关掉煤气灶开关。不幸的是，她忙中出错，竟将灶台上的一桶油当成了水浇在起火的铁锅里，以致火势更大。她吓得逃离了现场，而公婆和丈夫发现起火为时已晚，且因窗户外均有铁栅栏无法逃生而被烧死。

望着悲伤的少妇，福尔摩斯也有些伤感，但仍冷静地分析了事件的所有细节，然后找到了一些疑点。你能分析出这事件的疑点在哪里吗？

【侦查笔记】

| 主诉 | 儿媳 | 证据及线索 | ①往起火的锅里浇油<br>②铁栅栏 |
| --- | --- | --- | --- |
| 时间 | 早上 | | |
| 地点 | 老式木结构住宅 | 关键点 | 火上浇油 |
| 事件 | 发生火灾 | 嫌疑人 | 儿媳 |
| 人物及关系 | 福尔摩斯推断是儿媳纵火 | 侦查方向 | 油着火后遇水和遇油的反应 |

# 188 明信片戳破伪装

杰姆斯与妻子感情不和，经常吵架，于是杰姆斯丧心病狂地杀害了妻子。

有失眠症的妻子每晚需要吃安眠药才能入睡，所以他在妻子的安眠药胶囊中放了毒药。翌日早晨，他工作了一个通宵回家后，见妻子已经死了，便伪装了一下现场后通知了警方。

警员和福尔摩斯马上来到现场，勘察现场后，就听杰姆斯说："我下了夜班，早上9点左右回到家一看，妻子自杀了，我大吃一惊，上个月妻子流过产，有些神经衰弱，我想她可能是为此悲伤过度而自杀，这是遗书。"杰姆斯将预先准备好的遗书拿给警察看。这份遗书是杰姆斯临摹死者的笔迹伪造的。警察又找来了杰姆斯妻子包中的记事本来对照，当然，这也是杰姆斯事先准备好的，所以警察没发现异状，正准备回去，这时邮差来了，要将一张明信片放入门口的信箱中。杰姆斯急忙将它接了过来，要放进衣兜里，但被福尔摩斯瞧见了。

"请让我看一下。"福尔摩斯接过来看了一下，是一张杰姆斯妻子寄给朋友，但被退回的明信片。"正好，这张明信片也让我们作为参考资料保存吧。"

杰姆斯眼前一阵发黑，伪造遗书之事彻底露馅儿了。这是为什么呢？

【侦查笔记】

| 主诉 | 杰姆斯 | 证据及线索 | ①遗书<br>②明信片 |
|---|---|---|---|
| 时间 | 早晨 | | |
| 地点 | 家中 | 关键点 | 明信片 |
| 事件 | 杰姆斯妻子死亡 | 嫌疑人 | 杰姆斯 |
| 人物及关系 | 杰姆斯称妻子因悲伤自杀 | 侦查方向 | 遗书与明信片的字迹对比 |

# 189 名贵项链失窃

在一个热闹的舞会上，A夫人突然大声喊叫，说自己名贵的珍珠宝石项链被盗了。在场的警方人员封锁了现场，然后通知了著名的侦探福尔摩斯。

福尔摩斯来到现场后，经允许搜遍了所有在场的客人和各个角落，但是仍然没有线索。于是，福尔摩斯对A夫人进行了询问，并到她购买这条名贵项链的珠宝店进行了调查。

珠宝店经理把A夫人所买项链的照片资料拿给福尔摩斯看，福尔摩斯看完后说："我已经知道这条项链是谁偷的了。"

亲爱的读者，你看看那张图，能推论出谁是偷项链的人吗？

【侦查笔记】

| 主诉 | A夫人 | 证据及线索 | 项链的照片 |
|---|---|---|---|
| 时间 | | | |
| 地点 | 舞会上 | 关键点 | 项链款式 |
| 事件 | 项链被偷 | 嫌疑人 | A夫人 |
| 人物及关系 | 福尔摩斯调查谁是小偷 | 侦查方向 | |

# 190 气味的信息

一位独居的老人去年摔断了腿，近一年时间没出门了，生活用品都是由一个超市送货员每星期送来。冬天的一场大雪之后，老人被发现死在床上，尸体半裸，伤在颈部。福尔摩斯判断死者在换衣服时，被一条狼狗扑过去咬住了咽喉。于是他找来送货员询问，送货员说他最后一次来这里是在6天前，那天刚下过一场雪，一进屋，老人养的那条狼狗就向他猛扑过去。

福尔摩斯在屋外找到了送货员的脚印，由北而来延至老人的小屋，又从小屋折回，证明送货员所说的是事实。这时，那条狼狗正嗅着这串脚印走过来，福尔摩斯立刻判断出凶手是谁。

你知道谁是凶手吗？

**【侦查笔记】**

| 主诉 | 福尔摩斯 | 证据及线索 | ①脚印<br>②牙印 |
|---|---|---|---|
| 时间 | 大雪过后 | | |
| 地点 | 老人家里 | 关键点 | 脚印 |
| 事件 | 老人被狼狗咬死 | 嫌疑人 | 送货员 |
| 人物及关系 | | 侦查方向 | 脚印有气味 |

# 191 喷水池杀人事件

罗斯说她的丈夫失踪了，是在去厂里取工资款的途中失踪的，那是昨天下午3点钟。今天一大早，就有人报案说发现市中心的喷水池里有一具尸体。法医、警长和福尔摩斯立刻赶到了现场，对尸体进行了检查。罗斯也被叫到了现场，经过辨认，死者正是她的丈夫亚摩斯。

发现尸体的喷水池位于市中心，附近整夜都有警察巡逻，大约每20分钟一次。但是巡逻警察并没有发现什么可疑的情况。经法医认定，喷水池这里不是案发的第一现场，因为尸体的背部可见到明显的拖痕。法医对尸体特征进行判断后，发现亚摩斯已经死亡6个小时，也就是说，亚摩斯的死亡时间大约是今天的凌晨2点。亚摩斯的死亡原因也不是溺水，而是被人勒死的，他的颈部可见一道明显的勒痕。经过一天的调查，基本锁定了五名嫌疑人。他们是：亚摩斯的妻子罗斯、邻居艾伦、工厂的门卫安德烈、亚摩斯的好友安迪和亚摩斯的秘书露西。

妻子罗斯绝对知道亚摩斯每月的今天会去取工资。此外，夫妻两人的关系不是很好，经常吵架。据邻居说，昨天早上他们夫妻俩还大吵了一场，好像是为了亚摩斯有外遇的事。此外，罗斯无法给出今天凌晨2点她不在现场的证明，只是说她在家里睡觉。罗斯的表现看不出有什么破绽，她没有工作，每天都待在家里。

亚摩斯的邻居艾伦身强体壮，在本市的屠宰厂工作，是一名司机，开的是鲜肉速冻车，厂里同事都夸他是个好人。他平时也很节俭，但就是喜欢喝酒，加上两人又是邻居，来往密切，所以他与同样喜欢喝酒的亚摩斯经常在一起喝到酩酊大醉。今天凌晨艾伦在上夜班，负责把宰杀好的生猪运往加工厂。但是凌晨1点左右他就回到了家，这一点有很多人都可证明。因为艾伦在上楼时发现了一个小偷，这事当时惊动了很多人，虽然最后小偷并没有被捉住，但是众人都可以证明艾伦确实在凌晨1点左右回到了家中。

死者的好友安迪是亚摩斯的高中同学，两人关系相当密切。安迪曾经因为抢劫而被劳教两年，出狱后由亚摩斯给他安排了工作——在亚摩斯的厂里当司机。本来昨天应该是由安迪开车送亚摩斯去取钱的，但是昨天安迪正好感冒了，请假未去。经过核查，安迪的感冒是真的，但并不是很严重。他今天凌晨正在家睡觉，但由于他是单身，同样没有人可以为他证明。

门卫安德烈是一个健壮的中年人，五十多岁，看起来很是精明，没有人知道他为什么会来这么个小厂当门卫。而且种种迹象表明他与亚摩斯之间好像有某种神秘的关系，看起来很不简单。今天凌晨他在自己的岗位上，并且指证说他看见最后一名嫌疑人——秘书露西的办公室一直亮着灯，直到大约凌晨3点的时候露西才离开工厂。

最后一名嫌疑人露西是亚摩斯的女秘书，两人关系很不正常，亚摩斯的妻子正是因此才经常和他吵架的。露西说她凌晨3点离开工厂的时候还和门卫安德烈打了声招呼，她是因为要赶制报表才拖到那么晚的。露西和安德烈相互证明了这些。福尔摩斯听后便找出了凶手。你知道凶手是谁了吗？

【侦查笔记】

| 主诉 | 福尔摩斯 | 证据及线索 | |
|---|---|---|---|
| 时间 | 下午3点钟 | | |
| 地点 | 喷水池中 | 关键点 | 喷水池 |
| 事件 | 亚摩斯被杀 | 嫌疑人 | 邻居艾伦 |
| 人物及关系 | | 侦查方向 | 尸体冷冻后会有水 |

# 192 照片的疑点

一个星期天的午后3点，距离市中心50千米的地方，有个独居的老妇人被杀。

警方调查的结果显示，被害者的外甥嫌疑最大，因为他可能是为了谋夺姨妈的财产才出此下策。但老妇人的外甥外表忠厚、斯文，一点儿都不像杀人者。

当警方盘问他当时的行踪时，他拿出一张照片对警察说："案发当时我在市内，照片可以做证。当时我在海滨公园，请路过的女学生替我拍的照片。你看，我身后钟楼上的时间不是3点吗？"同行的福尔摩斯看了照片说："别说了，这张照片更说明了你是凶手。"

福尔摩斯为什么认为照片反而成了罪证了呢？

【侦查笔记】

| 主诉 | 被害者的外甥 | 证据及线索 | 照片 |
|---|---|---|---|
| 时间 | 午后3点 | | |
| 地点 | 距市中心50千米 | 关键点 | 照片中的口袋和纽扣 |
| 事件 | 独居老人被杀 | 嫌疑人 | 被害者的外甥 |
| 人物及关系 | | 侦查方向 | 照片反洗成像 |

# 193 即兴的心理测验

法院正在开庭审理一件预谋杀人案，琼斯被控告在一个月前杀害了约瑟夫。警察和检察官方面的调查结果是：从犯罪动机、作案条件到一应人证、物证都对他极为不利，虽然至今警察还没有找到被害者的尸体，但公诉方面认为已有足够的证据能把他定为一级谋杀罪。

琼斯请来一位著名律师为他辩护。在大量的人证和物证面前律师感到理屈词穷，一时间无法反驳，便把辩护内容转换到了另一个角度上，说道："毫无疑问，这些证词听起来我的委托人似乎是犯下了谋杀罪。可是迄今为止还没有发现约瑟夫先生的尸体。当然，也可以做这样的推测，便是凶手使用了巧妙的方法把被害者的尸体藏匿在一个十分隐蔽的地方或是毁尸灭迹了，但我想在这里问一问大家，要是事实证明那位约瑟夫先生现在还活着，甚至出现在这法庭上的话，那么大家是否还会认为我的委托人是杀害约瑟夫先生的凶手呢？"

陪审席和旁听席上发出几下窃笑声，似乎在讥讽这位远近驰名的大律师竟会提出这么一个缺乏法律常识的问题来。法官看着律师说道："请你说吧，你想要表达的是什么意思？"

"我所要表达的就是这个意思。"律师边说边走出法庭和旁听席之间的矮栏，快步走到陪审席旁边的那扇侧门前面，用整座厅里都能听清的音量说道："现在，就请大家看吧！"说着，一下拉开了那扇门……

所有的陪审员和旁听者的目光都转向那扇侧门，但被拉开的门里空空如也，没有任何人影，当然更不见那位约瑟夫先生……律师轻轻地关上侧门，走回律师席中，慢条斯理地说道："请大家别以为我刚才的那个举动是对法庭和公众的戏弄，我只是想向大家证明一个事实——即使公诉方提出了许多所谓的证据，但迄今为止，在这法庭上的各位女士、先生，包括各位尊敬的陪审员和检察官在内，谁都无法肯定那位所谓的被害人，确实已经不在人间了。是的，约瑟夫先生并没有在那扇门口出现，这只是我在法律许可范围之内所采用的一个即兴的心理测验方法。从刚才整个法庭上的人的目光都转向那道门口的情况来看，说明了大家都在期望着约瑟夫先生在那里出现，从而也证明在场的每个人的内心深处，对约瑟夫到底是否已经不在人间是存在着怀疑的。"说到这里，他顿住了片刻，把音量再次加大，并且借助着大幅度挥动的手臂来加重着语气："所以，我要大声疾呼，在座这12位公正而又明智的陪审员难道凭着这些连你们自己也存有疑虑的证据，就能裁定我的委托人便是杀害约瑟夫先生的凶手吗？"

霎时间，法庭上秩序大乱，不少旁听者交头接耳，连连称妙，新闻记者竞相奔往公用电话亭，给自己报馆的主笔报告审判情况，预言律师的绝妙辩护有可能使被告琼斯获得开释。

当最后一位排着队打电话的记者挂断电话回到审判庭里时，他和他的那些同行听到了陪审团对这案件的裁决，那是同他们的估计大相径庭的。因为福尔摩斯提醒了陪审团一个情况。

那么，福尔摩斯提醒陪审团的是什么情况呢？

**【侦查笔记】**

| 主诉 | 律师 | 证据及线索 | ①心理测验<br>②目光 |
|---|---|---|---|
| 时间 | | | |
| 地点 | 法院 | 关键点 | 目光 |
| 事件 | 约瑟夫被杀 | 嫌疑人 | 琼斯 |
| 人物及关系 | | 侦查方向 | |

# 194 录音机里的证据

某著名职业棒球评论家的尸体在其住宅的书房里被发现，他胸部中了两发手枪子弹。因其独居，所以尸体是早上用人来打扫卫生时发现的。福尔摩斯在现场了解到，邻近的人没有听到枪声。他问鉴定人员："死亡的时间知道吗？"鉴定人员回答："昨晚9点03分。"

正在鉴定人员答话时，挂在书房墙上的鸽子报时钟"咕咕咕"地响了，挂钟上的鸽子从小窗中探出头报了10点。

"没解剖尸体怎么知道得这么准确？"

"我们到这儿时，录音机正开着，录音键也按着。将磁带转到头一放，录的是昨天巨人队和神阪队决赛的比赛实况。"鉴定人员按下桌上录音机的播放键，里面传出了比赛实况的转播声。这是第八回合的下半场，巨人队进攻以3比2领先。因无出局的跑垒员一垒，下一个击球员就成了选手王。播音员和解说员都在以期待选手王倒转本打垒的兴奋语气广播着。当投球到一、二垒时，观众谴责故意投出的四次坏球的喊声四起。就是在这个时候，磁带中突然传出两声枪响，还听到有呻吟声。然而，实况转播丝毫没有受到这一不和谐的枪声的影响而仍旧在进行着。结果，选手王故意投出了四次坏球，被神阪队的投手所代替……”

福尔摩斯一边看着手表一边听着。鉴定人员关上录音机说：“是在选手王投四次坏球前传出的声音。刚打电话问过广播电台，得知选手王投四次坏球的时间是昨晚9点03分。电视的比赛转播是8点54分结束的，所以在那之后受害人马上换上了收音机，就是在边听边录实况转播时被枪杀的。”

“不，受害人不是在这个书房而是在别处被杀的。”福尔摩斯肯定地说。“那怎么可能呢？”“凶手是在别处一边录收音机转播的实况一边枪杀受害人的，而且不光是将尸体，他还将这台录音机也一块儿搬到这个书房里，伪装成是在这儿被杀的。”“可是，福尔摩斯，这盘磁带我听了两遍了，听不出支持你结论的证据啊！”“那就请你再仔细听一遍，有一种声音录音中没有，所以书房绝对不是杀人现场。”福尔摩斯又打开录音机，放比赛实况播音给他听。

福尔摩斯指的是哪种声音呢？

**【侦查笔记】**

| 主诉 | 鉴定人员 | 证据及线索 | ①录音<br>②报时钟 |
|---|---|---|---|
| 时间 | 早上 | | |
| 地点 | 书房里 | 关键点 | 报时钟 |
| 事件 | 棒球评论家被杀 | 嫌疑人 | |
| 人物及关系 | | 侦查方向 | 在录音中缺少一种声音 |

# 195 凶手的破绽

富翁死在自己家的卧室里，福尔摩斯来到现场调查。他发现死者是背后中枪，被凶手在近距离杀死的。死者的家布置得非常豪华，整间卧室都铺着名贵的羊毛地毯，墙上挂着几幅名家的画作。死者穿着睡衣倒在床的旁边，手中还握着电话筒，像是死前正在跟谁通话。报案的是死者的妻子，她说："当时我正在街上，给丈夫打电话时，突然听到话筒里传来一声枪响，紧接着就是丈夫的呻吟声和凶手逃走时慌乱的脚步声。我意识到出事了，就报了警并赶了回来，发现他已经死了。"

福尔摩斯听完她的供述，冷笑一声说："太太，你在说谎，现在我怀疑是你杀死你的丈夫的！"

你知道福尔摩斯从哪里发现了凶手的破绽吗？

**【侦查笔记】**

| 主诉 | 死者妻子 | 证据及线索 | ①电话<br>②羊毛地毯 |
| --- | --- | --- | --- |
| 时间 | | | |
| 地点 | 卧室 | 关键点 | 地毯 |
| 事件 | 富翁被杀 | 嫌疑人 | 妻子 |
| 人物及关系 | 妻子讲述富翁如何被杀 | 侦查方向 | 踩在羊毛地毯上不会有脚步声 |

# 196 密室杀人案

"他可真惨呀，"希里望着那尸体，"看来子弹穿过了身体……"

"你来之前，有没有人动过尸体？"一旁的福尔摩斯说道。

"怪就怪在这里了——门是锁上的，窗开着，下面没有人能爬得上来，虽然距离窗户1.5米的地方有一根旗杆，但一般人绝不可能跳过来；尸体是晚上11：30被服务员发现的，经过法医验证，死亡时间是晚上11：00左右。虽然子弹穿过他的胸部，但是在他身后的爆竹却没有爆炸，四周无其他可疑物品，最值得怀疑的是没有发现子弹。""真是奇怪了，难道是自杀？"福尔摩斯迷惑不解。

这时，警员已经询问完了有关人员。"我叫A，就住在死者隔壁的房间。晚上11：00左右嘛，我在房间里……对了，一个服务员可以做证。死者房间在晚上10：00是黑着灯的，也许是睡觉了吧。他房间钥匙呢？天知道，当然他自己有了，服务员应该也有，别人肯定不会再有了吧。"

"我是B，是这家旅馆的服务员。我是晚上11：02到的A先生房间，为他烧开水。”

“我是C，是从日本来的旅游者，晚上11：00左右我在房间看电视，但没有人能证明。”

“我叫D，是死者的商业伙伴，晚上10：30 我和死者就去楼下吃夜宵了，晚上11：20左右才回来，饭店服务员可做证。”

“对，我是饭店服务员，晚上10：20那位死者先生先来的，过了5分钟D先生才来。晚上11：00死者回去了，而D先生晚上11：10左右才回去，之后警察就来了……”

警员们勘察完现场后，和福尔摩斯说：“在现场后院，发现了一条绳子，化验结果与现场门把手上的物质相同。旗杆是很滑的，高度到窗户正中央，在走廊发现可疑脚印，无法确认是男的还是女的。在窗户底边缘上发现一颗向下钉得很紧的钉子。门钥匙是在死者裤兜里找到的，垃圾箱里发现钓鱼线和针，钥匙扣上有透明胶带。”听完这些，福尔摩斯冲向现场，果然在正对着门的墙上发现子弹痕迹！于是他指着D说：“你还是认罪了吧，要不要我们把你的手枪和子弹都搜出来？”

D只好认罪了。那么，请问D是如何作案的呢？

【侦查笔记】

| 主诉 | 福尔摩斯 | 证据及线索 | ①旗杆<br>②钓鱼线<br>③针<br>④透明胶带 |
|---|---|---|---|
| 时间 | 晚上 | | |
| 地点 | 饭店 | 关键点 | |
| 事件 | 密室杀人 | 嫌疑人 | D |
| 人物及关系 | | 侦查方向 | 密室的制造 |

# 197 并非自杀

一位公司领导报案称，自己一名下属没有请假却三天没有上班了，可能是出了什么意外。警长和福尔摩斯来到该名职员的家中，敲门没有任何回应。于是福尔摩斯破门而入，发现屋子里满是煤气的味道，煤气的阀门打开着，窗子上的缝隙都用透明胶带封了起来，上面没有任何指纹。那名职员躺在床上，已经死了，床头还放着一个空的安眠药瓶子，看起来像是下定决心自杀的。

但是福尔摩斯马上判断这不是自杀，而是有人布置的假现场。你知道这是为什么吗？

【侦查笔记】

| 主诉 | 福尔摩斯 | 证据及线索 | ①煤气<br>②药瓶<br>③没有指纹的胶带 |
|---|---|---|---|
| 时间 | | | |
| 地点 | 职员家中 | 关键点 | 没有指纹的胶带 |
| 事件 | 职员被杀 | 嫌疑人 | |
| 人物及关系 | | 侦查方向 | |

# 198 司机的奇怪供词

华生是大侦探福尔摩斯的好朋友、好助手。有一天，福尔摩斯递给他一份证人的供词，上面写着："因为下雨我当时十分害怕，这种事情来得太突然，而且我是完全孤立无助的。我只好坐在车上，双手紧握方向盘。我的车子是一辆旧车，它已慢慢停止转动。周围是那么黑，那么冷，我几乎不能看见外面的东西。速度是非常重要的，我把雨衣脱下来，虽然在车中并不是件易事，但为了加快速度争取时间，我只好这样做。车门虽没锁，但想把它推开并不容易。而且我知道车门一旦打开，更不易逃走，于是我只得将车窗玻璃用力摇下，然后从窗子洞口一头紧急钻出去，竭力向前。尽管离市区那么远，我也要坚定信心，鼓足勇气。当我看到城市的灯光时，便开心地大叫起来，立刻到警察局报案，并写下这份报告。"

华生看完了这位证人的供词，喃喃自语道："奇怪！真奇怪，这个人到底在什么地方呀？"福尔摩斯看到他那样子，不禁笑了起来。"哦，是不是汽车上藏有炸弹？"华生猜测道。"如果这样，他干吗浪费时间去脱雨衣？而且离开汽车之前，将车窗玻璃摇下，从窗洞钻出来呢？""在离去前，他有无关上车窗？""没有，哈，亲爱的华生，你不是希望有一个独立破案的机会吗？这次，便有一个机会了。"说罢，福尔摩斯便匆匆离去。

华生突然灵机一动，找到了问题的答案。你找到了吗？

【侦查笔记】

| 主诉 | 证人 | 证据及线索 | ①汽车上有炸弹<br>②脱雨衣 |
|---|---|---|---|
| 时间 | | | |
| 地点 | 车上 | 关键点 | |
| 事件 | 司机的供词 | 嫌疑人 | 雨衣 |
| 人物及关系 | | 侦查方向 | |

# 199 定价

福尔摩斯和华生因为经常出门查案子，所以要经常住旅店。这天他们又在旅店住下了。福尔摩斯想到：如果这家旅店是我的，我该怎么定价才能得到最大的利润呢？于是福尔摩斯和华生进行了一次调查。经调查得知，这家旅店共有80间客房，每日的租金定在16英镑，则可客满；而租金每涨2英镑，就会失去3位客人。每间住了人的客房每日所需服务、维修等项支出共计4英镑。

福尔摩斯笑着问华生："我们想得到最多的钱，该怎么定价呢？"

【侦查笔记】

| 主诉 | 福尔摩斯 | 证据及线索 | |
|---|---|---|---|
| 时间 | | | |
| 地点 | 旅店 | 关键点 | |
| 事件 | 算定价 | 嫌疑人 | |
| 人物及关系 | | 侦查方向 | |

# 200 菲丽母亲的考问

福尔摩斯第一次去未婚妻菲丽家时，菲丽的母亲想试试他的智力，便故意问他："如果有一天我和菲丽一起掉到河里，而时间只允许你救起一个人的话，你先救谁？"福尔摩斯一时为难了，心想：如果说先救菲丽，菲丽母亲肯定不乐意；如果说先救菲丽母亲，她会知道这显然是骗她。他想到了一个好的回答，使大家听了都很满意并开怀大笑。你知道他是怎样回答的吗？

【侦查笔记】

| 主诉 | 福尔摩斯 | 证据及线索 | |
|---|---|---|---|
| 时间 | | | |
| 地点 | 菲丽家 | 关键点 | |
| 事件 | 福尔摩斯回答菲丽母亲的问题 | 嫌疑人 | |
| 人物及关系 | | 侦查方向 | |

# 201 巧分钥匙

福尔摩斯办公室中有三个资料柜，每个柜子各有两把钥匙，他和另外两个同事随时都需要打开这三个柜子。请问在不增加钥匙的情况下，怎么才能每人随时打开这三个柜子中的任何一个呢？

【侦查笔记】

| 主诉 | 福尔摩斯 | 证据及线索 | 三个人，三个柜子，各两把钥匙 |
|---|---|---|---|
| 时间 | | | |
| 地点 | 办公室 | 关键点 | 两把钥匙 |
| 事件 | 分钥匙 | 嫌疑人 | |
| 人物及关系 | | 侦查方向 | |

# 202 怎么买票合适

福尔摩斯和一些朋友去旅游，一共45人。他们来到一个景点时，看到一个牌子上写着：请游客们买票，每张票票价2英镑，50人或50人以上可以买团体票，票价按八折优惠。大家讨论起来了，到底该怎么买票才更省钱呢？

**【侦查笔记】**

| 主诉 | 福尔摩斯 | 证据及线索 | ①每张票价2英镑<br>②一共45人 |
|---|---|---|---|
| 时间 | | | |
| 地点 | | 关键点 | 团体票 |
| 事件 | 45人去旅游 | 嫌疑人 | |
| 人物及关系 | | 侦查方向 | |

# 203 三个嫌疑人

老约翰被发现死在别墅厨房的地上，后脑受到手枪握柄重击。福尔摩斯找到老约翰的三个儿子，问道：“你们的父亲被凶手用手枪打死了，死亡时间大致是下午3—5点，请告诉我事发时你们都在做什么，或者你们有没有怀疑的人。”

老大说：“我一下午都在楼上房间里睡觉，什么都没有听到啊！怀疑谁吗，我认为是老二，他最近和父亲一直不和，还扬言要杀死父亲！”

老二说：“我下午在回来的路上，交通很糟糕，我被堵在车流里面，我想是入室抢劫吧！不和嘛，是有些争吵，但我只是说说而已，哪里会真的动手呢？而且我有那么大的力气吗？”

老三说：“我下午出去跑步了，就在这附近的街道，跑了一个多小时，回来后就直接去浴室洗澡了。我想是大哥吧，父亲把公司交给二哥打理，大哥好像一直都不怎么开心。”

福尔摩斯听完便知道凶手是谁了。你知道凶手是谁了吗？

【侦查笔记】

| 主诉 | 3个儿子 | 证据及线索 | ①三个儿子讲述内容<br>②老约翰受到手枪握柄重击 |
|---|---|---|---|
| 时间 | 下午3—5点 | | |
| 地点 | 别墅厨房 | 关键点 | 重击而非枪杀 |
| 事件 | 老约翰被杀 | 嫌疑人 | 老二 |
| 人物及关系 | 三个儿子讲述各自怀疑的对象 | 侦查方向 | |

# 204 凶手是哪个

一名值夜班的医生被人用水果刀刺死了。协助警方调查的福尔摩斯前来调查，并在病房旁边的花园里找到了凶器。上面的指纹过于模糊，无法辨认。但是细心的福尔摩斯发现刀柄指纹处有巧克力的污渍，上面爬着很多蚂蚁。很快福尔摩斯找到了三名嫌疑人，他们都是这名医生的病人，而且都与他有矛盾。三人分别是：1号病房的结核病患者，与医生原来是好朋友，为治病向其借钱遭到拒绝而怀恨在心；2号病房的糖尿病患者，怀疑医生对自己的老婆心怀不轨；3号病房的心脏病患者，让医生为其做了3次手术，均失败。

很快福尔摩斯便判断出凶手是谁了。

根据以上信息，你知道凶手是哪一个吗？

【侦查笔记】

| 主诉 | 福尔摩斯 | 证据及线索 | 巧克力污渍 |
|---|---|---|---|
| 时间 | 夜里 | | |
| 地点 | 医院 | 关键点 | 巧克力 |
| 事件 | 医生被杀 | 嫌疑人 | 心脏病患者 |
| 人物及关系 | 医生与三名病人有矛盾 | 侦查方向 | 病人的饮食 |

# 205 吹牛

一天，查尔向酒吧里的伙伴讲述自己的冒险经历：“那天，我一个人驾驶游艇出海。突然，发动机坏了，我孤独地停在大海中间，而且一点儿风也没有。没办法，我只好找了一块白布，咬破手指，写下了求救的符号，挂在桅杆上。幸好有一艘船从附近经过，看到了我写的求救符号，把我救了回来……”

说到这里，一位在旁边默默听他讲述的年轻人说道：“你在吹牛。”这个年轻人就是福尔摩斯。

你知道福尔摩斯为什么会说查尔在吹牛吗?

**【侦查笔记】**

| 主诉 | 查尔 | 证据及线索 | ①天气<br>②求救符号 |
|---|---|---|---|
| 时间 | | | |
| 地点 | 酒吧 | 关键点 | 天气一点儿风也没有 |
| 事件 | 查尔吹牛 | 嫌疑人 | |
| 人物及关系 | | 侦查方向 | |

# 206 盗窃案2

福尔摩斯接到了一个很有意思的案件，嫌疑人有三个，但甲与乙是对双胞胎，长得很像，一般人很难分清哪个是哪个，但大家都知道这对双胞胎很胆小。第三个嫌疑人丙的胆子很大，总是单独作案。

有一天，小区失窃了，嫌疑人锁定在这三个人当中。有目击证人称，在案发的时候，他看见双胞胎兄弟中的一个在打羽毛球，但不能确定是甲还是乙。

福尔摩斯根据这些线索就推断出了盗窃者是谁，你能推理出来吗?

**【侦查笔记】**

| 主诉 | 福尔摩斯 | 证据及线索 | |
|---|---|---|---|
| 时间 | | | |
| 地点 | 小区 | 关键点 | 双胞胎兄弟 |
| 事件 | 小区失窃 | 嫌疑人 | 丙 |
| 人物及关系 | | 侦查方向 | |

# 207 女富翁之死

女百万富翁阿拜·道恩手术前在准备室里被勒死，凶器是一根铁丝。铁丝在她的颈部缠了一圈，而邻屋的护士曾看到主治医师让奈去过那里，让奈是个腿部残疾者。警察们在医院的一个角落屋子里发现了作案时的衣服，白衣白裤——医院的男装工作服，裤子腿往上卷着；一双鞋，鞋舌向里窝着；鞋带断了，后又被医院专用的白胶布接合；两鞋底磨损不同。

紧接着让奈也被谋杀了，作案手法依旧，只不过他是在自己的办公室死的。他的办公室只有一张办公桌，摆在正中间，他坐在桌子后面的椅子上，左前方是门，方便接待患者。死者伏在桌子上死去了，凶器依然是铁丝，是从后面把人勒死的。

| 人　名 | 身　份 | 疑　点 |
|---|---|---|
| 阿拜·道恩 | 女百万富翁 | 自杀? |
| 格尔达·道恩 | 其女 | 遗产的直接继承人 |
| 德里克·道恩 | 其弟 | 阿拜生前一直不给他钱用 |
| 萨拉·法勒 | 女佣 | 与阿拜不和，经常吵架，遗产的受益人 |
| 露西·普来斯 | 让奈的秘书 | 两次案发时都在医院 |
| 让奈 | 阿拜·道恩的医生 | 阿拜遗产的主要受益人，需要一笔实验经费 |
| 托马斯·史文逊 | 谋杀前让奈的客人 | 让奈医生的私生子，常常向父亲要钱 |
| 飞利浦·摩高斯 | 格尔达男友 | 格尔达·道恩的未婚夫 |
| 约翰·敏钦 | 德里克·道恩的好友 | 案发时一直和德里克·道恩在一起 |

福尔摩斯看完上面这些线索后便判断出了凶手是谁。你知道谁是凶手吗?

【侦查笔记】

| 主诉 | 福尔摩斯 | 证据及线索 | ①鞋舌位置<br>②胶带 |
|---|---|---|---|
| 时间 | | | |
| 地点 | 医院 | 关键点 | 凶手的身份 |
| 事件 | 女百万富翁与医生让奈被杀 | 嫌疑人 | 秘书露西·普来斯 |
| 人物及关系 | | 侦查方向 | |

# 208 谁在说谎

一名劫匪抢劫了一家珠宝店，正好在附近的福尔摩斯和警长及时赶到，在作案现场附近抓到了几个嫌疑人。在询问的过程中，几个人的供词分别如下：

第一位说："什么？抢劫？什么时候的事？中午12点半？那时我正在前面那个小吃店吃面，吃完了发现外面下起了雨，我躲了一会儿雨。雨停了我才出来，可没走多远就被抓了。"

第二位说："我和女朋友一起逛街，突然下起了大雨，我们只能待在店里。等停了我们才分开各自回家，还看到那边有一道彩虹呢！"

第三位说："我不知道什么抢劫，我在附近的小店里躲雨，晴了以后我发现有一道彩虹，很漂亮。我最喜欢彩虹了，就一直盯着看了半天。可能时间太久了，被太阳照得很刺眼，就打算回家休息一会儿，没想到被你们抓来了。"

福尔摩斯想了想，说这三个人中有一个在说谎，你知道谁在说谎吗？

【侦查笔记】

| 主诉 | 三位嫌疑人 | 证据及线索 | 天气情况 |
|---|---|---|---|
| 时间 | 12：30 | | |
| 地点 | 珠宝店 | 关键点 | 彩虹的位置 |
| 事件 | 珠宝店被抢劫 | 嫌疑人 | 第三个人 |
| 人物及关系 | | 侦查方向 | 彩虹和太阳的位置 |

# 209 恐高症

有一片美丽的湖泊，其水质清澈透明，从水面甚至可以看到水下40米处。

盛夏的一天，就在这片美丽的湖泊上有人发现了一具尸体。福尔摩斯马上赶到了现场，发现死者是个青年男子，漂在水面上，旁边有一艘小船，反扣在湖水中，看样子像是他一个人来划船，可船不小心被风吹翻，他因溺水身亡。

后来经过调查得知，男子是一名恐高症患者，原来居住在一栋5层高的楼房中的4层，因为恐高，不得已和人换了房子，搬到了1层居住。

福尔摩斯推断这是一起谋杀案，你知道为什么吗？

【侦查笔记】

| 主诉 | 福尔摩斯 | 证据及线索 | ①男子恐高<br>②清澈见底的湖泊 |
|---|---|---|---|
| 时间 | 盛夏 | | |
| 地点 | 湖泊上 | 关键点 | 恐高 |
| 事件 | 青年男子溺亡 | 嫌疑人 | |
| 人物及关系 | 福尔摩斯认为男子是他杀 | 侦查方向 | |

# 210 谁是真凶

有5名探险者去深山寻找宝藏，其中只有队员甲知道宝藏埋藏的准确地点。一天傍晚，他们5人分别在河两岸的5个不同地点扎营休息。当天晚上，队长不时地用对讲机与大家联系。但是由于山中信号不好，只能在帐篷中通过特殊装置放大信号之后才能使用。在晚上10：30以后，他没有收到队员甲的应答。于是队长又同其他3名队员进行了联系，询问了他们3个人的具体情况。

第二天早晨，大家集合的时候，甲没有到。大家去甲的帐篷里寻找，发现甲已经死了。他是被人杀死的，案发现场的证据表明凶手是乘船到达队员甲的帐篷并把他杀死的。而在当天晚上，每位队员都有使用独木舟的机会。队长怀疑是3个队员中的某人为了得到宝藏的准确位置而杀害了甲。回去后，队长找到了福尔摩斯，将全部经过讲给了福尔摩斯，根据下面的事实，福尔摩斯排除了其中两名队员的嫌疑：

（1）队员甲是在前一天晚上10：30之前在他的帐篷里被杀害的，他是被绳索勒死的。

（2）凶手去队员甲的帐篷和返回自己的帐篷都是乘独木舟的。

（3）队员乙的帐篷设在甲的帐篷的下游，丙的帐篷设在甲帐篷的正对岸，丁的帐篷设在甲的帐篷的上游。

（4）河水的流速很快。

（5）顺流而下需要20分钟，逆流而上需要60分钟，而到对岸需要40分钟。

（6）对于队长的呼叫，各人的应答时间如下：

| 应答者 | 应答时间 |
|---|---|
| 乙 | 晚上8：15 |
| 丙 | 晚上8：20 |
| 丁 | 晚上8：25 |
| 甲 | 晚上9：15 |
| 乙 | 晚上9：40 |
| 丙 | 晚上9：45 |
| 丁 | 晚上9：50 |
| 乙 | 晚上10：55 |
| 丙 | 晚上11：00 |
| 丁 | 晚上11：05 |

在这3人中，仍被福尔摩斯怀疑的对象是谁?

## 【侦查笔记】

| 主诉 | 福尔摩斯 | 证据及线索 | ①乙、丙、丁帐篷的位置<br>②时间 |
|---|---|---|---|
| 时间 | 晚上 | | |
| 地点 | 深山 | 关键点 | 时间 |
| 事件 | 探险者甲被杀 | 嫌疑人 | 乙 |
| 人物及关系 | | 侦查方向 | 计算往返甲帐篷的时间 |

# 211 抛尸现场

有人报案说在海边发现了一具用防水袋装着的尸体，警长和福尔摩斯立即赶到现场调查，发现这片海滩人迹罕至，所以现场遗留的痕迹保存得相对完好。很明显凶手是在杀死人之后，将尸体用防水袋装起来，抛尸至此。现场没有其他的脚印，只有一道轮胎痕迹。

福尔摩斯马上断定，这是有人用厢式汽车把尸体运过来抛尸的，而绝对不是普通的小轿车。根据这条线索，很快警察就破了此案。请问，福尔摩斯为何断定是用厢式汽车运尸体的呢？

**【侦查笔记】**

| 主诉 | 福尔摩斯 | 证据及线索 | 轮胎痕迹 |
|---|---|---|---|
| 时间 | | | |
| 地点 | 海边 | 关键点 | 轮胎痕迹 |
| 事件 | 海边抛尸 | 嫌疑人 | |
| 人物及关系 | | 侦查方向 | 在现场找不到脚印 |

# 212 烛火玄机

“情况如何？”福尔摩斯问正在检查尸体的法医。“是他杀，死者被杀之前有过激烈挣扎，大概已经死亡24个小时了。奇怪的是，虽然尸体有挣扎过的迹象，但是尸体周边却没有因挣扎而留下的痕迹。”法医回答。“那就奇怪了。”福尔摩斯忽然注意到桌子上的蜡烛在燃烧。他马上按了一下电灯开关，却发现停电了，便问道：“蜡烛是谁点的？”“我们来到这里的时候就一直亮着。”法医回答道。

突然，福尔摩斯意识到了一个关键问题。“这不是案发的第一现场，尸体是从别处移过来的！”请问，福尔摩斯为何做出这样的判断？

【侦查笔记】

| 主诉 | 法医 | 证据及线索 | 蜡烛 |
|---|---|---|---|
| 时间 | | | |
| 地点 | | 关键点 | 燃烧的蜡烛 |
| 事件 | 法医检查尸体 | 嫌疑人 | |
| 人物及关系 | 福尔摩斯发现这里不是第一现场 | 侦查方向 | 蜡烛燃烧的时间 |

# 213 亏了还是赚了

福尔摩斯和助手华生在办公室里聊天，福尔摩斯对华生说：“如果我买一样东西花了1万英镑，两个月之后以1.5万英镑卖出。半年之后又花5万英镑买回，一年之后又以6万英镑卖出。你说我是赚了还是亏了？”

华生低头想了大半天，给出了答案。

你觉得福尔摩斯到底是赚了还是亏了？

【侦查笔记】

| 主诉 | 福尔摩斯 | 证据及线索 | |
|---|---|---|---|
| 时间 | | | |
| 地点 | 办公室 | 关键点 | |
| 事件 | 算收入 | 嫌疑人 | |
| 人物及关系 | | 侦查方向 | |

# 214 证人

福尔摩斯刚刚回到家中就接到了警长的电话。警长说：“福尔摩斯，我们这里刚发生了一起案子，我总感觉哪里有点儿不对，你来一趟吧。”

一个小时后，福尔摩斯来到了案发现场。“你这是怎么了，案子很棘手吗？”福尔摩斯问道。“嗯，是这样的，在米塔大街上，一个人从楼顶上栽了下来，有现场目击者一口咬定死者是自己摔下来的，在他周围没有任何人。”

警长叹了一口气继续说：“虽然案情看上去很简单，但我总觉得有不对劲的地方，你还是先见见那个证人吧。”

福尔摩斯点点头，和警长一同赶往了现场，没多久警员就把目击证人带来了。警长请他再复述一遍当时的情况。

目击证人说：“因为今天下的雪很大，我在一家餐馆待了一个小时。大概11点的时候，我走出了那家餐馆，当时街上一个人都没有。天气太冷了，我就赶紧钻到自己的汽车里了。就在这时候，我看到那座大楼的楼顶上站了一个人，他犹豫了片刻，便从上面跳了下来。”

福尔摩斯听了他的话，又去他停车的地方看了看，车子副驾驶那面的确对着出事的大楼，车上满是积雪，只有前风挡擦干净了一块。福尔摩斯想了一会儿，然后冷冷地说：“你别撒谎了。现在你已经被拆穿了，赶紧把真相说出来吧。”

目击者一听，神色大变，但他却不知道哪里露出了马脚。你知道福尔摩斯是根据什么判断的吗？

**【侦查笔记】**

| 主诉 | 警长 | 证据及线索 | ①副驾驶<br>②下大雪 |
|---|---|---|---|
| 时间 | | | |
| 地点 | 米塔大街 | 关键点 | 大雪 |
| 事件 | 证人被拆穿谎言 | 嫌疑人 | 证人 |
| 人物及关系 | | 侦查方向 | 大雪将车覆盖遮挡视线 |

# 215 箱子里的东西

福尔摩斯办公室的桌子上有四个箱子，每个箱子上写着一句话。第一个箱子上写着“所有的箱子都有凶器”，第二个箱子上写着“本箱子中有卷宗”，第三个箱子上写着“本箱子中没有遗物”，第四个箱子上写着“有些箱子中没有凶器”。

如果其中只有一句真话，那么以下四个结论，哪一个正确：A. 所有的箱子中都有凶器。B. 所有的箱子中都没有凶器。C. 第二个箱子中有卷宗。D. 第三个箱子中有遗物。

**【侦查笔记】**

<table>
<tr><td>主诉</td><td></td><td rowspan="2">证据及线索</td><td rowspan="2">四个箱子和四句话</td></tr>
<tr><td>时间</td><td></td></tr>
<tr><td>地点</td><td>福尔摩斯办公室</td><td>关键点</td><td>第一个箱子、第四个箱子</td></tr>
<tr><td>事件</td><td>找真话</td><td>嫌疑人</td><td></td></tr>
<tr><td>人物及关系</td><td></td><td>侦查方向</td><td>排除法</td></tr>
</table>

# 216 家庭成员的性别组成

福尔摩斯来到了一户人家，这家人有A、B、C、D、E、F、G兄弟姐妹7人。只知道A有3个妹妹；B有1个哥哥；C是女的，她有2个妹妹；D有2个弟弟；E有2个姐姐；F也是女的，但她和G没有妹妹。通过这些条件，福尔摩斯很快推理出谁是男，谁是女。请你想一想，这7个人中，哪个是男，哪个是女？

**【侦查笔记】**

<table>
<tr><td>主诉</td><td>福尔摩斯</td><td rowspan="2">证据及线索</td><td rowspan="2">A有3个妹妹，B有1个哥哥，<br>C是女的，D有2个弟弟</td></tr>
<tr><td>时间</td><td></td></tr>
<tr><td>地点</td><td>一户人家</td><td>关键点</td><td></td></tr>
</table>

| 事件 | 兄弟姐妹的性别 | 嫌疑人 | |
|---|---|---|---|
| 人物及关系 | 福尔摩斯推理7人的性别 | 侦查方向 | |

# 217 福尔摩斯判案

助手手持一份案件的卷宗走进了福尔摩斯的办公室，将其恭恭敬敬地放在桌上。

“福尔摩斯先生，4月14日晚12时，位于剧院附近的一家超级商厦被窃去大量贵重物品，之后窃贼携赃物驾车离去。现已捕获了A、B、C三名嫌疑人在案。”

福尔摩斯翻开了案卷，只见助手在一张纸上写着：

事实1：除A、B、C三人外，已确认本案与其他任何人都没有牵连；

事实2：嫌疑人C假如没有嫌疑人A作帮凶，就不能到那家超级商厦作案盗窃；

事实3：B不会驾车。

请证实A是否参与了盗窃？

福尔摩斯看后哈哈大笑，把助手笑得莫名其妙。然后，福尔摩斯三言两语就把助手的疑问给解决了。

请问，福尔摩斯是怎样判案的呢？

【侦查笔记】

| 主诉 | 福尔摩斯 | 证据及线索 | ①事实1<br>②事实2<br>③事实3 |
|---|---|---|---|
| 时间 | 4月14日晚12时 | | |
| 地点 | 超级商厦 | 关键点 | 事实2 |
| 事件 | 超级商厦盗窃案 | 嫌疑人 | A、B、C |
| 人物及关系 | 福尔摩斯分析A、B、C三名嫌疑人 | 侦查方向 | 根据“事实”推理 |

# 218 谁是抢劫者

一天深夜，伦敦的一幢公寓连续发生三起刑事案件。一起是谋杀案，住在4楼的一名议员被人用手枪打死；一起是盗窃案，住在2楼的一名名画收藏家珍藏的6幅16世纪的油画被盗了；一起是抢劫案，住在底楼的一名漂亮的芭蕾舞演员的珠宝被暴徒抢劫。

报警之后，警长和福尔摩斯赶到作案现场。根据犯罪嫌疑人在现场留下的指纹、足迹和搏斗的痕迹，警方断定这三起案件是由三名犯罪嫌疑人单独作案的（后来证实这一判断是正确的）。

经过几个月的侦查，终于搜集到大量的确凿证据，逮捕了A、B、C三名犯罪嫌疑人。在审讯中，三名犯罪嫌疑人的口供如下：

A供称：

① C是杀人者，他杀掉议员纯粹是为了报过去的私仇。

② 我既然被捕了，当然要编造口供，所以我并不是一个十分老实的人。

③ B是抢劫者，因为B对漂亮女人的珠宝有很强的占有欲。

B供称：

① A是著名的大盗，我坚信那天晚上盗窃油画的就是他。

② A从来不说真话。

③ C是抢劫者。

C供称：

① 盗窃案不是B所为。

② A是杀人者。

③ 总之我交代，那天晚上，我确实在这个公寓里作过案。

三名犯罪嫌疑人中，有一个人的供词全部是真话；有一个最不老实，他说的全部是假话；另一个人的供词中，既有真话也有假话。

A、B、C分别作了哪一个案子，看完口供后福尔摩斯已经做出了判断。

## 【侦查笔记】

| 主诉 | 福尔摩斯 | 证据及线索 | ①A供称<br>②B供称<br>③C供称 |
|---|---|---|---|
| 时间 | 一天深夜 | | |
| 地点 | 一幢公寓 | 关键点 | A供称 |
| 事件 | A、B、C分别犯了什么案 | 嫌疑人 | A、B、C |
| 人物及关系 | | 侦查方向 | 从A、B、C三人口供入手 |

# 219 审讯嫌疑人

5月12日，N市的一家银行被盗了。警察抓到了四名嫌疑人，对他们进行了审讯。

每个嫌疑人都只讲了四句话，并且都有一句是假话。现场笔录记述如下：

甲：“你们抓错人了。我没有盗窃。我对盗窃过程一无所知。5月12日我和丁一起在P市度过的。”

乙：“我是无辜的。我在5月12日那天与丁闹翻了。我从来也没有见过甲。甲是无罪的。”

丙：“乙是嫌疑人。丁和甲从来也没有到过P市。我是清白的。是甲帮助乙盗窃了银行。”

丁：“我没有盗窃银行。5月12日我和甲在P市。我以前从未见过丙。丙说甲帮助乙盗窃银行是谎言！”

福尔摩斯分析了一下便得出了结论。请你也概括、分析一下四名嫌疑人的上述供词，指出谁是盗窃者。

**【侦查笔记】**

| 主诉 | 嫌疑人 | 证据及线索 | 甲、乙、丙、丁的口供 |
|---|---|---|---|
| 时间 | 5月12日 | | |
| 地点 | N市一家银行 | 关键点 | 甲的口供 |
| 事件 | 审讯嫌疑人 | 嫌疑人 | 乙 |
| 人物及关系 | 福尔摩斯推理谁是嫌疑人 | 侦查方向 | 从甲、乙、丙、丁的口供进行推理 |

# 220 谁是盗窃者

有一天，英国某城市的珠宝店被盗走了价值连城的钻石。接到报案后，警察经过三个月的侦查确定作案人肯定是甲、乙、丙、丁中的一人。经审讯，这四人的口供如下：

甲：钻石被盗那天，我在其他的城市，所以我不是盗窃者。

乙：丁是盗窃者。

丙：乙是盗窃者，三天前，我看见他在黑市上卖一颗钻石。

丁：乙同我有仇，有意诬陷我。

因为口供不一致，无法判定谁是盗窃者。警长带着笔录来找福尔摩斯，福尔摩斯经过判断，得知这四人中只有一人说的是真话。如果概括一下上述已知条件，你知道谁是盗窃者吗？

**【侦查笔记】**

| 主诉 | 盗窃嫌疑人 | 证据及线索 | 甲、乙、丙、丁的口供 |
|---|---|---|---|
| 时间 | | | |
| 地点 | 珠宝店 | 关键点 | 乙、丁的口供 |
| 事件 | 谁是盗窃者 | 嫌疑人 | 甲 |
| 人物及关系 | 福尔摩斯推理谁是盗窃者 | 侦查方向 | 根据四人口供推理 |

# 221 谁是哥哥

有一对兄弟，哥哥上午说真话，下午说谎话，而弟弟正好相反，上午说谎话，一到下午就说真话。福尔摩斯问这兄弟二人：你们谁是哥哥？

较胖的说：我是哥哥。

较瘦的也说：我是哥哥。

福尔摩斯又问：现在几点了？

较胖的说：快到中午了。

较瘦的说：已经过中午了。

问到这，福尔摩斯已经判断出现在是什么时间，谁是哥哥了，你能推断出现在是上午还是下午，谁是哥哥吗？

【侦查笔记】

| 主诉 | 福尔摩斯 | 证据及线索 | |
|---|---|---|---|
| 时间 | | | |
| 地点 | | 关键点 | |
| 事件 | 谁是哥哥 | 嫌疑人 | 胖的是哥哥 |
| 人物及关系 | 福尔摩斯推断谁是哥哥 | 侦查方向 | 利用假设法分析 |

# 222 猜牌辨兄弟

大头和小头兄弟俩站在他家院子里的一棵树下咧开嘴笑着。福尔摩斯见到他俩说："要不是你们的衣领不同，恐怕我分不清哪个是哥哥，哪个是弟弟呢。"

一个兄弟答道："你应当运用逻辑推理的方法。"这时他从口袋里掏出一张扑克牌向福尔摩斯扬了扬，那是一张方块Q。他说道："你看，这是一张红牌。红牌表明持牌的人是讲真话的，而黑牌表明持牌的人是说假话的。现在我兄弟的口袋里也有一张牌，不是黑的就是红的。他马上要说话了，如果他的牌是红的，他将要说真话；要是他的牌是黑的，他就要说假话。你要做的就是判断一下他是小头弟弟，还是大头哥哥。"

这时候，另一位兄弟开腔了："我是哥哥大头，我有一张黑牌。"

福尔摩斯思考了一下，便给出了答案。你能判断出第二个说话的是哥哥还是弟弟吗？

【侦查笔记】

| 主诉 | 福尔摩斯 | 证据及线索 | ①扑克牌<br>②兄弟二人说的话 |
|---|---|---|---|
| 时间 | | | |
| 地点 | 院子里 | 关键点 | 说话内容 |
| 事件 | 谁是哥哥，谁是弟弟 | 嫌疑人 | |
| 人物及关系 | 福尔摩斯辨兄弟 | 侦查方向 | 逻辑推理法 |

# 223 空空的牛奶瓶

福尔摩斯拿着一份报告对警长说：“露丝太太是两天前在厨房中被人用木棒打死的。这位孤独的老妪多年来一直住在某山顶上破落的庄园里，几乎与外界隔绝。你觉得这是什么性质的谋杀呢？”“哦，真该死！我昨天凌晨4点钟接到一个匿名电话，报告她被人谋杀了，但我还以为这是一个恶作剧，因此没有着手调查。”警长尴尬地说道，“那么我们现在快去现场看看吧！”

警长将福尔摩斯引到庄园的前廊说：“由于城里商店不设电话预约送货，而必须写信订货，老太太连电话都很少打。除了一个送奶工和邮差是这里的常客之外，唯一的来客就是每周一次送食品杂货的男孩子。”福尔摩斯紧盯着放在前廊里的两摞报纸和一只空奶瓶，然后坐在一只摇椅上问：“谁最后见到了露丝太太？”“也许是卡森太太。”警长说。“据她讲，前天早晨她开车经过时还看见老太太在前廊取牛奶呢。”“据说露丝太太很有钱，在庄园里她至少藏有5万英镑。我想这一定是谋财害命，凶手手段狠毒，但我们现在还找不到线索。”“除了那个匿名电话之外，我们还没有别的线索。”福尔摩斯更正道：“我知道凶手是谁了，并且凶手一定没料到你会现在才开始侦办！”

福尔摩斯怀疑的凶手是谁呢？

**【侦查笔记】**

<table>
<tr><td>主诉</td><td>警长</td><td rowspan="2">证据及线索</td><td rowspan="2">①匿名电话<br>②牛奶瓶</td></tr>
<tr><td>时间</td><td></td></tr>
<tr><td>地点</td><td>庄园</td><td>关键点</td><td>空牛奶瓶</td></tr>
<tr><td>事件</td><td>露丝太太被杀</td><td>嫌疑人</td><td>送奶工</td></tr>
<tr><td>人物及关系</td><td>露丝太太、牛奶工、卡森太太</td><td>侦查方向</td><td>调查送奶时间</td></tr>
</table>

# 224 背上的子弹

福尔摩斯和旅游团的其他游客正凝视着地上的几片腐烂的木片，听导游抑扬顿挫地讲解着："这里葬着的就是因杀了两个优秀的警察而臭名昭著的强盗阿莱。那天晚上，这里发生了一桩抢劫大案，闻讯赶来的警察和强盗发生了枪战。枪声刚停，一个陌生人闯进了普莱斯门医生的家里，他对医生说：'我听到枪声时正穿过南大街，我看见两个警察在追一个人，于是我也追了上去。那人在屋子后面埋伏着，打死了两个警察，我也受了伤。'医生从他后背上取出了一颗子弹，然后给他包扎好伤口，又借给他一件衬衫穿上，最后用绷带将他受伤的左臂也吊了起来。正在这时，警长佩尔和当地名流艾佛利冲进了医生家里。艾佛利指着那名陌生人说：'就是他！'警长把枪对准了那名陌生人，说：'先生，你在抢劫仓库办公室后又杀死了我手下两名最好的警员，把手举起来，不然别怪我不客气。''冤枉啊！'陌生人喊道。'我是在帮助那两个警察追赶强盗。''不，'艾佛利指着他说，'你背上的枪伤说明你是逃跑的人，而不是追捕别人的人。'"导游说到这里，骄傲地说道："这么快就抓到强盗，这是我们小镇的光荣！后来，这个强盗很快就被绞死，埋在这里，永远进不了天堂！"

福尔摩斯听完，笑着摇摇头，说："亲爱的导游，我为你们小镇的警察先生们遗憾。这位先生肯定能进入天堂，他不是强盗！"福尔摩斯为什么这样说呢？

## 【侦查笔记】

| 主诉 | 导游 | 证据及线索 | |
|---|---|---|---|
| 时间 | | | |
| 地点 | | 关键点 | 新衣服 |
| 事件 | 找出杀害两名警察的凶手 | 嫌疑人 | 艾佛利 |
| 人物及关系 | 福尔摩斯认为陌生人不是凶手 | 侦查方向 | 艾佛利见过陌生人，所以陌生人换了新衣服他也可以进行诬陷 |

# 225 如何辨别方向

一个夏天，福尔摩斯与助手偶然发现一张残旧的藏宝图，藏宝地点是赤道附近的一个小岛。两人兴高采烈地收拾行李，向小岛进发。他们到达小岛后，依照指示在某地挖掘，几经辛苦才挖出一个小木箱及一根短树枝。他们欢天喜地拆开一看，原来里面藏着数张字迹模糊的废纸，上面的文字分别为：一、早上最长；二、中午最短；三、傍晚最长；四、从东西的直线上，在傍晚时往东行10米。“奇怪！这是什么意思呢？”福尔摩斯助手不解地说。

福尔摩斯回答说：“唉！你当然不明白啦！我已解开这个谜了。我们要利用这根树枝，然后再按照我说的步骤来做，就可以了。”

果然，他们很快便找到宝藏了。你猜他们是如何找到宝藏正确位置的呢？

**【侦查笔记】**

| 主诉 | 福尔摩斯 | 证据及线索 | ①纸条<br>②纸条上的内容 |
|---|---|---|---|
| 时间 | 夏天 | | |
| 地点 | 小岛 | 关键点 | 短树枝 |
| 事件 | 寻宝 | 嫌疑人 | |
| 人物及关系 | 福尔摩斯与助手寻找宝藏 | 侦查方向 | 根据纸条内容辨别方向 |

# 226 骨斑辨尸

警长请福尔摩斯协助侦破一起无名尸案。原来，这具无名尸体是在一口水塘中被打捞上来的，尸体已经腐烂，面目无法辨认。

当时正值盛夏，警长只好把尸体送到火葬场焚化了，仅留下几幅照片和简单的验尸记录。随同尸体打捞出来的其他一些物品表明死者应该是本地人。福尔摩斯经过仔细观察，注意到这具男尸的骨头上有一些明显的黑色斑块。

他问警长：“贵地有没有炼铅厂之类的冶炼工厂？”得到肯定的回答后，福尔摩斯果断地说："警长先生，您尽快派人去炼铅厂所在的地区调查，死者生前很可能是那儿的人。"警长按照福尔摩斯的指点，果然在某炼铅厂查到了无名尸的姓名、身份，并以此为线索迅速破了案。

受到上级嘉奖的警长十分纳闷，福尔摩斯依据什么从骨斑中判断出死者身份的呢？

**【侦查笔记】**

| 主诉 | 福尔摩斯 | 证据及线索 | ①水塘<br>②男尸骨头上的黑斑 |
|---|---|---|---|
| 时间 | | | |
| 地点 | 水塘 | 关键点 | 黑斑 |
| 事件 | 找出无名男尸的身份 | 嫌疑人 | |
| 人物及关系 | | 侦查方向 | 从尸体黑斑所示的化学反应入手 |

# 227 辨认血迹

福尔摩斯和助手带领专案小组于森林公路中段截获了一辆走私微型冲锋枪的卡车。经过一场激烈的搏斗，四名走私团伙成员有三人当场被擒获，而此次走私军火的头目韦特被警员的手枪击中左小腿后逃入密林深处。福尔摩斯立即命令两位警员押送被擒人员回警署，自己带领助手深入密林追捕韦特。进入密林后，两人沿着点点血迹仔细搜捕。

突然，从不远处传来一声沉闷的猎枪射击声和一阵忽隐忽现的动物奔跑声。看来，这只动物已经受了伤。果然，当福尔摩斯和助手持枪追赶到一块较宽敞的三岔路口时，一行血迹竟变成了近似交叉的左右两行。显然，韦特和动物不在同一条道上逃命。

怎么办？哪一行是韦特的血迹？助手看着，有些懊丧起来。但福尔摩斯却用一个简单的方法，便鉴别出了韦特的去向，最终将其擒获。请问，福尔摩斯用何种方法鉴别出韦特的血迹？

**【侦查笔记】**

| 主诉 | 福尔摩斯 | 证据及线索 | ①枪伤<br>②血迹 |
|---|---|---|---|
| 时间 | | | |
| 地点 | 密林 | 关键点 | 血迹 |
| 事件 | 通过血迹追捕凶手 | 嫌疑人 | 韦特 |
| 人物及关系 | 福尔摩斯带领助手追捕凶手 | 侦查方向 | 人体血液的特征 |

# 228 冒牌科学家

著名科学家劳伦斯到乡村小镇做演讲。虽然绝大多数人根本听不懂劳伦斯讲的科学理论，可他们还是非常兴奋——能见到这样顶尖的科学家，听不懂又有什么关系呢！演讲接近尾声，劳伦斯说道：“每个人都知道，科研需要购买大量的器材和实验用品，由于政府财政上的困难，暂时没能给我们科研室足够的经费，我们的许多科研项目因此停顿下来，这是非常可惜的！如果在座的各位不想看到这种局面的话，请为我们的科研室捐款吧！”此时，居民的情绪已经被调动到最高点，大家纷纷取出支票本，准备给“劳伦斯科研室”捐款。

但来此旅游的福尔摩斯却觉得有点儿不对，从来没有听说著名的劳伦斯教授会自己到处游说拉赞助，还专程来到这样偏远的小镇！他思考了一下，抱起旁边的小女孩，悄悄对小女孩说了几句话，便高声说道：“劳伦斯先生，这个小女孩有个小学数学问题想请教你！”在居民的哄笑声中，小女孩用稚嫩的声音问道：“一家工厂4名工人每天工作4小时，每4天可以生产4架模型飞机，那么8名工人每天工作8小时，8天能生产几架模型飞机呢？”居民们的笑声更响了，大家都觉得这个问题不但简单，而且还有点儿幼稚。劳伦斯微笑着回答：“所有条件都翻了一番，当然答案也翻一番了！是8架飞机，对不对？”居民们先是一愣，然后再次大笑起来。

福尔摩斯站起来说道：“居民们，这是个冒充劳伦斯到处行骗的冒牌货，大家不要上当啊！”顿时，台上的“劳伦斯”脸色发白，他想不到一道小学数学题目竟然揭穿了自己的本来面目！

你能做出这道题吗？

【侦查笔记】

| 主诉 | 福尔摩斯 | 证据及线索 | 小学数学题 |
|---|---|---|---|
| 时间 | | | |
| 地点 | 乡村小镇 | 关键点 | 题目答案 |
| 事件 | 冒牌科学家 | 嫌疑人 | 冒充者 |
| 人物及关系 | 福尔摩斯用小学数学揭穿“科学家”的真面目 | 侦查方向 | 解答计算题 |

# 229 华生钓鱼

华生业余时间喜欢钓鱼，但无奈他的垂钓技术很差，每次钓鱼虽然都做了充分的准备，但是收获却少得可怜，有时还会空手而归，福尔摩斯也经常以此打趣他，但华生还是很享受垂钓时的那份静谧。

这一天，华生又情绪高昂地去钓鱼了。他在鱼塘边忙活了一整天，日落西山了才回来。福尔摩斯看到了，便笑着问道：“是不是满载池水而归啊？”华生回答：“今天我可是有大收获呢，钓了6条没头的，8条半截的，9条没尾的鱼。”福尔摩斯先是一怔，片刻，又看着华生，会心地笑了。

你猜到华生今天的收获了吗？

【侦查笔记】

| 主诉 | 华生 | 证据及线索 | ①6条没头的<br>②8条半截的<br>③9条没尾的 |
|---|---|---|---|
| 时间 | 某一天 | | |
| 地点 | 鱼塘 | 关键点 | |
| 事件 | | 嫌疑人 | |
| 人物及关系 | | 侦查方向 | |

# 230 拉肚子的功劳

某日早晨，漂亮的歌手丽莎死在自己公寓的房间，最先发现尸体的是她的经纪人。经纪人见她房门没上锁，心想她太粗心了，便走进房间里，却不见丽莎人影。只有卫生间的门是从里面锁着的，打不开，门缝底下流出的鲜血已经凝固，经纪人大吃一惊。

他马上叫来公寓管理员，一起撞开卫生间的门，只见丽莎穿着睡衣坐在便池上已经死了。她是被匕首状的凶器刺中了背部，看起来像是在卧室遭到袭击后逃进卫生间，从里面插上门来躲避凶手追击，由于失血过多而死亡的。警察勘察了现场，但没发现任何可成为线索的证据。

事后，警长邀好友福尔摩斯查看了被害人死去的卫生间，谁知福尔摩斯肚子不太舒服，便苦笑着关上了卫生间的门。几分钟后，他表情轻松地走了出来。“警长，凶手是名字缩写为A.K的人。”警长大吃一惊。“真的吗？在哪儿找到什么暗示了吗？”“是拉肚子的功劳，因为被害人留下了线索。”福尔摩斯笑着说。

那么，福尔摩斯是从哪儿发现凶手名字缩写的呢?

**【侦查笔记】**

| 主诉 | 福尔摩斯 | 证据及线索 | ①丽莎坐在便池上死亡<br>②卷纸 |
|---|---|---|---|
| 时间 | 早晨 | | |
| 地点 | 丽莎公寓 | 关键点 | 卷纸 |
| 事件 | 丽莎被杀 | 嫌疑人 | |
| 人物及关系 | | 侦查方向 | 卷纸上留有血书 |

# 231 白纸遗嘱

作曲家简和音乐家库尔是一对盲友。简病危时立下一份遗嘱请库尔来做公证人，遗嘱中约定简把一生积蓄里的一半捐给残疾人福利机构。随即让他的妻子拿来笔和纸，他在床头摸索着写好遗嘱，装进信封里亲手密封好，郑重地交给库尔。库尔接过遗嘱，立即送到银行保险箱里保存起来。一星期后，简过世了。在简的葬礼上，库尔拿出这份遗嘱交到残疾人福利机构的代表手中。但当代表从信封中拿出遗嘱时，发现里面竟然是一张白纸。

库尔根本无法相信，简亲手密封、自己亲手接过并且由银行保管的遗嘱会变成一张白纸！这时来参加葬礼的福尔摩斯却坚持认定遗嘱有效。众人都疑惑不解地看着福尔摩斯，期待着他的解释。你认为福尔摩斯会怎么解释？

**【侦查笔记】**

| 主诉 | 福尔摩斯 | 证据及线索 | ①妻子拿来的笔和纸<br>②妻子遗嘱内容 |
|---|---|---|---|
| 时间 | | | |
| 地点 | 葬礼上 | 关键点 | 白纸 |
| 事件 | 简的遗嘱 | 嫌疑人 | 妻子 |
| 人物及关系 | 库尔发现简的遗嘱是一张白纸 | 侦查方向 | 白纸上有笔印 |

# 232 大树

镇子上有两个人：一个叫拉登拉尔，一个叫莫蒂拉尔，两人十分要好。有一年，莫蒂拉尔的亲戚要到瓦拉纳西去，莫蒂拉尔和妻子想，这样的机会十年才有一次，为何不同他们一起到瓦拉纳西去洗洗恒河的圣水浴呢？但是又一想，途中盗贼很多，家里的钱财又没有人看守，怎么办才好呢？这时，莫蒂拉尔想到了朋友——大商人拉登拉尔。于是，他把妻子的金银首饰放在一个小盒子里，把它带到拉登拉尔家里去，碰巧，在路上遇到了拉登拉尔。七八月间，阳光很毒，路旁有一棵大杨树，两人便站在杨树阴凉处谈起来。莫蒂拉尔说明了来意，然后说：“这是首饰盒，这是首饰清单，盒子已经上了锁，你如果不放心，咱们一同上你们家去当面清点一下。”拉登拉尔说：“你放心地去吧，不要错过了出门的好时辰。我把盒子拿回家去，仔细保存起来，你不必担心。”

拉登拉尔把沉重的首饰盒带回家后，起了贪财之心。半年后莫蒂拉尔回来了，问起了自己的首饰盒，拉登拉尔竟矢口否认，莫蒂拉尔只好告到法院。法官奥恰吉听完两个朋友的事情后，把拉登拉尔找来，问他有无此事，拉登拉尔还是矢口否认。奥恰吉再问莫蒂拉尔：“你在什么地方，当着谁的面把首饰盒交给拉登拉尔的？首饰有清单吗？”莫蒂拉尔把清单副本交给了法官，说：“交给他的时候，没有第三人在场，路旁只有一棵杨树，我是站在杨树下把首饰盒交给他的。”奥恰吉对拉登拉尔产生了怀疑，只是苦于没有证据。在下面听审的福尔摩斯灵机一动，请法官休庭并到办公室交谈了一小会儿，法官重新开庭并命令法警道：“你马上到那棵大杨树那里，告诉它，法官叫它到法院来做证。”

法庭上的人们听了都大为惊讶：一棵树难道还能到法院来做证？法警去了很久还没有回来，奥恰吉不耐烦地说：“这法警真会磨蹭，哎，拉登拉尔，那棵树离这儿有多远？”拉登拉尔脱口而出，回答道：“没有到，那棵树离这儿有5千米远，法警现在还到不了那里。”奥恰吉听了，觉得调查已经完成了一半。他又看了看首饰清单，上面写着玛瑙、珍珠、宝石等。奥恰吉对拉登拉尔说：“根据莫蒂拉尔的清单，盒子里装有玛瑙、珍珠、宝石做的首饰，还有银项链、手镯、项圈等，你说对吗？”拉登拉尔惊慌地说：“不到一尺长的小盒子怎么能放下四副大的银首饰，这是谎话，完全是谎话。”

这时，奥恰吉宣判说：“拉登拉尔，你才是说谎者。你现在最好把盒子还给莫蒂拉尔，只有这样做，才能保住名誉……”拉登拉尔只好承认错误，请求饶恕。

奥恰吉为什么判定拉登拉尔是说谎者？

## 【侦查笔记】

| 主诉 | 法官 | 证据及线索 | ①大杨树<br>②法院到大杨树之间的距离<br>③盒子里的首饰 |
|---|---|---|---|
| 时间 | 半年后 | | |
| 地点 | 法庭 | 关键点 | 盒子里的首饰 |
| 事件 | 谁的首饰盒 | 嫌疑人 | 拉登拉尔 |
| 人物及关系 | 拉登拉尔将莫蒂拉尔的首饰盒占为己有 | 侦查方向 | |

# 233 推理擒惯偷

客运码头，一艘大客轮徐徐进港，停岸后，旅客们匆匆登上码头。人群中，抢先钻出一位满头冒汗、神色不安的旅客，他站在码头上，注视着一个个从他身旁走过的人。很明显，他是在寻找什么。原来，在船快靠岸时，他内急上了趟厕所，可回到舱内，发现自己的旅行袋不见了。他是来出差的，包里有不少钞票以及公家的发票、合同等。他慌了，想报案，可船已靠岸，怕来不及，便抢先挤出人群站在岸上，他想：拎他包的人肯定会出来。可是人都走光了，仍不见有人提他的包露面，他急得脸色惨白。

忽然，他看到前面有个穿牛仔裤、花衬衫的小伙子正提着他的旅行袋往外走。他立即上前去，挡住小伙子的去路，质问道："你为什么拿了我的旅行袋？"小伙子一怔，瞧了一下手中的包，说："怎么，这包是你的？""当然，我不会认错的。""哦，对不起，我大概拿错了。"他随即将旅行袋还给了这位旅客，并且头也不回地继续向外走去。

小伙子刚走到出口外，肩头被人拍了一下。回头一瞧，是福尔摩斯。福尔摩斯说："你刚才拿错了别人的包，你自己的包呢？""这……"小伙子猝不及防，一时瞠目结舌，不知所措。"请你跟我来一下吧。"福尔摩斯把小伙子带到了警局。经调查，此人果然是个惯偷。

原来刚才小伙子还包给那位旅客的一幕，正好被福尔摩斯看见。福尔摩斯是怎么判断出这个小伙子是个惯偷的呢？

## 【侦查笔记】

| 主诉 | 福尔摩斯 | 证据及线索 | ①小伙子拿错包<br>②小伙子没有去找自己的包 |
|---|---|---|---|
| 时间 | | | |
| 地点 | 码头 | 关键点 | |
| 事件 | 小伙子偷包 | 嫌疑人 | 小伙子 |
| 人物及关系 | 福尔摩斯发现小伙子是惯偷 | 侦查方向 | 如果小伙子拿错包他应该去找自己的包，但他没有找 |

# 234 去找金笔的凶手

妙龄女郎莎莉在宾馆房间里被人用水果刀刺入背部致死。警长向福尔摩斯介绍情况说："她上周才与船长杰尼完婚。昨天杰尼刚起航前往夏威夷，他们在第三大街有一套小巧的新居。"

"有嫌疑对象吗？""可能是约翰。莎莉曾与约翰是恋人，但莎莉最后选择了杰尼。""让我独自去拜访一下约翰吧。"福尔摩斯说着故意将一支金笔扔在门口。约翰独自住在加油站后院。福尔摩斯进门就问："你知道莎莉被人杀了吗？""啊！不，不知道。"约翰气喘吁吁地说。

"嗯，不知道就好。"福尔摩斯说，然后他伸手到上衣袋中欲摸笔做记录，"噢，糟糕，我的金笔一定是刚才不小心掉在莎莉的房间了。我得马上去办另一件案子，顺便告诉警方你与此案无关。你不会拒绝去帮我找回金笔，然后送到警察局吧！"约翰看上去似乎很犹豫，但他还是耸了耸肩膀，无可奈何地说："好吧。"

当约翰将金笔送到警察局时，他立即就被逮捕了。为什么？

**【侦查笔记】**

| 主诉 | 福尔摩斯 | 证据及线索 | ①遗失的金笔<br>②案发现场 |
|---|---|---|---|
| 时间 | | | |
| 地点 | 宾馆房间 | 关键点 | 金笔 |
| 事件 | 莎莉被杀 | 嫌疑人 | 约翰 |
| 人物及关系 | 福尔摩斯去约翰处询问 | 侦查方向 | 约翰知道案发现场在哪儿 |

# 235 接头

一天，警方收到报告，黑老大正潜伏在码头附近，他是来与"东方神秘号"船上某个人接头的，似乎准备商量一笔"大买卖"。于是警长命令加强对"东方神秘号"上所有人员和码头周围人员的监视，并邀请福尔摩斯前来协助破案。

经过数天观察，警方得到如下线索：这条船上有1名船主、5名水手和1个厨师。每天上午10点，厨师会上街采购。他总是沿着相同的路线：先去一家面包店，然后去一家调味品批发商店，再去一家肉店、一家乳品店、一家餐馆，最后去报摊买当天的报纸。在每个地方，他都会做短暂停留。5名水手上午在船上工作，下午上街游玩，傍晚喝得醉醺醺的，嘴里胡乱哼着小调回船，天天如此。福尔摩斯经过仔细的分析，决定跟踪厨师，果然发现他每天都在同一家商店与黑老大接头。

请问，他们是在哪家商店接的头？福尔摩斯是如何判断出来的呢？

**【侦查笔记】**

| 主诉 | 福尔摩斯 | 证据及线索 | 上街采购的地点 |
|---|---|---|---|
| 时间 | | | |
| 地点 | 码头 | 关键点 | 调味品批发商店 |
| 事件 | 寻找接头人 | 嫌疑人 | 厨师 |
| 人物及关系 | 福尔摩斯发现厨师是接头人 | 侦查方向 | 船上一天所需的调料 |

# 答案

## 001. 离奇的毒杀案

凶手将毒药涂在刀的一面，在切苹果的时候，毒药就沾在这一半的苹果上，就这样使史密斯太太中毒身亡。

## 002. 破案秘诀

“那个家伙开始招认一切了。”两人的确共同作案，如果俩人都伪装不知情，罪行可能就被掩盖，但如果其中一人为减轻罪行，声称自己只是共犯而招认一切，另一人的罪会比共犯重。福尔摩斯正是掌握了犯罪嫌疑人的不安感，成功使两人认罪。

## 003. 魔术师的表演

魔术师拿来了一个相似的明信片，然后假装变魔术，将假的明信片扔掉以后，对着众人宣布，他将明信片放进了那人的衣袋里，这样，真的明信片很自然地就拿回来了。

## 004. 悬崖伏尸

福尔摩斯发现死者鼻子上架着太阳镜。假使是自杀，由悬崖跳下去的时候，太阳镜应该会掉落，不可能还架在鼻子上。悬崖上的一只鞋，只是行凶者掩人耳目、混淆视听而已。

## 005. 失误在哪儿

因为当时外面的气温达到-20℃，事发地点又在离旅馆两千米外。就算跑回来，衣服也应该结冰，而他却浑身湿漉漉的。说明他是在旅馆附近用水将自己淋湿的。

## 006. 救生筏上的疑团

乘客用匕首刺死飞行员时，刀尖刺破了橡皮筏的充气管。橡皮筏漏气会很快沉没，而且海里有吃人的鲨鱼，所以凶手用手指拼死堵住被割破的充气管以防止漏气。这样，他就动不得半步，也就无法拿到罐头而被活活饿死了。即便松开手指，迅速拿过罐头，也没有时间把罐头打开，因为这会工夫橡皮筏的气会跑得一干二净。或者是橡皮筏沉了，自己成了鲨鱼的食物，或者是饿死，二者必居其一。

## 007. 舞女之死

凶手是开电梯的小姐。舞女和银行家进入房间，这时她不可能没有涂口红。杂役进房修电视，女郎被害时电视已经修好了，杂役不会修好电视再杀人。花花公子进房间时电视在播古典音乐，而舞女一般不喜欢古典音乐。所以舞女被害时一定是在看前一个节目，所以凶手不是花花公子。只有女性面前，舞女可能不涂口红。

### 008. 谁是匪首

这句话是："真狡猾，你们头目的衣服怎么穿反了？"土匪们一时没有反应过来，都朝一个人看去，那个人就是土匪头目。

### 009. 糊涂的警员

因为死者双手放在被单下面。如果是自杀的，则头部中枪后，不可能还有时间将双手放回被单下面。

### 010. 谁被拘留

被拘留的是甲。此人知道被害人当时是在锁房门，而不是开房门。他一定是一直窥视着这座房子，否则他不可能知道被害人是要出门还是要进门。

### 011. 离奇的敲诈案

约翰和狄娜只通过电话，而狄娜却知道约翰用新买的蓝色皮箱装钱给了乔治，显然她是从乔治那里获悉的。结论非常清楚：狄娜与乔治合谋敲诈约翰。

### 012. 酒窖中的机械表

由于酒窖四周无窗，迈克若真的失去知觉，醒来后就无法知道外面是白天还是黑夜，就是有老式机械表，他也无法知道到底当时是近中午12点还是午夜12点。而按照安卡平时的习惯，总是在近中午12点到家的，这样迈克听到安卡回来时就会以为是中午，而不会催安卡到车站去追赶乘午夜列车逃走的盗匪了。

### 013. 发黑的银簪

银簪发黑便是证据。患皮肤病的罗伊的手涂硫黄药进行治疗，再用涂药的手握银簪时，会使银簪的柄发黑。这是银接触硫黄后发生的化学反应。

### 014. 机智的回答

老板说："你们只有两个人，我不能给你们。你们去把那个人找回来吧！"

### 015. 被毒杀的特工

凶手就是男侍应。他在汤中放了大量的盐，女特工喝后感到口渴，于是叫他拿水，而毒药则放在第一杯水中，当男侍应再拿杯子去倒第二杯水时，暗中已换了另一个杯子。

### 016. 烟头做证

烟头是作案者用纸卷和烟丝做成的，说明作案者的经济能力有限；作案者在作案前连抽了两根烟，说明他烟瘾颇重；最为重要的是，烟头很短，浸透了唾液，说明作案者习惯于长时间把烟头衔在嘴里，直到烟头快烧到嘴唇才扔掉。一般来说，木匠、泥瓦匠常常有这样的抽烟习惯，因为他们的双手不停地干活儿，无暇用手指夹着香烟，于是就把香烟长时间衔在嘴里。就这样，通过小小的烟头，福尔摩斯勾画出作案者的形象。

### 017. 真假新娘

珠光宝气的浅黑肤色女士。她的结婚戒指戴在左手，这是美国的风俗。而那位金发女士的结婚戒指戴在右手，这是德国的风俗，而菲克的新娘正是德国人。福尔摩斯为了看清她们如何戴结婚戒指，故意让她们演奏钢琴曲。

### 018. 遇害的女邻居

福尔摩斯说："我是根据他的脚印，他的体重那么轻，而雪地上原先留下的脚印却和我这个体重的人在雪地上留下脚印的深浅差不多，那么他一定带着很重的东西到被害人家去的。据我测算，这画家的体重加上那个女人尸体刚好和我差不多。所以，毫无疑问，杀人的凶手就是他。"

### 019. 珠宝被劫

如果门真的如玛丽夫人所述敞开那么久，烛液就不会逆着风全部向门的一侧淌落。

### 020. 迷幻药与色盲

亚森知道哈利是色盲，便嫁祸于他，故意将许多红色的鞋子和绿色的鞋子混放一箱，但因太整齐划一，反而露出了马脚。

### 021. 图书馆里的黑影

A.被窃的钱是各种面值的，而且散乱放置。犯罪嫌疑人在停电的黑夜里，不可能从容地将钱偷得分文不剩。具备如此从容作案条件的唯有值班员阿伦。

B.阿伦报警时在电话里说收款员抽屉被撬，而福尔摩斯勘察时却发现莉莉的抽屉未见撬痕，也没上锁，可自然拉开。由此说明阿伦报案时在说谎话。

### 022. 赃物在哪儿

福尔摩斯把水管接在水龙头上，在农场里到处洒水。因为埋箱子的地方渗水的速度更快，所以观察哪里渗水速度快，就可以轻而易举地找到埋箱子的地点了。

### 023. 珍珠被偷

福尔摩斯在搜查时根据那颗散落的珍珠检查了吸尘器，发现地毯被吸尘器清扫过，并且吸尘袋不见了。于是他故意将棉絮弄了一地，以观察女用人在打开吸尘器时的反应，谁知她却默不作声，这就证明她是小偷。

### 024. 破绽

虽然气温很高，但是在空调车里，巧克力不会融化，还会硬邦邦的，只有在外面待了很长时间的人身上带的巧克力才会融化，变得软塌塌的。

### 025. 妙计入城

福尔摩斯是趁着看城堡的人出来巡视的时候，背向城门，让看守城堡的人误以为他想偷出城堡，赶他入城，于是福尔摩斯成功地进入了城堡。

### 026. 现场的钓鱼线

凶手先把电闸拉开，使屋内处于停电状态，然后把电风扇的开关置于“ON”的位置，把系在电风扇转轴上的钓鱼线穿过房门上的插销槽，系在插销柄上，他站在门外，从门缝中伸进手去，将钓鱼线与插销系在一起。然后，悄悄地关上门，合上电闸。于是电风扇旋转起来，钓鱼线随之卷进扇轴里，拉动插销柄，使之落进插销槽内。随着拉力的增强，钓鱼线从插销上脱落，被卷进电风扇的轴里看不见了。这样一来，犯罪现场也就成了一间密室。

### 027. 智斗歹徒

福尔摩斯对歹徒说：“这些钱不是我的，是我们老板的，现在这些钱被你拿走，我们老板一定认为我私吞公款。所以拜托您在我的帽子上打两枪，证明我遭打劫了。”歹徒心想，有了这笔巨款，子弹钱算便宜了，于是便对着帽子射了两枪。而福尔摩斯再次恳求：“可否在衣服、裤子上再各补两枪，让我的老板更深信不疑。”头脑简单、被钱冲昏头的歹徒统统照做，所以发出了六声枪响，枪也没子弹了。

### 028. 字迹辨凶

爱丽小姐的手被反绑了，浴缸上写的应该是倒字，所以不是“6”，而是“9”。

### 029. 帐篷里的破绽

嫌疑人说他在那个帐篷里已住了一个多月，然而帐篷里的草还是绿的。如果被帐篷盖了一个月，草早就枯萎了。

### 030. 奇怪的陌生人

陌生人既然要进入“自己的房间”，那为什么要敲门呢？显然不符合常理。

### 031. 证据在录音机里

这个人是琳达，因为只有她穿着走路没有声响的球鞋，所以录音机里开始什么声音都没有录下来。

### 032. 手电筒的光

报案人就是犯罪嫌疑人。既然是停电，漆黑一片，报案人怎么知道失窃的东西和钱数呢？另外，手电射进门缝时，报案人如果往外看，根本看不见什么。所以看到脸上好像有块疤，是不可能的。

### 033. 银碗中的头像

依据凹镜成像原理，营业员不可能认出持枪者是谁，因为大水果碗中反射出来的影像是个弧面倒影。

### 034. 深夜报案

如果那扇窗户一直开着，那么室内不可能这样暖和，福尔摩斯断定玛丽莎夫人说了谎。

### 035. 借据丢失后

加伊回信说只欠2000英镑，阿桑因此重新得到了借款的证据。

### 036. 走嘴的美术教师

拇指应该是晒黑了的，油画写生时，因一只手端着颜料板，手被板遮住晒不着。但是，拇指露在颜料板的窟窿外面，是会被阳光晒到的。而麦迪的左手五个指头都像白鱼一样白，所以才引起福尔摩斯的怀疑。

### 037. 熔珠破案

用激光显微光谱仪一照，残留在裤脚卷边里的熔珠露了原形，熔珠与保险箱是同一种材料。

### 038. 吹牛大王的破绽

照片中杰克骑的是双峰骆驼，但双峰骆驼只在亚洲有，非洲的骆驼都是单峰的。

### 039. 毛玻璃“透视”案

毛玻璃不光滑的一面只要加点儿水或唾液，使玻璃上面细微的凹凸呈水平状，就变透明了，能清楚地看到出纳在办公室中所做的一切。而在左侧办公室，毛玻璃的光滑面在左侧办公室内，就不具备这样的条件。

### 040. 没有噪声的汽车

洛桑身材高大，而他妻子身材娇小，如果真的是他的妻子开车，肯定会调整座位，那他不可能坐得舒舒服服的。

### 041. 判定逃跑方向

福尔摩斯是根据青蛙的叫声判定的。青蛙不叫的方向即为逃犯逃跑方向。

### 042. 识破假照片

梅花鹿只有雄性长角。鹿角春天脱落，而后又开始长出新茸。新茸包在皮里渐渐地长大，到秋天才开始骨化。若照片是夏天拍的话，不会拍到长角的梅花鹿。

### 043. 埃菲尔铁塔的谜团

埃菲尔铁塔是钢铁结构的，由于热胀冷缩，它必然要随着温度的冷暖而变化。白天，由于光照的角度和强度是变化的，塔身各处的温度也是不一样的，因此，热胀冷缩的程度也是不一样的，所以上午和下午不仅出现了倾斜现象，而且倾斜角度不一样。夜间，铁塔各处的温度是相同的，所以就恢复了垂直状态。冬季气温下降，塔身收缩，所以就变矮了。

### 044. 史前壁画

这位青年一点常识都没有，那些所谓的古人类壁画一看便知道是伪造的，因为恐龙不可能被古人类追赶，地球上的人类是在恐龙绝迹数千万年后才出现的。

### 045. 何种手段

喝了加有安眠药的酒后，两人回到家中，男士犯困睡着了，他的女朋友将他放入浴缸，放入大量冷水并加入冰块，很快死者因心脏停搏而死。然后他女朋友又在浴缸中加入热水作为掩饰。

### 046. 心虚的凶手

因为如果是开枪自杀的话，他的手上会有弹药残留，用石蜡可以测出“硝化反应”。如果是被别人杀死的，那么死者的手上就测不出“硝化反应”。用这个方法可以测出死者到底是不是开枪自杀。

### 047. 登山队员

凶手拿录音机作为凶器，在上游某积雪处，开大音量引发雪崩，死者在下面没有防备，就被雪吞没了。事后凶手只要扔掉录音机就行了。

### 048. 说谎的医生

因为杜医生的回答漏洞百出。杜医生先说病人突然脑卒中，但后来又改口说病人是因心脏病发作唤他来急救的，破绽露出。不过这还不能令福尔摩斯肯定他就是凶手。最重要的是浴室连天花板都湿透，福尔摩斯推断杜医生趁死者心脏病发作晕倒在地时，刻意开着热水炉让室内变成高温，然后关起门来，浴室内就充满了蒸汽，所以天花板才会湿透。由于温度特别高，体温计才会爆裂。这种条件下，别说是心脏病人，连普通人都受不了，根据这些线索，福尔摩斯确定杜医生就是凶手。

### 049. 空信封谜团

遗产是两枚极为珍贵的邮票。

### 050. 轿车里的命案

死者的嘴里和胃里都有鲜樱桃，这说明他死前一直吃着樱桃，然而汽车的内外毫无污痕，在地面上也没找到樱桃核，证明这里并不是作案现场。

### 051. 吹牛的人

福尔摩斯对杰克说：“既然这个溶剂这么厉害，你用什么容器去装呢？”

### 052. 切绳子

不正确。把一根绳子切成四段只需要切三处，每一处1分钟，一共3分钟就可以了。

### 053. 不能左转

华生到了需要左转弯处之后开始右转，右转再右转。这样一来，即使没有左转，也能成功地走回家。

### 054. 烧绳计时

将第一根绳子的两端同时点燃，同时点燃第二根和第三根绳子的一端，当第一根绳子全部烧完时正好是1小时。这时再将第二根的另一端点燃，第三根不动。

第二根剩余部分烧完用时30分钟，同时再将第三根绳子的另一端点燃，第三根绳子剩余部分烧完用时15分钟。所以从第一根绳子点燃开始计算，到第三根绳子全部烧完正好用时1小时45分钟。

### 055. 河宽多少

当两艘渡轮首次相遇时，它们相距较近的岸720米，此时它们走过的距离总和等于河的宽度。当它们双方抵达对岸时，走的总长度是河宽的两倍。在返航中，它们再相遇，这时两船走过的距离之和等于河宽的三倍，所以每一艘渡轮所走的距离应该等于它们第一次相遇时所走距离的三倍。

两艘渡轮第一次相遇时，有一艘渡轮走了720米，所以当它们再次相遇时，这艘渡轮已经走了三倍的距离。即720×3=2160米。这个距离比河的宽度多出了400米。所以河面的宽度为2160-400=1760米。

### 056. 排除假象取情报

亚当斯说把资料放在沙发下面，那两个陌生人一定会四处寻找，把屋里翻得很乱，但是亚当斯的屋里却并没有被翻过的迹象。亚当斯说那两个陌生人来的时候就把电视机关掉了，可那件事发生在一个小时以前，电视机应该早已散热完毕，可是福尔摩斯摸到电视机还有余温。因此，福尔摩斯断定亚当斯在说谎。

### 057. 美丽的伪证

司机就是盗窃者。他用特定的方法（比如用纸做套子套在花蕾上）推迟了牵牛花开花的时间。作案后他迅速赶回住处，取掉纸套，牵牛花才会开花，他再拍摄出花开全过程的连续照片，作为不在盗窃现场的伪证。

### 058. 音乐家之死

犯罪嫌疑人趁被害人外出家里没人时，悄悄地溜进屋里，往火药里掺上氨溶液和碘的混合物。如在氨溶液里掺入碘，在湿着的状态时是安全无害的。一旦干燥，其敏感度甚于炸药，哪怕是高音量的震动也会产生爆炸。所以，被害人在用小号吹奏高音曲调的一刹那，声音震动了玻璃杯里的炸药，引起了爆炸。

### 059. 玻璃框中的凶手

卡罗说自己从画的玻璃框中看到歹徒的长相，这是他的漏洞，因为有些美术常识的人都知道，油画从来不用玻璃框。

### 060. 越狱的犯人

是鸽子运来的。犯人布德每天在铁窗上撒些面包渣儿。在监狱外，其妻放出信鸽，信鸽发现面包渣儿，便向布德的牢房飞来。这样反复进行几次，等信鸽记住了牢房的位置后，其妻在信鸽腿上绑上线锯，然后放掉信鸽。鸽子可在监狱的高墙上自由飞进飞出，而且监狱的看守也不会想到鸽子会传递线锯。于是，犯人布德便顺利地弄到了线锯。

### 061. 脆弱的防盗玻璃

嫌疑人是制造玻璃的人。这种钢化玻璃尽管很硬，但是只要上面有一个小小的裂缝，再照着那里用点儿巧劲儿，钢化玻璃就会像瓷碗一样碎掉。知道这个知识的人应该不多，而且这明显是有预谋的，普通人不知道，即使知道也不会去砸这种玻璃。而知道这种常识，又能制造这种漏洞的人，就只有玻璃的制造者了。

### 062. 女画家被刺之谜

穿和服的日本女子疑点大，因为只要看看地上的脚印就知道了。日本人进到屋子里都习惯于脱掉鞋子，只穿袜子，而西方人则没有这个习惯。

### 063. 毒酒

毒酒是温酒温出来的。锡壶大多是铅锡壶，含铅量很高。酒保把铅锡壶直接放在炉子上温酒，酒中就带上了浓度很高的铅和铅盐。黄酒上浮着一层有金属暗光的黑膜，多饮几杯这样的酒，就会出现急性铅中毒的症状。

### 064. 奇怪的狗吠

因为北京犬对陌生人向来是不叫的，甚至连眼睛都懒得睁开。当它张嘴叫时，是因为见到熟人了。因此，当照顾狗的用人潜入寝室时，狗才叫唤不已。

### 065. 说谎的嫌疑人

根据物理学常识，在只有一个电灯泡的房间里，不可能在房间的两面纸门上都照有人影，所以中间的房间应该有两个人。

### 066. 秘书的花招

秘书害死了卡恩博士之后，用电热毯包住尸体，造成博士刚刚死亡的假象。

### 067. 珠宝失窃

如果玛丽真的是刚进房间就被打倒，她端着的牛奶肯定被打翻在地，不可能还安然地放在床头柜上。

### 068. 谁偷了文件

盗窃者是希里。因为机密文件失窃只有保密员杰姆和公司经理知道，希里不但知道发生了盗窃案，还能说出文件的编号，不是太奇怪了吗？

### 069. 自杀疑云

福尔摩斯判断得对，应该是他杀。如果阿尔瓦是自杀，开枪后，持枪的手不可能在被子中。

### 070. 驯马师之死

犯罪嫌疑人是金发女郎。根据细节描写，我们可以判断出案发时间是冬季。金发女郎自称血迹是“刚才在他身上蹭到的”，实际上那时彼特已死了8个小时，他的血已结成冰，不可能蹭到她袖子上。

071. 金鱼身上的线索

菲力极力掩饰罪行，但这一切都被福尔摩斯识破了。福尔摩斯推断，今天一早，菲力到达别墅后将准备好的冰块和金鱼，放在打碎了的玻璃缸附近。在太阳的照射下，冰块开始融化，等琼斯到家的时候，就只剩下一些水渍。然而金鱼肚子里的冰块融化得较慢，所以，金鱼的身体摸起来还是冷冰冰的。

072. 大画家的遗作

因为一连几天气温都在零下几十摄氏度，而且木屋的窗上又有破洞，橱中的墨水早就冻成了冰块，怎么能马上用来作画呢?

073. 谁报的案

报案者正是和艾伦通电话的福尔摩斯。当凶手敲门时，被害者曾在电话中讲：“请等一下，有人按铃，我去开门。”而福尔摩斯在等待时，听到话筒中传来“救命”的呼声，就立即向警方报了案。

074. 姐夫遇害

因为福尔摩斯在电话中并未提过被害人的姓名，雷利却说出了被害姐夫的名字。而在面谈中，福尔摩斯又了解到雷利不止一个姐夫。所以福尔摩斯断定雷利就是凶手。

075. 伪造的自杀现场

我们其实都有这样的生活常识。当我们插入钥匙，转动钥匙开锁时，我们用的确实是大拇指和食指。但是我们用的却不是食指指尖，而是用食指关节的部位夹住钥匙开锁的。因此，钥匙上会留下大拇指的指纹，但不会留下食指的指纹。既然钥匙上留有杰逊食指的指纹，那只能说明有人故意将被害人的拇指和食指指纹按在钥匙上，造成自杀的假象。

076. 移动水杯

把第二只盛满水的杯子拿起来，把水倒入第五只（中间的那只空杯子）杯子中，然后再把手里的杯子放回原处。

077. 指纹的秘密

卢琳的指纹部分也被涂上了指甲油，所以，没有留下指纹。

078. 两页中间

第43页和第44页是同一页纸的两个面。

079. 深夜劫案

A.易拉罐啤酒未经剧烈震荡或摇晃不会产生大量泡沫。

B.既然是朋友遗忘的包，他怎么知道里面有啤酒，还随便拿出来请别人喝。

福尔摩斯是从这两点看出破绽的。

**080. 滑雪痕迹的秘密**

克洛依说约翰昨天夜里在自己的别墅里过夜，纯属谎言。约翰在下雪之前就一直在自己的别墅里了。星期六早晨，雪停之后，克洛依滑雪来到约翰的别墅。但当时她使用的是单只滑雪板。并且，在自己别墅门前的那棵松树上拴了一条绳子，一边放开绳子一边滑下来的。当到了约翰的别墅后，为了不让绳子碰到雪面，把绳子拴到了后门的柱子上。作案返回时，又拉着那条绳子，边往身上缠绕，边用单只滑雪板缓慢地爬上斜坡返回自己的别墅。这样，雪地的斜坡上就只留下了两条滑雪板的痕迹，伪装得好像真是约翰自己从克洛依别墅滑雪回去的痕迹。约翰别墅后门戳着的两只滑雪板，是克洛依听了要下大雪的天气预报后，前一天，事先拿到这儿的。滑雪板痕迹之所以很不规则、不自然，是拉着绳子用一只滑雪板往返造成的。还因为拉着拴在树上的绳子往返，松树被拉得摇摇晃晃，所以枝叶上的积雪落到了地上。

**081. 可口可乐提供的线索**

从冰箱取出的可口可乐接触室温后，罐身会凝聚水珠，会浸湿压在下面那张信纸上的钢笔字迹。而这半听混有氰化物的可乐罐身是干的，绝非取自冰箱。

**082. 沾血的手印**

原来5个指头的指纹全部是正面紧紧地贴在墙上的。因为手掌贴到墙上时，拇指与其他4个指头不同，是侧面对着4个手指，所以拇指的正面指纹不应紧紧地贴在墙上印出来。

**083. 他在说谎**

有经验的野营者搭帐篷不会在大树底下，若遇下雨的天气易遭电击。所以帐篷不是“经常在野外进行地质考察的学者”搭的，可见这个学生在说谎。

**084. 破窗而入**

保安说他在玻璃被打碎前拉上了窗帘，如果真的是那样，小偷打碎玻璃时，碎玻璃会被窗帘挡住，就不会落得满地都是了。所以福尔摩斯判断这个人在说谎。

**085. 制伏女流氓**

福尔摩斯意识到自己上船后还没有说过一句话，便装成哑巴，比画着诱使那女郎用笔在纸上写出了她的讹诈要求，并以此作为证据迫使女郎离开，从而摆脱了困境。

**086. 羊和自杀者同谋**

福尔摩斯经过询问村民得知：由于爱妻的不幸身亡，西姆完全丧失了活下去的勇气，这是他自杀的动机。但是，西姆又不想因自杀而被村民议论。于是，西姆决定把自己的死伪装成他杀。要做到这一点，必须把枪弄远一点。西姆就利用了羊的嗜好。羊是关在圈里的。为了实现自己的计划，西姆自杀的前一天晚上，就不给羊喂食，使羊处于非常饥饿的状态。第二天，西姆把小型手枪同一根长长的纸带连在一起，另一端放在羊圈的栅栏口，然后朝自己的头部开枪……纸带虽然不是羊喜欢的食物，但是处于饥饿状态的羊不会挑剔食物。当羊一口一口地吞食纸带时，手枪也就一点儿一点儿地被拖了过去，直到纸带完全被羊吃完，小型手枪就会落到羊圈的旁边。

### 087. 聪明的福尔摩斯

如果你把这张照片颠倒着看，你就会感叹道："原来如此！"倒着看它就是一个英文句子：Shige is boss，he sells oil。意思是：施格是头目，他是做石油买卖的。

### 088. 奇怪的算式

101×5算出了是505，在计算机上显示的像字母SOS，福尔摩斯看到它后立即做出反应：乔治出事了。所以他才拨打报警电话。

### 089. 打杯子

福尔摩斯先用一颗子弹打中靠边的一个杯子，再把枪向另三个杯子扔去，用枪身打中那三个杯子。

### 090. 不翼而飞的纸币

约瑟夫咖啡馆门口不远处有一个邮筒，乔治当时把钱投进了邮筒，三天后，由邮递员给他送到家里。当乔治拿到邮件时，警察就可以抓捕乔治了。

### 091. 咖啡毒杀案

贝克将两人共用的砂糖壶中的糖换成了盐。布朗喝了加盐的咖啡之后不由得咳嗽起来。实际上这时候的杯子里尚无毒药，在场的人不过是事后回忆起来以为布朗咳嗽是因中毒而出现的表现，而真正掺毒的是贝克递给布朗的那杯水。他佯装吃药弄了一杯水，再偷偷将毒药放入杯中溶化。至于布朗杯子里的毒则是布朗死后贝克趁众人慌乱之际放入其中的。所以，从溅到稿纸上的咖啡沫中没有化验出毒物。为了避免生疑，贝克自己肯定也喝了加盐的咖啡。

### 092. 判断依据

依据是尸体旁边的帽子。如果这里是案发现场，那么帽子早就应该被台风吹走了。

### 093. 移形换影

侦探福尔摩斯手上的纸包，里面装的是马粪。因为马粪与牛粪一眼就能分辨出来，所以盗牛贼可以在马蹄上装上牛蹄，但是却不能让马拉出牛粪来。

### 094. 狼狈为奸

拉姆的同伙提前拨通了女画家公寓所的电话。凶手拉姆在晚上9点之前就已经杀死了自己的妻子，然后立即与同伙一起来到郊区的旅馆。11点，他通过旅馆前台往家中打电话。在拉姆往家中打电话之前，他的同伙用走廊上的公用电话拨了同一号码，并且没有挂断。这样，不管接线员怎么拨这一号码，电话中传出来的总是对方正在通话的占线忙音。因此，接线员就会产生一种对方正在通话的错觉，认为被害者依然活着。

### 095. 幻影

福尔摩斯用被害者生前的一部分近照，利用电子计算机等最新技术，制作成电影片。在放映时，银幕上的女主人栩栩如生。在杰夫所在房间的墙壁上先秘密钻了两个洞，在一个洞里放一架小型电影放映机，另一个洞里装一个窃听器，还往房间里灌进一些对人体无害的镁气……

### 096. 枪响之后

一场橄榄球比赛需要80分钟，还不包括中间休息时间，再加上60分钟的路程时间，那么B教练在17：20之前是不可能到达P先生家的。足球比赛全场是90分钟，加上中间休息15分钟，A和C这两位教练是完全有可能在作案之前到达P先生家的。再分析下去：A教练的球队参加的是锦标赛，当他们与绿队踢成3：3平局时，还得延长30分钟决胜时间，再加上10分钟的路程时间，就算是不再加上中间休息时间，他也不可能在17：10之前到达P先生家。所以，只有C教练才有可能杀死P先生，因为比赛时间90分钟，算上中间休息15分钟和路程20分钟，他可以在17：05，即枪响之前1分钟到达P先生家。

### 097. 失败的演出

虽然约翰伪造了麦卡的自杀现场，小心翼翼地编造了他从未到过此地的谎言，但他在顶楼上却知道开门的响声来自后门，这无异于不打自招。

### 098. 露了马脚的伯克

在离开落地灯时，伯克是“跨过他舅舅的身体”回到门口的。那么，在他去开灯时，他肯定也要跨过他舅舅的身体才行。只有当他事先已经知道他舅舅已卧在地板上时，才有可能在伸手不见五指的黑暗中去开灯而不被绊倒。

### 099. 死神从背后来

凶手是管家。死亡原因不是枪杀，而是被高压电电死。由于高压电造成的伤口非常像枪弹打出来的，所以只要在事后放入弹头就可以了。管家先在床上放好外边用来启动大型机器的高压电线，把富翁电死后，用枪在床上电线口的位置向楼下开枪，在天花板上造成枪洞。然后到楼下的房间对准天花板上的洞口开枪，留下火药烧灼的痕迹，造成是从楼下开枪的假象。只有管家有全部房间的钥匙，所以也只有他能在两个房间布置。证据就是他在楼上的床上向下开枪的时候，楼下相应的地方肯定有弹孔。

### 100. 登山者遇害

他杀的原因是：如果翻落溪谷，那么死者的背包很大可能会和死者分离；如果是被落石击中头部致死，那么鼻梁就不会挺直而会被砸扁。生手的原因是：登山老手的手表一般是机械表，可以用指针来指示方向，数字表则没有这一功能。

### 101. 神秘的凶案

凶手是A。哈里希特，只有他带有可致人死亡的凶器，只要把狗链缠绕在手上，就是可一击致人死亡的武器。

### 102. 溪涧旁的男婴

要是像警长所说，是两天前被杀后抛尸到这里，那么该男婴身上的血迹，肯定会被溪水冲洗干净；而现在他们见到的尸体仍有着明显的鲜血，可证明他是刚被谋杀抛到这里的。

### 103. 凶器藏在哪儿

凶器就是挂在墙上大钟内的长针。因为长针是用铜片制造的，前端锋锐，可以刺穿喉咙。凶手杀人后，将针上的血迹拭去，又把它放回了原位。

### 104. 餐厅里的谋杀

投毒的凶手是迈克。他的作案工具是那只吸了毒液的老式钢笔。

### 105. 扑克占卜师被杀

凶手是宠物医院的院长。扑克牌里的Q是女王，也就是指女人。3个嫌疑人中只有宠物医院院长是女性，职业棒球投手和演员都是男性。被害人想暗示凶手是女人，临死前抓到了方块Q这张牌。

### 106. 折纸

只需要折6次，你可以动手试试。

### 107. 遗书露破绽

第一，福尔摩斯看了遗书上的日期便起了疑心。假如是英国人写的，那么日期应写成“15.10.88”。因为英国人的书写习惯是先写日，然后写月，最后写年。而美国人的书写习惯相反，先写月，再写日，最后写年。

第二，福尔摩斯看了遗书上的“只好见上帝了”的用语起了疑心。“死后去见上帝”，这是美国人的习惯用语。

所以，美国人有重大嫌疑。

### 108. 冒牌丈夫

福尔摩斯发觉，除了对“不想更正死亡消息的误传”没讲出原因之外，他说自己在死亡消息传出的第二年把商行转卖给彼得格勒的大商行，这是个破绽。1911

年彼得格勒改叫圣彼得堡。

109. 饮弹而亡

因为那柄手枪上还留有贝尔医生的指纹。

110. 推理破案

这起投毒杀人案的同谋者就是艾姆夫人的保健医生。他被麦吉重金收买成了这一罪行的帮凶。在每周进行定期检查时，将无色无味的毒药涂在体温计的前端。在当时，体温计是口含的。这样，每次都有微量毒素通过嘴进入了艾姆夫人的体内，日积月累，达到了致死的剂量。麦吉在了解到艾姆夫人的周密防范措施之后，认定毒药只能从嘴进入，而且只能经由测试体温这一途径。

111. 鉴貌辨凶

福尔摩斯审视来人，发现对方在悲哀中带有惊慌的神色。死者的姐姐称：妹妹和丈夫感情不和，夫妻间经常吵闹，而近几个月来夫妻又和好如初，没想到妹妹会突然死亡。原来丈夫先假意和好，使妻子解除戒备。一天，他暗地里将毒药放进食物中，让妻子吃了下去。

112. 地毯上的弹壳

如果真像她所讲的那样，歹徒是在门外朝她丈夫开枪，那么弹壳不会落在房间里，也不会落在左侧。因为从自动手枪里飞出的弹壳应该落在射手的右后方几米处。据此，说明她在说谎。

113. 被杀的姑娘

松吉的头发没有湿，这就证明他无罪。因为凶手是跳河逃走的，所以从头到脚都应该是湿的。衣服可以换，头发却一时干不了。而松助是光头，用布一擦就干了，所以他才是凶手。

114. 香烟的联想

凶手就是那个来推销商品的推销员。因为推销员是不会衔着香烟进屋去推销商品的，那是很不礼貌的，因此那支只抽了一两口就捏灭的香烟蒂应该是推销员丢弃的。可能他在按响门铃之前点着香烟，等那位女子来开门时，他出于职业习惯就熄灭了香烟。至于为什么杀害那位女子，还需要进一步调查。

115. 报假案的单身汉

房内老式挂钟要经常上发条，报案人说出差一个月，挂钟早该停了，所以是谎报。

116. 证人被杀案

福尔摩斯看到吃剩的苹果颜色仍未变深，便肯定它是在半小时内被丢弃的，因为苹果若长时间暴露在空气中，一定会因氧化而变成黑褐色。所以知道有人曾进入过病房内。

### 117. 欲盖弥彰

因为福尔摩斯在与营业员谈话的过程中，只字未提电报，如果女营业员不曾给福尔摩斯发过电报，那么她是怎么知道有人给福尔摩斯发过电报的呢?

### 118. 谁杀了蒙面占卜师

凶手是威廉。因为和占卜师一起喝咖啡的人有：占卜师的妻子、弟弟和威廉。无论占卜师的长相有多么难看，他的妻子和弟弟都是看到过的。也就是说，占卜师没有必要在他俩面前蒙着面喝咖啡。用排除法得出结论，凶手除了威廉之外，没有别人。

### 119. 小木屋藏尸案

凶手乔斯正午假装离开小屋，等下午1点30分艾玛和肖斯都离开后，凯思与山庄老板通完电话，便进入小木屋杀了他，凶器为登山用的攀岩锤。乔斯行凶之后离开小屋之时为下午2点10分，随即从东边往下跑，跑到半山腰，便偷了肖斯放在那儿的滑雪板，一口气滑向山庄，所以花费5小时20分到达了目的地，因此下午1点30分出发的肖斯下午5点到达半山腰时，找不到滑雪用具。

### 120. 珠宝抢劫案

珠宝被扔到了流沙上，迈克忘记了这回事。但汤姆费了好大劲才找到了珠宝。迈克也去找过，结果陷进流沙中死了，没有留下任何痕迹。警察甚至不知道迈克已经死了。

### 121. 总经理妻子之死

杀人凶手：死者妹妹的男朋友。

动机：争夺遗产。

事件过程：

（1）凶手为男性。总经理有不在场证据，先排除。

（2）最重要的一点，凶手显然是已经在路上等待多时的、熟悉环境的人，死者妹妹的男朋友概率要大一些。如果电报的内容为真的话，动机就出来了——为了遗产。

### 122. 密室奇案

福尔摩斯说：“让我来描述一下犯罪嫌疑人作案的过程吧——十几天以前的一个深夜，这四个印度人悄悄爬上屋顶，趁男爵熟睡之机，从屋顶的窗格隙里，偷偷垂下四条带钩子的长绳子，把男爵连人带床吊到15米的空中。男爵醒来后，发现自己被吊在半空中，吓得半死。他四肢瘫软，根本不敢从15米的高处往下跳。他或许喊叫过，但健身房周围又无人经过……就这样日复一日，吓瘫在床上的男爵终于被饿死了。这四个印度人发现男爵死后，就把绳子松下，将床放回原处。尽管他们很小心，四只床脚还是偏离了原来的位置。我刚才仔细观察过地上的灰尘，在床脚旁又发现四个床脚印痕。当然，也可以认为是罗斯先生自己移动过铁床，但按常理，人们移动床一般只是‘拖动’，没有必要把整个床搬起来再放到需要放的地方去。再说，地上没有拖痕，罗斯先生一个人也根本搬不动这个铁床……”

### 123. 凶手是谁

约瑟夫的惯用手是右手，左手腕伤口的血已经凝固时，尸体旁的血字还未全干，这就说明，这些血字是有人后来加上去的，目的就是嫁祸给乔治。

### 124. 戴墨镜的人

因为冬天戴着眼镜的人如果从外面闯进浴室，眼镜会结雾而看不清人。

### 125. 飞出窗外的手枪

富豪用橡皮筋缚着手枪的一端，开枪以后，枪被橡皮筋的弹力弹出窗外，等蜡烛将橡皮筋烧尽后，现场看起来就像是富豪被谋杀了。他之所以这么做，是因为富豪已濒于破产，死前又曾买下巨额保险。

### 126. 智斗奸商

福尔摩斯一把抓住商人的手腕，举起斧头就要往下砍。商人吓得变了脸色：“你这是干什么？”福尔摩斯说：“你不是说拿手给她吗？既然已经定了，全部柴火换你一只肮脏的手，我们自认吃亏算了！”片刻间发生的事，证人俱在，商人只得忍痛以1000英镑的代价买回他的手。

### 127. 死人河

在水下通过一条长26米、口径为1厘米的胶管呼吸，吉恩将很快窒息，因为他吸入的正是他呼出的二氧化碳，而不是氧气。这简单的医学常识，作为医生的多克当然懂得。

### 128. 辨认凶手

是流浪汉甲做的，因为福尔摩斯只是说发生了劫案，并没有说劫匪是潜水从河中逃到对岸的，而流浪汉甲却知道，说明是他做的。

### 129. 只有一个杯子

经福尔摩斯提示，警长明白了作案的是贝克。如果暖和的夜晚在杯子里放冰块喝冰威士忌，那么由于空气与杯子的温差，杯子表面会因水珠凝结而变得湿漉漉的，所以拿杯子的手指尖也是湿的，指纹也就不清楚了。而在现场的杯子上之所以留有受害人清晰的指纹，是由于杯子里盛的是与室内空气温度大致相同的威士忌。

### 130. 富翁的财产

福尔摩斯是根据富翁本人的照片找到富翁的弟弟的。因为那张60年前的照片，两个男孩都是12岁，所以两人是对孪生兄弟。

131. 狗咬了她吗

如果是狗咬伤了朵希，她伤口附近的裙子不可能完好无损。

132. 盗贼的纰漏

是他拍死的蚊子，蚊子已经吸了他的血，被他拍死的蚊子的尸体都留在了别墅主人书房外的墙上。蚊子吸人血后72小时内是可以做DNA鉴定的。福尔摩斯就是找到了这些蚊子尸体里的血迹，由警察进行血液样本对比，就有了这位盗贼进入别墅行窃的证据了。

133. 是酒后驾车吗

尸检报告显示，那名女子的视力和听力都有障碍，听不到汽车鸣笛的声音，而她手中又没有拿标志盲人的手杖，所以才发生了这场意外事故。

134. 大提琴手之死

因为大提琴手是不会穿着短裙演出的，所以说劳拉要参加演出的彼得一定在说谎。

135. 深夜入侵者

注意荧光涂料。那个闹钟表盘上的数字及指针等涂有荧光涂料。荧光涂料如果受到灯光的照射，在光消失后的少许时间内，荧光涂料依旧发光。窃贼在卧室安装窃听器时打开了台灯，而在听到大门处有动静时又关掉了台灯。这样，闹钟表盘及表针上的荧光涂料，就会在一段时间内发蓝光。来到卧室的福尔摩斯在昏暗中发觉闹钟有蓝光，便知道刚才屋里开过灯，肯定有人来此。

136. 让凶手落网

富翁阿隆索趁杀手看酒瓶上的标签时，把杀手刚才喝过酒的杯子放进金库。福尔摩斯搜查的时候，很容易就发现了酒杯，并从酒杯上获得凶手的指纹，从而破案。

137. 偶遇凶手

马克原本约好了开锁匠上来开锁，但开锁匠见马克家里布置豪华，财迷心窍，于是杀了马克。而且马克死时手指着大门，就是要给调查人员留下线索。开锁匠嘴里喃喃有词，只是自我掩饰而已。

138. 消失的手枪

手枪被男子绑在他所穿的木拖鞋上扔下了河，因木拖鞋是浮在水面上的，故手枪已随水流漂离了桥边水域。

139. 三名拍戏的嫌疑人

嫌疑人与死者在沙堆中打斗后，必先要洗净头发上的泥尘，而恐怖分子及侠士都有头发，他们要在半小时内完成洗头发、吹头发、穿衣服等程序，都要花费很多时间，所以三名嫌疑人当中，饰演和尚的临时演员嫌疑最大。

**140. 林肯的亲笔信**

林肯的笔迹是伪造的，漏洞在于其中“国歌”二字。《星条旗永不落》在林肯时期是一首很流行的美国歌曲，但直到1931年才正式被定为美国国歌。所以林肯执政时美国还没有国歌。

**141. 消失的凶器**

凶器是鱼缸内的卵石。凶手把卵石装在领带内，头尾打结，形成一棍状长条，藏于西装暗袋。在杀死查理后，立刻把卵石倒回金鱼缸中，然后系好领带，准备偷偷地离去。

**142. 不难找的凶手**

假如佩顿是无辜的，他看到了凶器——手枪，应该认为其妻子是被枪杀的，不可能知道她是被敲死的。

**143. 邮票劫案**

原来福尔摩斯将邮票贴到有富士山图案的那张明信片上，再在上面贴上普通的纪念邮票。歹徒们没有想到那张珍贵邮票会贴在那张使用过的不值钱的纪念邮票的下面。

**144. 聪明的化装师**

原来，女化装师是仿照街上张贴的一张通缉犯的照片来化装的，她把越狱者的脸化装成了通缉单上的样子，怪不得警察一下就盯住了他。

**145. 宿营地命案**

福尔摩斯推测如果这咖啡在1小时前就煮好了，那么现在早就干了，不可能溢出来。一定是杰克逊先杀了路易，然后才开始煮咖啡做假现场的。

**146. 巧用常识**

因为夏天的中午是不能给植物浇水的，那样会造成植物死亡。这个常识园丁肯定是知道的，所以这个时候浇花的园丁一定是嫌疑人伪装的。

**147. 破绽在哪儿**

因为福尔摩斯在现场只发现了一个打开的红酒瓶，而瓶中的红酒加上酒杯里的酒比一整瓶要多。这说明少了的那个红酒瓶一定被在现场的另外一个人拿走了。

**148. 消防车警笛寻人**

该城市人口稀少，街路也较少。福尔摩斯让消防车拉响警笛沿街奔驰，因为老太太的电话未挂断，消防车一旦经过老太婆所住的街道，警笛声就会通过老太婆的电话传到值班室。一旦传入，立即用报话机命令消防车上的队员就近查找亮着灯的人家。

**149. 吊在半空中的管理员**

他利用梯子把绳子的一头系在梁上，然后把梯子移到门外。回来时带着一块冰块，这冰块是事先放在冷藏库里的。

他站在冰块上，用绳子把自己系好。第二天当侍者发现他的时候，冰块已完全融化了，管理员就被吊在半空中了。

### 150. 果汁杯底下的纸条

福尔摩斯让服务员在果汁杯子的底部贴了一张纸条，露出一个角，纸条上写："旁边座位上的是抢劫者，快抓住他！"

### 151. 懒惰的人

福尔摩斯因为看见汤姆和杰克的衣服、双手及抹布有污渍，便知道他们确实清洁过烟囱；可是约瑟如果真的清洁过烟囱，身上不可能只有少许油渍，况且清洁烟囱也不会弄到面部肮脏。约瑟以为弄污面部便可叫人相信他清洁过烟囱。

### 152. 真假玉雕

其他人进来雨伞是湿的，而小偷的雨伞是干的，证明他待在这里一夜没出去。

### 153. 有惊无险的冒险

首先，蒙着双眼看不到自己置身何处。其次，就算是悬崖，那条小道也是在悬崖下面的山沟里。两侧是令人眼晕的悬崖峭壁，这一点不错，但峭壁却是向上耸立着的。因此，即使撞到两侧的峭壁也不必担心会从悬崖上跌落下去。

### 154. 一毛不拔

艾伦是伪造遗嘱进行讹诈的。因为遗嘱不可能签署于11月31日凌晨1点，11月只有30天。

### 155. 日式住宅之谜

在古老的日式住宅中，就算门和窗都上了锁，仍然有一个地方可以打开，那就是榻榻米下面的地板。凶手在房内将被害者杀死后，特意将门窗关起来锁上，使房间变成密室，再从榻榻米下面逃走。

### 156. 来过的痕迹

原来，福尔摩斯在敲门前就验过了门铃键，发现了杰米的指纹，并且福尔摩斯只敲门不按门铃，这样杰米的指纹就完整地保留在上面，使汤姆无法抵赖。

### 157. 琳达的马脚

琳达小姐在门窗紧闭的浴室里淋热水浴，镜子会被蒸汽熏得模糊，根本不可能通过镜子看清盗贼的面容。

### 158. 实验辨谎

福尔摩斯的建议是：把该客人带到美容院剃成光头，三七开式的分界线就会明显地暴露出来。因为盛夏在海滨住了半月以上，分界处的头皮和面部一样会受到日光的强烈照射，头发剃光后，光头上就会出现一条深色的分界线。

### 159. 汽车的声音

狗没有叫这个细节。如果真的有强

盗潜入，受过严格训练的狼狗就会大声吼叫。然而，西边邻居家准备考试的学生只听到了汽车的声音，这说明凶手是狼狗熟悉的人，也就是狗的主人约翰。

### 160. 是因电失火吗

电线短路失火绝不能用水灭火，只能用喷射四氯化碳或二氧化碳的灭火器灭火。会计说自己是用水把火扑灭的，又肯定说火灾是由电线短路引起的，这显然违反常规。

### 161. 货车消失之谜

将三名犯罪嫌疑人分为A、B、C，设被摘下的车厢为X。A和B潜入列车，C在支线道岔的转辙器处等候。列车从伦敦一发车，A和B就分别将一根粗绳子的两端系在车厢X前后两节车厢的连接器上。绳子绕到车厢X外侧，同支线正相反的一侧。当列车接近支线时，就打开X车厢与前后两车厢的连接器。即使打开，绳子也连接着，所以前后的车厢不会分离，照样往前走。在支线等待的C在X前车厢的边轮踏上交叉点的一瞬间，迅速切换转辙器。这样，车厢X就滑上了支线。而不等X后面的车厢的车轮踏上交接点，再把道岔转辙器回位。这样一来，后边的车厢就被粗绳子拉着在干线上行驶。不久，列车接近利兹车站，速度减慢，被绳子拉着的后边车厢因为惯性会赶上前边车厢。这时，犯罪嫌疑人A和B再关上连接器，卸下松弛了的绳子，跳下列车逃走。另外，滑入支线的车厢X走了一阵后会自动停下，犯罪嫌疑人就可以轻而易举地将装在上面的名画全部盗走。

### 162. 大树做指南

一般说来，树向阳的一面都枝叶茂盛；背阴的一面，相对稀疏。树干向阳的一面长得粗糙；背阴的一面长得比较平滑。这都是受光照不同而造成的差别。福尔摩斯就是依此判断出方向的。

### 163. 智破毒针案

索菲娅的弟弟事先在这个望远镜的筒里装上毒针。那天晚上，索菲娅在众人入睡之后，悄悄登上钟楼的凉台，想用这个望远镜观察星星。她在眼睛贴近镜筒之后，为了对准焦点，就调节了筒内的螺丝。这时，弹簧就把毒针射出，直刺眼睛。索菲娅猛地一惊，望远镜便从手里滑落而掉进河里。她忍住剧痛把毒针从眼里拔出来……

### 164. 愚蠢的伪证

福尔摩斯在衣橱里发现了樟脑丸，这证明别墅主人说的是假话。如果别墅真是两年没有人来过，以前的樟脑丸应该早就挥发而消失得无影无踪。

### 165. 斯通的知识

这是因为电冰箱冷藏室中的冷却功

能是利用液体制冷剂汽化时吸收电冰箱内的热量，再向外散发的。因此，如果把窗子关严，电冰箱的热量散不到室外去，只能全部积留在室内，再打开冰箱的门，冷气、热气混合在一起，室内温度丝毫不会降低。相反，由于电冰箱内不容易冷却，压缩机就会一直工作，一直工作的压缩机产生了大量的热量，尸体反而得不到冷却。

**166. 拘禁盲女的房子**

是阁楼小窗朝北的房屋。因为到了夜间，海洋降温很慢，海洋气温比陆地气温高。海洋上的空气受热膨胀变轻而上升，使低层气压降低，高空气压升高，而陆地上正好相反。所以在不考虑其他因素时，空气总是从气压高处流向气压低处。

**167. 意外还是谋杀**

因为火车高速驶过的时候，会产生一股向内吸的气流，也就是会把人向靠近火车的方向吸，而不是推离火车。所以女子说的是假话。这也是为什么很多火车站不让乘客在火车进站的时候站得离铁轨太近的原因。

**168. 9朵玫瑰**

房门反锁着并没有损坏，放在窗台上的9朵玫瑰，在房间里搁了两个星期后早已枯萎凋谢，窗台、地板上肯定会有掉落的花瓣，不可能“只有一点灰尘”。据此，福尔摩斯判断富翁是他杀。

**169. 不是案发现场**

普通的机械手表是不防水的，泡在水里会停掉，福尔摩斯看到手表停掉的时间是在12点半左右，而推断的死亡时间却是晚上8点，说明死者不是掉入海里淹死的，否则死亡时间应该与手表停掉的时间一致才对。

**170. 伪装成聋哑人的犯罪嫌疑人**

福尔摩斯对犯罪嫌疑人说：“你可以回去了。”

**171. 智分工钱**

福尔摩斯对莱斯说：“你呢，得到的是钱在袋子里发出的响声！”

**172. 盗窃案1**

福尔摩斯是根据麦克草屋屋檐下挂着冰柱看出破绽的。因为草屋里如果没人居住，便不会有人生火取暖，雪不会融化，屋檐下不会挂着冰柱。所以福尔摩斯断定麦克撒了谎，因此有作案时间。

**173. 逃窜路线**

通常骑车人的重量在后轮上，平路或下坡时，前轮印浅而后轮印深。上坡时骑车人用力弯腰，重心前倾，前后轮印大致相同。据此判断凶手是从右边路逃跑的。

**174. 列车上的讹诈案**

乘警赶到里克先生的包厢，发现里

克先生正在悠闲自在地抽着雪茄，雪茄上留着一段长长的烟灰。福尔摩斯据此断定：在三四分钟前，里克先生是在抽雪茄，而并不是像那女人说的那样把她强行拉进包厢企图非礼她。

### 175. 脚印疑团

用水管接在水龙头上，凶手边冲洗脚印边退出现场。这样，水管喷出的水流和下雨具有同样作用，可以将脚印冲洗干净。渗水好的地面，水管喷水也不会留下痕迹。然后凶手退出铁丝围墙外面，再拔掉水管离去。

### 176. 一封恐吓信

在案发后3小时，不可能会收到信件。这个时候，唯有真正的凶手才知道拉迪亚小姐是被人为杀死的。雷诺先生过早地拿出这封信，恰好透露出自己是真凶的信息。

### 177. 夜半枪声

凶手在行凶时，手枪放置在猫眼上，当罗德先生想要看清楚是谁时，凶手就扣下扳机，一枪要了罗德先生的命。

### 178. 识破疑阵

两个人走到坡下，矮胖子单独上坡，手里拿着高个子的鞋，走到悬崖边，把笔记本扔到草丛里，然后，换上高个子的鞋，倒退着下来，企图造成两人都跳崖的假象。因为退着走，所以步距比原来的还小，而且是前脚掌着力。因为倒退下来时，穿的是高个子的鞋，所以只能是大鞋印落在小鞋印上。高个子在坡下草丛中接应矮个子，两个人便赤脚从草丛溜掉了。

### 179. “认罪”的间谍

凯恩爱整洁并不等于痛苦死亡而不挣扎，因为一口气吃下一瓶安眠药，在药性发作时是十分痛苦的。除非他慢慢地吃，但入睡后的他又如何将药丸如数吃下呢？只有被人注射过量的安眠药剂，才能在不知不觉中死去。凯恩是吞了几粒安眠药，然后在熟睡中遭人注射药剂而被灭口。死者没半点儿挣扎痕迹就是破绽了。

### 180. 杀妻疑案

椅子上没有死者的脚印。因为椅子作为上吊用的垫脚物，上面必会留下死者的脚印，而作案的丈夫恰恰忽略了这一点。

### 181. 手表辨凶

凶手戴的是液晶显示表。因为只有这种手表才能显示出“20时47分”，其他手表的刻度均是12小时制。所以强森临终前看到凶手戴的必定是液晶表，福尔摩斯由此认定戴液晶表的人便是凶手。

### 182. 镜子店里的劫案

从店外看是正字的“欢迎光临”从店内看应是反字，反字经二重映射（先映入最里面那面墙镜，再折映入左墙镜），仍是反字，同理，劫匪应该是用左手拿刀才对。

### 183. 冬夜“目击者”

因为当晚大雪纷飞，死者房间的温度很高，外面又很寒冷，透明的玻璃上必然结有许多霜，即使再好的眼力，也看不清屋里发生的事情。这证明“目击者”是在撒谎，想嫁祸于人，因为他自己正是凶手。

### 184. 自杀与他杀

根据有三：

A.马丁的讲述和迈德夫人提供的情况矛盾，马丁在掩盖着什么。

B.根据自缢案件的一般特点，自缢者一般都选用质地柔软的绳索，而本案却是硬质的尼龙绳。

C.马丁肩上有两道明显的勒痕。

手段：马丁先用尼龙绳套住爱丽的颈部，然后反过身躯，背对背地将受害者背起来，并用力拉紧绳索，缢死后再把尸体吊起来，制造自杀现场。由此，在马丁的肩上便留下了勒痕。

### 185. 浴缸里的谋杀

报案人所述时间表明，其妻应该在22时15分前遇害，那么，他赶回家时是23时左右，其妻洗澡时浴水中的肥皂泡经过45分钟以上时间的静置，应该已经消失了。因此福尔摩斯认为报案人在说谎。

### 186. 女教师遇害

凶手是艾米丽的男友。门上的猫眼表明，主人可以通过猫眼来分辨来访者。如果是学生的哥哥，那么艾米丽会换上整齐的衣服来见客；但是，如果来访者是男友，艾米丽则不在意穿着睡衣开门。

### 187. 失火还是纵火

A.少妇是撒谎的纵火者，因为铁锅内油着火后，浇一桶水与浇一桶油情况恰恰相反。油比水轻，若浇水，反令火势更大，而浇一桶油，火则会因缺氧而熄灭，绝不会火势更大。因此，少妇所述与实际情况不符。

B.窗外有铁栅栏，而门外无铁栅栏，其公婆和丈夫可以从门口逃生，可见门被锁了。火灾后，门被烧毁，证据也被烧毁。少妇隐瞒了真实情况。

### 188. 明信片戳破伪装

这张明信片是几天前妻子自己投到信筒里的。信是写给高中时的一位同学的，由于对方搬了家，明信片被附上“收信人地址不详”的条子退回了发信人处。妻子亲笔写的明信片被没收，伪造的笔迹也就露了馅儿。

### 189. 名贵项链失窃

偷窃这条名贵项链的正是A夫人自己。因为从图中照片上看，项链没有挂钩，如果有人将项链扯断，珍珠肯定散得满地都是，只有A夫人自己才能将项链脱下。

190. 气味的信息

送货员说他最后一次到老人的小屋是6天前，如果那样，他脚印的气味早已荡然无存了，狗也就不会嗅着脚印而来。因此，福尔摩斯推断是送货员伪造了狗咬死老人的现场，凶手就是送货员。

191. 喷水池杀人事件

其实很简单的，关键就在：为什么要把尸体抛在喷水池里？解决了这个问题就真相大白了。因为尸体是被冷冻过的，为了掩饰尸体解冻时出现的水，所以要扔在喷水池里。还有就是要让警察早些发现，才能让法医准确地判断出死亡的时间。

所以，很明显，凶手就是邻居艾伦！而且他还故意创造了小偷的闹剧，目的就是要证明他不在案发现场！

192. 照片的疑点

利用底片反洗来做不在场的证据。照片上西装胸部的口袋、纽扣都是左右颠倒的，所以福尔摩斯立即肯定这张照片是伪证。嫌疑人是把 9 点在海滨公园照的照片利用反洗使上午9点变成了下午3点。事实上他是在下午3点杀了姨妈，然后以这张反洗的照片作为不在场的证明，不过百密一疏，他忽略了西装上左右颠倒的口袋和纽扣了。

193. 即兴的心理测验

做出以上裁决的原因是坐在被告席对面的福尔摩斯提醒了陪审团：刚才，在律师进行那场“即兴心理测验”的时候，全厅的目光确实都转向那扇侧门，唯独被告琼斯例外，他依然端坐着木然不动。因此，可以得出推论，在全厅的人中他最明白：死者不会复活，被害者是不可能在法庭上出现的。

194. 录音机里的证据

鸽子钟报时的声音。如果评论家真的是在书房被枪杀的，那么磁带中就理应录上3分钟前鸽子报时钟报9点的鸽子叫声。之所以录音中没有鸽子的叫声，是因为凶手是在别处一边录音一边枪杀受害人的。

195. 凶手的破绽

因为卧室里铺着羊毛地毯，所以他的妻子不可能从话筒里听到凶手逃跑时的脚步声。

196. 密室杀人案

D在吃饭之前布置好了机关——D先将无声手枪固定在窗户的钉子上，用绳子系住门把手，另一头绕过旗杆，系在手枪扳机上。等死者开门时，绳子绷紧，使手枪开火便杀人成功。

随后回来的D把尸体抛在爆竹堆上，把带有针的钓鱼线穿过死者的裤兜，再把两头从窗子扔出窗外后锁上门，到窗外找到钓鱼线，用透明胶带把线固定在钥匙上，拉钓鱼线的另一头使钥匙回到死者的裤兜里，从而造成密室！

197. 并非自杀

一个有心自杀的人是不会费尽心思擦掉封窗子胶带上的指纹的。

198. 司机的奇怪供词

证人驾驶汽车，掉进了水中。

199. 定价

日租金36英镑。虽然比客满高出20英镑，空下了30间客房，但入住的50间客房还是能得到36×50=1800英镑的收入，扣除50间客房的支出50×4=200英镑，每日净剩1600英镑。而客满时只有16×80-4×80=960英镑。

200. 菲丽母亲的考问

他说："先救未来的妈妈。"这句话可以作两种理解，对菲丽母亲说，是福尔摩斯未来的妈妈；对菲丽来说，等到结婚后有了孩子，当然现在就是未来的妈妈。

201. 巧分钥匙

一号柜子里放一把三号柜子的钥匙，二号柜子里放一把一号柜子的钥匙，三号柜子里放一把二号柜子的钥匙。剩下的每人一把。

202. 怎么买票合适

当然是买团体票合适了。

买45张个人票共需要45×2=90英镑。买团体票需要50×2×80%=80英镑。

203. 三个嫌疑人

老二的回答暴露了他知道父亲是被手枪握柄打死的，而不是被射杀的事实。

204. 凶手是哪个

凶手是三号病房的心脏病患者，因为结核病人和糖尿病患者都不可以吃甜食。

205. 吹牛

因为查尔说一点风都没有，那么他挂上去的白布上的字就不可能被别人看到。

206. 盗窃案2

假设丙无罪，那么盗窃者只能是甲或乙，但甲和乙不会单独作案，只能是两人都有罪。但已经知道双胞胎中有一个当时不在现场，所以矛盾。因此，盗窃者是丙。

207. 女富翁之死

凶手是露西·普来斯，让奈的秘书。

鞋舌向里窝着说明凶手的脚小于所穿的鞋；白胶布接合断开的鞋带，说明凶手在很短的作案时间内，采用了职业习惯解决断带问题，即医生或护士习惯用胶布；进入让奈的办公室并到他身后行凶而不被提防，只有他的秘书！

208. 谁在说谎

是第三个人，因为彩虹的位置和太阳相反，所以看彩虹时绝不会觉得阳光刺眼。

209. 恐高症

因为一名恐高症患者，不可能一个人到如此清澈见底的深湖中划船，那无疑是自寻死路。

210. 谁是真凶

是乙。

假设队员甲在接到呼叫后就被杀，时间为晚上9:15。

上游的丁返回接到呼叫为晚上9:50，也就是说只有35分钟，少于40分钟，逆水而上时间不够。

对岸的丙返回接到呼叫为晚上9:45，也就是说只有30分钟，对岸30分钟回不去，这不符合条件。

只有乙在甲下游，第一次接到呼叫时是晚上8:15，离晚上9:15有60分钟，晚上9:15离他第二次接到呼叫时间晚上9:40有25分钟，总计时间有85分钟，而且下游的他在60分钟内有足够的时间逆流而上到达队员甲的帐篷。在25分钟内有足够的时间顺流而下回到自己的帐篷接到对讲机呼叫。

211. 抛尸现场

因为如果是普通小轿车运的尸体，人一定要下来才能搬下尸体抛弃，而厢式汽车就不用下车。现场没有发现脚印就说明了这一点。

212. 烛火玄机

福尔摩斯看到蜡烛后产生了怀疑，蜡烛一直没有熄灭。死者被杀已经超过了24小时，蜡烛早就燃烧殆尽了。一定是凶手把尸体搬进来时点了蜡烛，走的时候忘记吹掉了。

213. 亏了还是赚了

当然是赚了，赚了1.5万英镑。

214. 证人

那天下了大雪，车子肯定会落上厚厚的一层雪，目击者的车子副驾驶那面正对着那栋楼，目击者并没有擦掉副驾驶车窗上的雪，所以他不可能看到有人从楼上跳下来。

215. 箱子里的东西

答案D。第一个箱子和第四个箱子上写的话是矛盾的，所以必有一真，必有一假。因此第二、第三个箱子上的话是假话。从而推断出第三个箱子中有遗物。

216. 家庭成员的性别组成

从“A有3个妹妹”“B有1个哥哥”

可知全家共有3个女的。再从“C是女的，她有2个妹妹”及“E有2个姐姐；F也是女的，但她和G没有妹妹”可以推出C、D、F是女的，其余A、B、E、G是男的。

**217. 福尔摩斯判案**

（1）如果B是清白的，则根据事实1，A和C是有罪的。

（2）如果B是有罪的，则他必须有个帮凶，因为他不会驾车；再次证实A和C有罪。

（3）因而，第一种可能是A和C有罪；第二种可能是C清白，A有罪；第三种可能是A清白，C有罪，则根据事实2，A一定有罪。

结论：A参与了盗窃。

**218. 谁是抢劫者**

福尔摩斯说，这个案件可以从分析A、B、C三者的口供入手，而从A的口供入手更好一些。A说：“我既然被捕了，当然要编造口供，所以我并不是一个十分老实的人。”分析这句话，就可以推定A的口供有真有假。因为，如果A的口供全是真的，不会说自己编造口供；如果A的口供全是假的，那么他就不会说自己不十分老实。

既然A的口供有真有假，那么B的口供或者是全真的，或者是全假的。而B说：“A从来不说真话。”由此可见，B的这句话是假的，这就可判定B的话不可能是全真的，而是全假的。

既然B的话全假，那么C的话是全真的。而C说A是杀掉议员的犯罪嫌疑人，B不是盗窃作案者，所以B是抢劫芭蕾舞演员珠宝的人，而盗窃油画的人只能是C本人了。

**219. 审讯嫌疑人**

甲是无辜的，不然他的四句话中就会有三句是谎言。所以他说5月12日和丁一起在P市度过的是谎言。丁说与甲在P市是谎言（因与甲的谎言一样）。所以其余三句是真的，他是无罪的。丙说甲帮助乙盗窃是谎言，因为甲说过对犯罪过程一无所知，所以他说乙是犯罪嫌疑人，自己是清白的都是真的。而乙则只有说自己是无辜的这一句是谎言，其余都是真的。因此，乙是盗窃者。

**220. 谁是盗窃者**

乙、丁的口供相矛盾，必有一真一假，那么甲的口供是假话，所以甲是盗窃者。

**221. 谁是哥哥**

现在是上午，胖的是哥哥。

假设：现在是上午，那么哥哥说真话，也就是较胖的是哥哥，所以没有矛盾，成立。

假设：现在是下午，那么弟弟说真话，而两个人都说我是哥哥，显然弟弟在说谎话，所以矛盾。

222. 猜牌辨兄弟

他是小头弟弟。如果说话的人讲的是真话，那他会是大头哥哥，应持有一张黑牌，但是他绝不可能既讲真话而又持有黑牌。因此，他必然在说假话，所以他不会是持黑牌的大头哥哥，而一定是持有红牌的小头弟弟。

223. 空空的牛奶瓶

福尔摩斯怀疑送奶工是凶手，打匿名电话的是送奶工，他以为警察接电话后很快就会开始侦破，所以他不必再送奶了，因为现场有两份报纸，却连一瓶牛奶也没有。

224. 背上的子弹

陌生人是无罪的，他背部的枪伤是因为遭到凶手的伏击。真正的凶手是艾佛利，因为当艾佛利和警长来到医生家时，那个陌生人正穿着医生的干净衬衫，艾佛利怎么知道陌生人背部中弹呢？除非陌生人背部的枪伤是他打的。

225. 如何辨别方向

太阳在正南方时，树枝的影子最短，把这个影子延长，可画出南北方向的直线，从而得到上午与下午的时间。中午时两个影子相叠，此时将影子顶端连起，画出东西方向的线，进而找到藏宝地点是在傍晚向东行10米左右，便可挖到宝藏了。

226. 骨斑辨尸

死者骨骼上的黑斑通常是硫化铅的痕迹，证明死者生前曾接触过大量含铅尘毒。侵入体内的铅有90%~95%会形成难溶的磷酸铅沉积于骨骼中。由于无名尸体沉泡在塘底，塘泥与尸体腐败后产生的硫化氢气体与骨骼中的沉积铅发生化学反应，生成硫化铅，从而形成黑色骨斑。福尔摩斯就是据此断定死者应是重金属冶炼厂的操作工人或附近的居民。

227. 辨认血迹

人体血液中盐的含量远远超过动物血液中盐的含量，福尔摩斯以他敏感的舌尖品味一下两行血迹的咸度，便鉴别出来了。

228. 冒牌科学家

是32架。可以这样计算：4人工作4×4小时生产4架模型飞机，所以，1人工作4×4小时生产1架模型飞机，这样每人工作1小时就生产1/16架模型飞机。因此，8人每天工作8小时，一共工作8天，生产的模型飞机数目就是8×8×8×1／16=32架。

229. 华生钓鱼

华生其实并没钓到鱼。“6”去了头

就是“0”，半截的“8”也是“0”，无尾的“9”依然是“0”。

230. 拉肚子的功劳

是在厕所的卷纸上。被害人逃进卫生间后，把手纸拉出，用自己的血写下凶手名字的缩写字母，然后再把手纸卷好。这样即使凶手拉开卫生间的门，也不必担心用血写的字母被发现。过后谁用手纸时就会发现血书而报告警察。警察勘察现场时，没有检查手纸，这是个疏忽。

231. 白纸遗嘱

简的妻子为了保住遗产，故意把没有墨水的钢笔递给简。由于库尔和简都是盲人，自然也就没有发现，没有字的白纸最终被当成遗书保存下来。可是，虽然没有字迹，但钢笔划过白纸留下的笔痕仍然存在，如果仔细鉴定是可以分辨出来的，所以遗嘱仍然有效。

232. 大树

拉登拉尔所说的话，完全证实他知道那棵他曾在下面接过首饰盒的大杨树；他还知道盒子的大小，并且知道盒子里只装了玛瑙、珍珠、宝石，没有装银首饰。这一切都证明他拿了莫蒂拉尔的盒子。

233. 推理擒惯偷

那小伙子在回答那位旅客责问时说：“对不起，我大概拿错了。”这就是说小伙子自己还有一只包。既然他自己有一只包，那么在发觉自己拿错了别人的包后，就应该急着去找自己的包，但小伙子却径直往外走，这说明他根本没有自己的包，也不可能是无意拿错包。福尔摩斯正是发现了这一破绽，进而推断了小伙子是个惯偷。

234. 去找金笔的凶手

虽然约翰声称他不知道莎莉被谋杀之事，但他却知道杀人现场的位置。他如果是无辜的，就应该到第三大街莎莉的新居寻找金笔。

235. 接头

厨师和黑老大是在调味品批发商店碰头的。批发商店是大批量供货的，船上仅有7人就餐，厨师没必要每天采购调味品，即使需要每天采购物资，也不必天天去批发商店。